VOYAGE ARCHÉOLOGIQUE

DANS

LA RÉGENCE DE TUNIS

TOME SECOND

L'auteur et l'éditeur déclarent réserver leurs droits de reproduction et de traduction à l'étranger.

Ce volume a été déposé au ministère de l'intérieur (direction de la librairie) en octobre 1862.

Paris. — Typographie de Henri Plon, imprimeur de l'Empereur,
8, rue Garancière.

VOYAGE ARCHÉOLOGIQUE

DANS

LA RÉGENCE DE TUNIS

EXÉCUTÉ ET PUBLIÉ

SOUS LES AUSPICES ET AUX FRAIS

DE M. H. D'ALBERT, DUC DE LUYNES

MEMBRE DE L'INSTITUT

PAR V. GUÉRIN

Ancien membre de l'École française d'Athènes
Membre de la Société de géographie de Paris, agrégé et docteur-ès-lettres
chargé d'une mission scientifique

OUVRAGE ACCOMPAGNÉ D'UNE GRANDE CARTE DE LA RÉGENCE
ET D'UNE PLANCHE REPRODUISANT LA CÉLÈBRE INSCRIPTION BILINGUE DE THUGGA

TOME SECOND

PARIS

HENRI PLON, IMPRIMEUR-ÉDITEUR.

8, RUE GARANCIÈRE

MDCCCLXII

Droits de traduction réservés

1862

SECONDE PARTIE.

VOYAGE EN TUNISIE.

CHAPITRE PREMIER.

Départ de Tunis pour les ruines de Bou-Chater. — Oued Medjerdah, l'ancien Bagradas. — Arrivée à Bou-Chater, jadis Utique; description des restes de cette ville célèbre.

25 mai.

Après douze jours consacrés soit à préparer un second voyage, soit à mettre en ordre les nombreuses notes que j'avais recueillies dans le premier, je quittai de nouveau la capitale de la Régence, accompagné de Malaspina, du seul hamba Mohammed et d'un domestique arabe appelé Aly, lequel avait remplacé Messaoud, qui était retourné dans son pays. Mon projet, dans cette deuxième exploration, était de parcourir et d'étudier, en partie du moins, les régions septentrionales de la Régence, et principalement la vallée de la Medjerdah.

A neuf heures du matin, nous sortons de Tunis par la porte de Carthage.

A neuf heures trente minutes, nous traversons l'aqueduc du Bardo, et laissant ce château à notre gauche et une grande caserne d'artillerie à notre droite, nous apercevons bientôt les maisons de plaisance et les jardins de la Manouba. Il y a là un palais élevé par l'un des derniers beys, et qui est devenu depuis une caserne de cavalerie.

De dix heures trente minutes à onze heures trente minutes, nous suivons une route bordée d'un bois d'oliviers. Notre direction est celle du nord-ouest. La journée est magnifique et le ciel d'un bleu incomparable. Les oiseaux chantent partout sur notre passage. Une brise délicieuse du nord-est tempère l'ardeur du soleil, dont les rayons, chaque jour plus dévorants, nous annoncent que l'époque des grandes chaleurs a commencé.

A onze heures trente-cinq minutes, on me signale à notre droite un petit marabout consacré à Sidi-Merouan.

A midi, nous faisons halte quelques minutes dans un endroit charmant appelé Sebbala (la Fontaine). On y remarque en effet une fontaine assez élégante, ornée d'une galerie à arcades que soutiennent quatre colonnes ioniques. Un fondouk y est attenant. Un peu plus loin s'élève une jolie maison de plaisance bâtie sous Hamouda-Pacha par le célèbre Yousouf, sahab-et-taba. Elle appartient maintenant au sahab-et-taba actuel, ou ministre des sceaux de Son Altesse le bey régnant.

A deux heures, nous atteignons l'oued Medjerdah.

Cet oued, le plus considérable de la Tunisie, n'est autre que le fameux Bagrada ou Bagradas de l'antiquité, sur les bords duquel, s'il faut en croire les historiens anciens, Régulus eut à lutter contre un serpent monstrueux qui défia un instant tout l'effort de son armée.

Les rives du même fleuve et les vastes plaines qu'il arrose furent témoins plusieurs fois de combats moins fabuleux entre les Carthaginois et les Romains. Il coule entre des berges plus ou moins escarpées, traversant de l'ouest-sud-ouest au nord-est la Régence de Tunis dans toute l'étendue de sa largeur. Il se jette actuellement dans la mer, un peu au sud du lac de Porto-Farina : jadis son embouchure paraît avoir été plus rapprochée de Carthage, par conséquent plus méridionale. Le déplacement de son lit dans cette dernière partie de son cours, et les terrains d'alluvion auxquels ont donné naissance ses eaux limoneuses, ont changé un peu sur ce point la configuration du pays, et pour bien comprendre les textes des anciens par rapport à la position d'Utique et à celle des castra Cornelia, il est bon de tenir compte, ainsi que Shaw l'a fait le premier si judicieusement, des changements survenus sur ces parages par suite des atterrissements successifs et des déviations de ce fleuve.

Silius Italicus[1] le décrit avec autant de vérité que d'élégance dans les vers suivants :

> Turbidus arentes lento pede sulcat arenas
> Bagrada, non ullo Libycis in finibus amne
> Victus limosas extendere latius undas
> Et stagnante vado patulos involvere campos.

Nous franchissons cet oued sur un pont nouvellement reconstruit. Il repose sur sept arches : en outre, dans chaque pile, on a ménagé des ouvertures cintrées, afin qu'à l'époque des grandes pluies d'hiver, lorsque le fleuve coule à pleins bords et menace d'emporter l'obstacle qui l'entrave, il puisse trouver un plus grand nombre d'issues pour l'écoulement de ses eaux. Le lit de la Medjerdah, en cet endroit, peut avoir quatre-vingt-dix mètres de large. Une petite île s'élève au milieu; elle est couverte en ce moment d'une quantité considérable de bœufs et de vaches qui tantôt s'y reposent nonchalamment couchés sur le sable, tantôt aiment à se plonger dans les eaux du fleuve et à y chercher un refuge agréable contre les feux brûlants du jour.

A deux heures quarante-cinq minutes, nous traversons, sur un second pont, un autre oued appelé Oued-Shrir; c'est un des affluents de la Medjerdah.

Nous tournons alors presque immédiatement à droite, vers le nord, et nous longeons à notre gauche, pendant quelque temps, une suite de collines où plusieurs douars ont çà et là dressé leurs tentes, et qui sont couvertes de superbes moissons.

A trois heures trente minutes, enfin, nous arrivons à Bou-Chater, misérable hameau de cinq ou six huttes qui sont

---

[1] Silius Italicus, VI, 141 sqq.

seulement habitées pendant l'été, à l'époque des récoltes. C'est là, avec un pauvre douar qui lui-même ne campe en ce lieu que durant une partie de l'année, l'unique population qui anime aujourd'hui les ruines solitaires de l'ancienne Utique.

Ces ruines, du reste, ne rappellent que fort peu l'antique splendeur de cette ville célèbre. Comme Carthage, dont elle était la sœur aînée et qui seule l'éclipsait en magnificence et la dépassait en étendue, elle a été presque complétement anéantie, et les vestiges qu'elle a laissés sur le sol ne sont plus guère qu'une ombre de ce qu'elle fut autrefois.

Elle était composée de deux quartiers bien distincts, la ville haute et la ville basse. La ville haute occupait une suite de collines séparées les unes des autres par des ravins plus ou moins profonds.

En venant du sud, on rencontre d'abord, sur ces hauteurs, les débris d'un aqueduc soutenu sur des arcades et construit avec de petites pierres en blocage. Il amenait à la ville les eaux d'une montagne appelée aujourd'hui Kechbâta et éloignée, vers l'ouest, de dix à douze kilomètres. On suit encore le tracé de ces arcades jusqu'auprès de cette montagne; néanmoins, sur beaucoup de points et notamment dans la plaine, elles sont presque complétement démolies.

A côté des ruines de cet aqueduc on remarque un système de grandes citernes, composées de six réservoirs de forme rectangulaire et parallèles. La longueur de chacun de ces réservoirs est de quarante-cinq pas et leur largeur de sept et demi. Jadis très-profonds, ils sont maintenant à moitié remplis de terre et leurs voûtes en partie écroulées. Ils servent aujourd'hui d'étables pour les bestiaux d'un douar qui a dressé ses tentes non loin de là. Les caravanes de passage qui font halte à Bou-Chater s'y réfugient également avec leurs chameaux et leurs autres montures.

Un peu au nord de ces citernes, un vaste amphithéâtre a été pratiqué dans un ravin naturel qui offrait de lui-même, par sa forme elliptique, celle qui convient à ces sortes de monuments. Tous les gradins ont été enlevés, et quelques débris insignifiants subsistent seuls de cette puissante construction. Elle avait environ trois cent soixante pas de circonférence; l'arène mesurait cinquante-deux pas de long sur quarante-deux de large. La nature a repris ses droits sur ce ravin, que l'homme avait jadis conquis et approprié à la destination que j'ai indiquée; des broussailles et de hautes herbes en revêtent maintenant de nouveau le fond et les flancs, et toute trace de maçonnerie a presque complètement disparu.

Dans le sens du grand axe de l'amphithéâtre, du côté du nord-ouest, une construction demi-circulaire y était attenante. Quelques voyageurs l'ont regardée comme un ancien théâtre; mais c'est ailleurs, à mon avis, qu'il faut reconnaître les vestiges de ce dernier monument.

En continuant à se diriger vers le nord, on traverse un petit ravin, puis l'on monte sur un plateau où sont bâtis deux marabouts : l'un est consacré au scheik Bargh-el-Lil, l'autre au scheik Etkouri. Quelques tombes les environnent. Ces deux marabouts s'aperçoivent de neuf à dix milles, à cause de la position qu'ils occupent, et ce sont leurs petites coupoles blanches qui, en brillant au soleil, signalent de loin l'emplacement d'Utique.

Au delà de ce plateau, un autre ravin peu profond reste à franchir, et l'on parvient ensuite sur un second plateau plus vaste, de forme oblongue et dominant la plaine de soixante-dix mètres; sa longueur est d'environ deux cent cinquante mètres, et sa largeur de cent. C'était l'acropole d'Utique. Vers l'ouest, un fossé le défendait; de tous les autres côtés, et principalement du côté de l'est, il était protégé par l'escarpement naturel de ses flancs. Couverte actuellement de broussailles et de hautes herbes, sa surface ne m'a offert que des débris insignifiants.

Du haut de cette colline, qui s'avance comme une sorte de promontoire dans la plaine, la vue est très-étendue. A l'est, les hauteurs de Kalat-el-Oued méritent surtout l'attention. C'est là, en effet, que, suivant toute probabilité, il faut placer les castra Cornelia, non loin desquels Scipion l'Africain, après avoir débarqué son armée dans le voisinage du Pulchrum promontorium, vint abriter sa flotte, et où il assit lui-même son camp et fixa son quartier d'hiver. Plus tard, Curion, avant d'assiéger Utique, que défendait Caton, ne manqua pas d'occuper préalablement ce point, d'une grande importance stratégique.

En redescendant de l'ancienne acropole de cette ville, on traverse une plaine, aujourd'hui cultivée, qui jadis était couverte d'habitations; puis l'on arrive à une petite colline qui affecte une forme demi-circulaire et à laquelle avaient été adossées les constructions d'un théâtre.

Ailleurs, un grand édifice démoli est encore désigné par les Arabes sous le nom de Seraïat-es-Soultan (le palais du sultan). Était-ce un fort? était-ce un palais? je l'ignore.

Près de cet édifice gisent les débris d'un temple transformé sans doute en basilique à l'époque chrétienne. Le sol a été fouillé à plusieurs reprises en cet endroit; il est encore jonché d'un certain nombre de tronçons mutilés de colonnes de granit.

Une autre grande construction l'avoisine. A quelques pas de là, au milieu d'un terrain marécageux, une source d'eaux thermales, dont la température est de trente-trois degrés centigrades, est recueillie dans un petit bassin que recouvre une cabane de roseaux. Plusieurs tortues se promènent dans un fossé attenant où se déverse l'eau du bassin. Les Arabes qui viennent se baigner dans ce dernier ne manquent jamais d'apporter des galettes de pain à ces tortues, car ils les regardent comme sacrées, et ils s'imaginent que s'ils ne s'acquittaient pas préalablement de ce devoir, le bain qu'ils vont prendre, au lieu de leur être profitable, leur serait nuisible.

Un canal communiquant avec la mer traversait la ville par le milieu. Il est depuis longtemps comblé, et là où il ne présente pas une surface trop marécageuse, il est livré à la culture. Les quais qui le bordaient étaient couverts de constructions dont quelques-unes paraissent avoir été très-considérables; d'autres étaient simplement des magasins et des abris voûtés.

Ce canal aboutit à un grand bassin circulaire, comblé également et marécageux, au centre duquel s'élève un monticule où gisent les débris d'un puissant édifice; ils consistent en plusieurs pans de murs très-épais, renversés les uns sur les autres.

En jetant un simple coup d'œil sur ce bassin circulaire et sur l'îlot qu'il renfermait, on remarque aussitôt la ressemblance qu'ils offrent avec le Cothon ou port militaire de Carthage. Il est donc très-probable que nous sommes ici en présence du port militaire d'Utique, et que les ruines qui couvrent l'îlot sont celles de l'ancienne amirauté.

Quant au port marchand, il a de même disparu, par suite des alluvions de la Medjerdah, qui ont formé peu à peu à l'embouchure de ce fleuve une sorte de petit delta, jadis occupé par la mer.

Nous passons la nuit dans l'une des huttes de Bou-Chater; mais, à cause des marécages voisins, les nuées de moustiques dont nous sommes incessamment assaillis nous font une guerre acharnée, et il faut nous résigner à renoncer au sommeil.

26 mai.

Dès le lever de l'aurore, j'erre de nouveau sur l'emplacement de la grande cité dont j'avais commencé la veille à fouler les débris. En achevant de les parcourir, j'évoque devant ma pensée les principaux souvenirs qui s'y rattachent.

Fondée près de douze siècles avant Jésus-Christ, Utique est l'une des plus anciennes colonies que Tyr ait établies sur la côte d'Afrique. Plus tard, lorsqu'une autre colonie phénicienne eut donné naissance à Carthage, malgré les rapides développements de cette dernière ville, qui acquit bientôt une prépondérance toujours croissante, elle conserva son indépendance et continua à former une république libre, gouvernée par un sénat et des suffètes. Néanmoins elle finit par reconnaître la suprématie et par subir le patronage dominateur de sa sœur cadette, que le double génie du commerce et de la guerre rendait insensiblement la reine de la Méditerranée, et qui aspirait à devenir celle du monde.

L'an 300 avant Jésus-Christ, elle tomba au pouvoir d'Agathocle. Après la première guerre punique, ayant pris part à l'insurrection des mercenaires, elle en fut sévèrement punie par Carthage.

Dans le cours de la seconde guerre punique, elle vit son territoire ravagé tour à tour par T. Otacilius, M. Valerius Messala et Valerius Lævinus. Scipion, à peine débarqué en Afrique, établit son quartier d'hiver presque sous ses murs, l'an 204 avant Jésus-Christ, et l'assiégea longtemps par mer et par terre; mais elle résista victorieusement à tout l'effort de ses armes.

Au commencement de la troisième guerre punique, elle se soumit aux Romains, craignant d'être entraînée dans la ruine imminente de Carthage, et quand celle-ci eut succombé, l'an 146 avant Jésus-Christ, elle devint elle-même la métropole de l'Afrique et la résidence du proconsul romain. C'est dans ses murs que, l'an 40 avant Jésus-Christ, Caton essaya de défendre un instant contre César les derniers débris de la République; mais la fortune favorisa son rival. Pour échapper à la honte de subir son joug ou plutôt sa clémence, et pour ne pas survivre à la liberté de sa patrie, il se déroba par une mort volontaire à une défaite inévitable.

Sous Auguste, Utique obtint le titre de colonie romaine.

Lorsque Carthage se releva de ses ruines, elle perdit sa prépondérance pour redescendre au rang de seconde ville de l'Afrique.

A l'époque chrétienne, elle devint le siége d'un évêché et compta de nombreux martyrs.

L'invasion arabe lui fut fatale. Aujourd'hui, renversée de fond en comble, elle a perdu jusqu'à sa dénomination première, et celle de Bou-Chater que lui donnent les Arabes ne réveille dans l'esprit aucun souvenir, à moins, par hasard, comme le suppose sir Grenville Temple[1], qu'on ne puisse voir dans ce mot composé qui signifie *le père de l'habileté, l'homme sage*, une trace indélébile et traditionnelle des grandes qualités de Caton d'Utique.

CHAPITRE DEUXIÈME.

Henchir Bou-Farès. — Bourg d'El-Aoudja, jadis probablement Membrone. Porto-Farina ou Rhar-el-Melah. — Description de cette ville et de son lac; c'est sans doute le port Ruscinona de Tite-Live. — Promontoire Sidi-Aly-el-Mekki, autrefois promontorium Apollinis.

A deux heures de l'après-midi, disant adieu aux ruines d'Utique, nous traversons, dans la direction du nord-ouest, une grande plaine marécageuse où nos chevaux ont beaucoup de peine à marcher; ils sont en outre tourmentés par une multitude incroyable de mouches et de moustiques qui les harcèlent de toutes parts et les mettent parfois dans une véritable fureur. Nous ne nous préservons nous-mêmes de

---

[1] S. Grenv. Temple, t. I, p. 256.

ce fléau qu'en nous enveloppant avec soin la tête. Néanmoins, des troupeaux de bœufs et de moutons paissent dans cette plaine, dont une partie était jadis occupée par les eaux de la mer et formait un golfe.

A trois heures vingt-cinq minutes, nous parvenons à l'henchir Bou-Farès. Il est situé sur un petit plateau peu élevé, non loin de la koubba d'un santon vénéré sous le nom de Sidi-Ahmed-Bou-Farès. On appelle aussi cet endroit Blidah (la petite ville). Les ruines qui s'y trouvent sont très-confuses et dispersées au milieu de broussailles presque inextricables. La construction principale, dont quelques pans de murs existent encore, paraît avoir remplacé un édifice plus ancien.

M. Pellissier[1] voit en ce lieu les restes de Salera, qui fut prise et saccagée par Scipion, et près de laquelle ce général défit Hannon; mais comme Tite-Live, en mentionnant cette ville, la place à XV milles de distance des castra Cornelia, et que l'intervalle qui sépare en réalité l'henchir Bou-Farès de Kalat-el-Oued, où l'on s'accorde généralement à placer les castra Cornelia, ne dépasse pas IX milles, il est permis de douter de l'identification proposée par le savant voyageur.

A quatre heures, nous traversons un magnifique bois d'oliviers. Le sentier que nous suivons est très-fangeux, à cause de l'humidité naturelle du sol.

A quatre heures quinze minutes, nous atteignons les premières maisons d'El-Aoudja. Au moment où nous entrons dans ce bourg, nous trouvons tous les habitants en proie à la plus vive agitation; ils nous apprennent que leur scheik vient d'être assassiné.

C'est en cet endroit très-probablement qu'il faut placer la petite ville de Membrone, marquée dans l'Itinéraire d'Anto-

---

[1] *Descript. de la Régence de Tunis*, p. 223.

nin comme étant située à VI milles au nord d'Utique, sur la route de Carthage à Hippone-Zaryte. La Table de Peutinger indique à la même distance d'Utique et sur la même route la ville de Membione, qui doit être confondue évidemment avec celle de Membrone. El-Aoudja étant juste à VI milles au nord de Bou-Chater, on ne peut guère se tromper, je crois, en y fixant Membrone ou Membione.

En sortant d'El-Aoudja, nous longeons sur notre gauche une suite de montagnes qui s'étendent de l'ouest à l'est vers la mer; par leur prolongement, elles constituent le promontoire appelé Ras-Sidi-Aly-el-Mekki. Des jardins plantés d'oliviers, de figuiers, d'amandiers et de plusieurs autres arbres fruitiers, déploient à notre droite une végétation luxuriante.

A cinq heures trente minutes, je remarque quelques ruines antiques près d'un puits.

A six heures, nous laissons à notre droite le Bordj-Tunis, appelé ainsi parce qu'il semble regarder cette ville; il est assis sur les bords d'un grand lac que les indigènes désignent sous le nom d'El-Bahira ou de Rhar-el-Melah (le lac ou la fosse au sel), et les Européens sous celui de lac de Porto-Farina. La forme de ce bordj est celle d'un carré défendu aux quatre angles par un bastion; une faible garnison l'habite, et il parait, extérieurement du moins, en assez bon état de défense.

Nous continuons de marcher entre de riches et riants vergers, dont le plus remarquable appartenait, il y a quelques années, à un général tunisien appelé Salah-Chiboub, qui avait dû à la faveur son élévation et son opulence, et que la disgrâce de son souverain a précipité ensuite dans la misère. Je l'ai vu dans l'île de Djerbah, où il est exilé et où il végète dans l'indigence. La belle habitation qu'il s'était fait bâtir près de Rhar-el-Melah et celle qu'il possédait dans la ville elle-même ont été l'une et l'autre confisquées par le dernier bey.

A six heures quinze minutes, nous arrivons dans la petite ville de Rhar-el-Melah, plus connue parmi les Francs, de même que son lac, sous la dénomination de Porto-Farina. Le khalife nous offre l'hospitalité à Dar-el-Bey.

27 mai.

Je commence par visiter la paroisse catholique. Elle a été fondée le 25 du mois de janvier 1853. La maison qui renferme à la fois le presbytère et la chapelle a été donnée à cette époque par le bey Ahmed à monseigneur Sutter, évêque de Tunis. Le premier prêtre qui a été et qui est encore chargé de desservir cette paroisse naissante est le R. P. capucin Francesco da Rimini. Cet excellent religieux, qui est en même temps agent consulaire de la plupart des puissances de l'Europe, m'accueille avec beaucoup d'affabilité. Sa bonne et respectable figure respire la candeur de l'enfance jointe à la gravité de la vieillesse. Il paraît heureux dans le poste où la Providence l'a placé et très-attaché à sa petite église. Ses paroissiens se décomposent ainsi : quarante-quatre Maltais, dix Napolitains et cinq Sardes fixés à Rhar-el-Melah; de plus, neuf Maltais et quatre Sardes établis à Ras-el-Djebel.

Je fais ensuite le tour de Rhar-el-Melah. Cette ville, jadis plus importante que maintenant, quand son port plus profond était l'un des principaux de la Régence, ne renferme plus aujourd'hui que sept cents musulmans, auxquels il faut ajouter cinquante-neuf chrétiens et soixante-dix israélites. Elle s'étend en longueur, d'un côté entre le lac du même nom, et de l'autre entre la chaîne de montagnes qui se termine au promontoire Sidi-Aly-el-Mekki.

Deux forts appelés, l'un Bordj-Oustany (fort du milieu), et l'autre Bordj-Sidi-Aly-el-Mekki, parce qu'il est sur la route qui conduit à ce marabout, défendent l'arsenal, actuellement abandonné.

Le premier mesure soixante pas sur chaque face; il est

flanqué d'un bastion à chacun de ses angles et muni de quelques pièces de canon. Il doit la dénomination qu'il porte à sa position intermédiaire entre le bordj Tunis au sud-ouest, dont j'ai déjà parlé, et le bordj Sidi-Aly-el-Mekki, que je viens de mentionner.

Ce dernier est également carré; son développement est de soixante-treize pas en long comme en large; il est, ainsi que les deux précédents, flanqué de quatre bastions et armé de plusieurs pièces de canon.

De là je me dirige vers le promontoire Sidi-Aly-el-Mekki, ayant à ma gauche de verdoyants jardins, et le lac à ma droite. L'amandier domine comme arbre dans ces vergers; çà et là aussi je remarque des plantations de vignes; la plupart des ceps sont attaqués par l'oïdium. Ces jardins sont bordés, pour les enclore, d'arbres ou d'arbustes, tels que palmiers, tamariscs, arbousiers et lentisques. La chaîne de montagnes au pied ou sur les dernières pentes desquelles ils s'étendent, a une hauteur moyenne de trois cents à trois cent cinquante mètres au-dessus de la mer et du lac. Celui-ci forme un vaste bassin elliptique dont le grand axe, de l'ouest à l'est, peut avoir huit kilomètres, et le second cinq. Une langue de terre étroite et en partie cultivée le sépare de la mer. Elle est percée aux trois quarts de sa longueur par une ouverture ou boghaz, large de quelques centaines de mètres, et qui s'ensable de plus en plus; bientôt elle ne pourra plus donner passage même aux bâtiments du plus faible tonnage. Le lac, lui aussi, se comble insensiblement, par suite de la quantité de terre et de limon que déversent continuellement dans son sein plusieurs cours d'eau qui s'y jettent, et entre autres, l'un des bras de la Medjerdah. Sa profondeur actuelle est à peine d'un mètre cinquante centimètres en moyenne; dans quelques endroits elle est bien moindre.

Au bout d'une heure de marche, je rencontre à l'extrémité du lac des marais salants dont l'existence a sans doute fait donner à la ville le nom par lequel les Arabes ont l'habitude de la désigner. Continuant à m'avancer vers l'est, j'aperçois bientôt sur une hauteur, non loin du Ras-Sidi-Aly-el-Mekki, la koubba de ce santon célèbre, qui est le but de nombreux pèlerinages.

Ce promontoire est très-probablement le promontorium Apollinis des Romains; mais son nom indigène était Ruscinona, comme nous l'apprend un passage de Tite-Live [1], qui désigne clairement cet endroit comme celui où la flotte des Carthaginois se retira la nuit avant de livrer combat à celle de Scipion devant Utique.

« Carthaginienses, sub occasum solis segni navigatione in portum (Ruscinonam Afri vocant) classem appulere. »

Shaw [2], en citant ce passage, ajoute que le mot *Ruscinona*, qui est phénicien, signifie proprement *le promontoire des vivres*, et en particulier *du blé;* de telle sorte que l'appellation moderne et italienne de Capo-Farina donnée à ce même cap ne serait que la traduction littérale de la dénomination phénicienne. Si cette identification est fondée, on peut également penser que la ville de Rhar-el-Melah ou de Porto-Farina n'a fait que succéder à une ville antique appelée de même Ruscinona, et qui était un entrepôt maritime pour le transport des blés.

En face du ras Sidi-Aly-el-Mekki, à trois milles de distance à l'est, on aperçoit une petite île basse, qui, à cause de cela, s'appelle en arabe El-Ouatiah, et en italien Isola-Piana. On la désigne aussi quelquefois sous le nom de Kamela, Gamela ou Gamelora.

Un peu à l'ouest de ce même promontoire est un autre îlot appelé Pilau.

De retour vers trois heures de l'après-midi à Rhar-el-Melah, je gravis par une pente d'abord assez douce, ensuite

---

[1] Tite-Live, XIII, 10.
[2] Shaw, t. I, p. 183.

beaucoup plus roide, la montagne qui domine cette ville. Le sommet en est tout hérissé de broussailles et couronné par les ruines d'une construction carrée, d'origine musulmane, que les Arabes appellent Nadour, parce qu'ils la regardent comme une vieille tour d'observation; mais en pénétrant dans l'intérieur de ce bâtiment, j'ai cru plutôt y reconnaître les restes d'un ancien marabout.

28 mai.

A six heures du matin, le bimbachi ou colonel qui commande la place m'accorde la permission de visiter la darsena ou l'arsenal.

Cet arsenal offre la forme d'un grand quadrilatère. Le bassin du port militaire mesure cent quatre-vingt-dix pas de long sur cent quatre-vingts de large. L'ouverture en est très-étroite; elle était jadis fermée par une grosse chaîne et défendue par deux bastions. Du côté du lac est une batterie de dix-huit canons. Du côté de la ville règne une vaste esplanade, et au delà, de grands magasins voûtés ont été, m'a-t-on dit, construits autrefois par des esclaves chrétiens. Ils sont actuellement déserts et silencieux, et dans le port abandonné pourrit, à moitié enseveli dans la vase, un bâtiment qu'on ne peut plus en faire sortir, faute d'une quantité d'eau suffisante pour cela.

A huit heures, nous quittons Rhar-el-Melah, et nous prenons la route de Bizerte.

CHAPITRE TROISIÈME.

De Rhar-el-Melah à Bizerte. — El-Alia, jadis Cotuza. — Henchir-el-Khima. — Lac de Bizerte. — Menzel-Djemil. — Arrivée à Bizerte. — Description de cette ville, l'ancienne Hippo-Zarytus ou Hippo-Diarrhytus.

A huit heures trente minutes, une fois sortis des magnifiques jardins de Rhar-el-Melah, nous entrons dans un grand bois d'oliviers, que nous mettons cinquante minutes à traverser. Les oliviers sont très-bien cultivés; entre les rangées qu'ils forment, on a semé du blé et de l'orge.

Le sentier que nous suivons, d'est en ouest, devient ensuite plus accidenté. A dix heures, nous arrivons à El-Alia.

Ce bourg est situé sur une colline. Il renferme huit cents habitants. J'y observe quelques débris anciens, à savoir: trois ou quatre tronçons de colonnes mutilées, un assez grand nombre de gros blocs rectangulaires encastrés dans des constructions modernes, et cinq ou six citernes plus ou moins ruinées qui paraissent remonter à l'époque romaine.

Shaw [1] y a trouvé l'inscription suivante, qui nous apprend que cette localité s'appelait autrefois Cotuza:

```
......REIPVBLICAE SPLENDI
DISSIMAE COTVZAE SACRAE
VALERIVS IANVARIVS......
```

Cette inscription a disparu, du moins je l'ai cherchée en vain.

Le plateau sur lequel s'élève El-Alia est lui-même dominé par une colline rocheuse exploitée jadis comme carrière. On y voit les restes d'une construction que les Arabes désignent sous le nom de Tahount-er-Rih (le moulin à vent). Les habi-

---

[1] Shaw, t. I, p. 208.

tants la regardent comme fort ancienne; mais elle est très-certainement postérieure aux Romains.

A deux heures de l'après-midi, nous poursuivons notre route vers Bizerte.

A trois heures, nous franchissons l'Oued-Guenniche. Près de cet oued nous rencontrons, au milieu des broussailles, quelques ruines romaines peu importantes.

Un peu plus loin, d'autres ruines attirent mon attention dans un endroit appelé El-Khima. Ce qu'on y remarque de plus intéressant, ce sont trois columbaria romains.

Le premier columbarium renferme intérieurement neuf niches cintrées; toute la partie antérieure du monument est détruite. La chambre sépulcrale est voûtée, et mesure quatre pas de long sur trois de large; elle est construite en blocage; l'enduit qui en revêtait les parois a disparu presque entièrement. La forme de ce tombeau est celle d'une construction rectangulaire surmontée d'un toit bombé.

Le second columbarium est sur le même modèle que le précédent. La chambre sépulcrale a cinq pas de long sur trois de large, et ne contient que trois niches cintrées.

Le troisième est plus petit; la chambre sépulcrale est carrée, et mesure seulement deux pas sur chaque côté. Le nombre des niches cintrées est de neuf. On distingue sur les parois de cette chambre une partie de l'enduit qui les recouvrait. Celui de la voûte est encore mieux conservé; il porte quelques traces d'arabesques assez finement exécutées.

A six heures du soir, après avoir longé pendant quarante-cinq minutes les bords orientaux de la Tinja-Bizerte (lac de Bizerte), nous laissons à notre gauche Menzel-Djemil, joli bourg, comme son nom l'indique, situé sur une riante colline dans une région fertile et bien arrosée. Nous y admirons de belles plantations d'oliviers qui se mêlent à de magnifiques moissons de blé et d'orge.

A sept heures, nous entrons à Bizerte par la porte dite

Bab-er-Remel (la porte du sable), parce qu'elle avoisine une plage sablonneuse; elle est appelée aussi Bab-Tounis, comme étant celle que l'on prend, soit que l'on aille à Tunis, soit qu'on en vienne.

Nous allons loger dans la maison du kaïd.

29 et 30 mai.

En l'absence de M. Monge, vice-consul de France, M. Costa, agent consulaire sarde, m'envoie très-obligeamment son fils pour me guider à travers la ville. Je commence par aller le remercier moi-même de cette attention délicate.

Le R. P. Jérémie, que je visite ensuite, est depuis plusieurs années chargé de la paroisse catholique de Bizerte. Ce bon religieux, originaire de Nice, me montre son humble chapelle, et m'apprend que le chiffre de ses paroissiens est de cent quinze individus, parmi lesquels les Maltais forment la majorité.

La ville de Bizerte, dont je fais bientôt après le tour complet, est située près du rivage, tant sur une colline en pente douce qu'au pied de cette hauteur. Deux canaux la traversent et font communiquer avec la mer le grand lac dont j'ai déjà parlé. Un mur d'enceinte l'environne. Ce mur est défendu par plusieurs tours ou bastions et est percé de quatre portes : 1° Bab-Houmt-el-Kaïd; 2° Bab-er-Remel ou Bab-Tounis; 3° Bab-Houmt-Andless; 4° Bab-Houmt-Cheurfa.

La forme qu'offre la ville ainsi entourée est celle d'un triangle.

L'embouchure de l'un des canaux est protégée par deux môles qui s'avancent parallèlement dans la mer, et dont l'extrémité est détruite par les vagues qui les battent incessamment. Les fondations de ces deux môles sont sans doute antiques, mais les assises supérieures paraissent modernes. La largeur de ce dernier canal est d'environ vingt-neuf mètres; il est actuellement peu profond, principalement à son embouchure, et les navires dont le tirant d'eau dépasse un mètre sont dans l'impossibilité d'y pénétrer.

La kasbah ou citadelle porte le nom de Medeïna. Effectivement, c'est une sorte de petite ville dans la ville proprement dite, et elle forme intérieurement un véritable labyrinthe de ruelles étroites bordées de maisons qui tombent en ruines et sont presque toutes inhabitées.

En face de la kasbah est une autre forteresse moins étendue, appelée pour cela Ksiba, ou bien encore Bordj-Sidi-Hanni, parce qu'elle renferme un sanctuaire consacré à ce santon. Une troisième dénomination lui est aussi quelquefois donnée, c'est celle de Bordj-es-Sensela (château de la chaîne), parce que c'est là que l'on tendait la chaîne qui fermait autrefois l'entrée du port, ce que l'on néglige maintenant de faire.

Le second canal forme avec le premier une île où les Européens habitent dans un quartier distinct. Un pont de pierre à cinq arches permet de le traverser.

Bizerte est bien déchue non-seulement de l'importance dont jouissait la ville antique à laquelle elle a succédé, mais encore de celle qu'elle a gardée elle-même longtemps. Je doute qu'elle contienne maintenant plus de cinq mille musulmans. Beaucoup de maisons sont très-dégradées, d'autres sont complétement ou à moitié détruites; en un mot, le commerce de cette ville ayant diminué singulièrement depuis deux siècles, sa dépopulation, à partir de cette époque, a toujours été croissante. Sa position néanmoins est si heureuse, la campagne qui l'environne est si fertile et son vaste lac est si poissonneux, qu'elle renaîtrait promptement à une prospérité nouvelle, si le gouvernement de la Régence songeait à tirer parti de ses avantages naturels. Son port redeviendrait l'un des meilleurs et des plus sûrs de la Tunisie, et les gros navires même pourraient y trouver accès. Il s'agirait pour cela d'entreprendre quelques travaux qui, au dire de plusieurs ingénieurs compétents, ne seraient ni très-longs ni très-dispendieux.

En fait d'inscriptions anciennes, Bizerte ne m'en a offert que deux : l'une recouvre une belle colonne milliaire qui m'a été montrée dans une maison aux trois quarts démolie, et dont l'intérieur est maintenant envahi par des broussailles. La voici :

208.

```
IMP · CAES
M · AVRELIVS
ANTONINVS
PIVS·FELIX·AVG
PARTHICVS·MAX
BRITANNICVS·MAX
GERMANICVS·MAX
TRIB·POT·XVIIII
COS IIII · P · P
RESTITVIT
XLIX
```

(*Estampage.*)

Ailleurs, sur l'un des murs extérieurs du bordj Sidi-Hadid qui flanque l'angle nord-ouest de l'enceinte de la ville, on m'a fait remarquer un bloc de marbre encastré dans la construction à une hauteur d'environ neuf mètres au-dessus du sol. Comme d'en bas je ne pouvais pas distinguer les caractères dont il était revêtu, ce bloc ayant été en outre placé sens dessus dessous, M. Costa eut la bonté, sur ma demande, d'envoyer son drogman à la citadelle pour m'obtenir la permission de dresser une échelle contre ce bastion. Le bimbachi se prêta de bonne grâce à cette escalade pacifique, que

CHAPITRE TROISIÈME.

j'effectuai en présence de la plupart des autorités de la ville et d'une foule bruyante de curieux. « Que veut donc faire ce chrétien avec sa longue échelle? » se demandait-on de toutes parts. Quand celle-ci eut été appliquée contre le mur du bordj, je pus facilement lire de près, sur le bloc de marbre en question, les mots suivants :

209.

GENIO · COL · IVLIAE
HIPP · DIARR · SACR
COLONI · COL · IVLIAE
CARPIT..........
GVLV............
QVIS............
IVSTISSIMIS
D · D · P · P

(Estampage.)

Au commencement de l'avant-dernière ligne, la lettre I paraît remplacer un G que le graveur avait d'abord figuré par erreur.

Bien qu'une partie de cette inscription intéressante soit mutilée, néanmoins on voit clairement qu'il s'agit ici d'un hommage des colons de la colonie Julia Carpitana au génie de la colonie Julia Hippo-Diarrhytus. Ces colons de la colonie Julia Carpitana étaient les habitants d'une petite ville située en face de Carthage, sur la côte occidentale de la presqu'île du cap Bon, et qui a conservé son nom antique sous la forme arabe Kourbès; je la décrirai plus tard.

Quant à la colonie Hippo-Diarrhytus, ce n'est autre chose, comme on le sait, que l'ancienne cité à laquelle a succédé Bizerte, dont le nom arabe Benzerte, contracté ordinairement en celui de Bizerte, est une altération évidente, dans sa dernière partie, du surnom antique Zaritus ou Zarytus, donné jadis à la ville d'Hippo, pour la distinguer d'Hippo-Regius, située plus à l'ouest, et qu'a remplacée, à une faible distance de la position qu'elle occupait, la ville moderne de Bone.

Ce surnom de Zaritus ou Zarytus parait emprunté à la langue phénicienne; les Grecs le traduisaient par l'épithète διάρρυτος (diarrhytus); il était dû au canal qui traverse la ville.

Diodore de Sicile [1] la désigne également sous la dénomination d'Hippou-Akra (Ἵππου Ἄκρα), apparemment à cause du promontoire voisin, dénomination qui, en se contractant, devient dans Appien [2] Hippagreta (τὰ Ἱππάγρετα).

Fondée par les Tyriens, Hippo-Zarytus leur fut sans doute redevable du canal qui existe encore maintenant, et dont les substructions, ainsi que celles des deux môles, sont certainement très-anciennes. Le port fut plus tard agrandi par Agathocle, qui ajouta de nouvelles fortifications à la ville. Celle-ci, outre l'emplacement de la moderne Bizerte, occupait encore, près du rivage, celui du faubourg connu sous la désignation de Houmt-Andless (quartier des Andalous). Lorsque les Maures furent chassés d'Espagne, ils se réfugièrent vers différents points du nord de l'Afrique. La Régence de Tunis leur concéda un assez grand nombre de territoires; à Bizerte, par exemple, le faubourg que je viens de mentionner et qui aujourd'hui, comme la ville elle-même, renferme beaucoup de maisons à moitié détruites, est encore habité actuellement par les descendants de ces fugitifs.

Sous la domination romaine, Hippo-Zarytus devint une colonie, comme le prouve l'inscription que j'ai transcrite plus haut, comme cela résulte aussi du passage suivant de Pline le Jeune [3].

[1] Diod., XX, 55.
[2] Appian., *Punic.*, c. cx.
[3] Pline, *Epist.*, IX, 33.

« Est in Africa Hipponensis colonia, mari proxima. »

Cet écrivain ajoute : « Adjacet ei navigabile stagnum ex quo, in modum fluminis, aestuarium emergit quod, vice alterna, prout aestus aut repressit aut impulit, nunc infertur mari, nunc redditur stagno. »

Ces détails sont parfaitement justes, et tous ceux qui ont été à Bizerte ont pu remarquer les courants signalés par Pline, courants qui tantôt vont du dedans au dehors et tantôt en sens contraire. En général, on a observé que les eaux de la mer entrent par les deux branches du canal dans le lac, lorsque les vents sont à l'ouest, et que, lorsqu'ils tournent à l'est, les eaux du lac sortent. Si, dans l'hiver, ce dernier phénomène se produit quelquefois, bien que les vents soient à l'ouest, c'est qu'alors l'étang, étant gonflé par les pluies et par les torrents qui se jettent dans son sein, est obligé de rendre à la mer plus qu'il n'en reçoit.

Il s'étend principalement de l'est à l'ouest; sa plus grande longueur est de treize kilomètres sur une largeur de sept.

A l'extrémité de ce vaste bassin, vers le sud-ouest, un second canal, qui n'est pas endigué comme le premier, le fait communiquer avec un deuxième lac dont je parlerai bientôt.

Extraordinairement poissonneux tous deux, on y pêche surtout une quantité énorme de mulets très-renommés que les courants entraînent dans de grandes chambres en jonc et en osier, d'où ils ne peuvent plus ensuite s'échapper. Ces poissons sont transportés à dos d'âne ou de mulet à Tunis.

La rade est, dit-on, dangereuse par les vents du nord et du nord-est : elle est défendue par deux batteries rasantes et par un fort situé sur un monticule, au bord de la mer, à huit cents mètres environ au nord-ouest du Houmt-Andless. On l'appelle Bordj-Sidi-el-Alem, que d'autres prononcent Sidi-Sallem.

Cette rade occupe le fond d'une baie qui s'arrondit entre

deux caps, l'un au nord-ouest, le ras El-Abyâd ou cap Blanc, le Candidum promontorium de l'antiquité; l'autre, au sud-est, le ras Zebib ou ras Sidi-bou-Choucha, où sir Grenville Temple me parait placer avec raison le Pulchrum promontorium des anciens.

CHAPITRE QUATRIÈME.

Zaouïa Sidi-Mansour-ed-Daouadi, ou henchir Bou-Chater. — Découverte de deux inscriptions importantes qui me révèlent le nom antique de cette localité; elle s'appelait jadis Hisita, ou peut-être Thisita.

A trois heures de l'après-midi, 30 mai, je quitte Bizerte et je prends la route de la zaouïa Sidi-Mansour-ed-Daouadi, où l'on m'avait signalé l'existence de quelques ruines antiques. Cette localité est également connue sous le nom d'Henchir-Bou-Chater. Le R. P. Jérémie et M. Costa fils se joignent à moi pour cette excursion.

Au sortir de la ville, nous suivons, dans la direction de l'ouest, un sentier charmant qui traverse une contrée extrêmement fertile, plantée de magnifiques oliviers ou couverte de belles moissons.

A quatre heures, nous laissons derrière nous un endroit appelé Beni-Meslem, où je remarque quelques gros blocs rectangulaires et deux tronçons de colonnes antiques. Le khalife de Bizerte y possède une maison de campagne environnée de frais ombrages.

A quatre heures quarante-cinq minutes, nous passons au pied d'une vieille construction aux trois quarts ruinée, et qui occupe le haut d'une colline; on la nomme Kasr-Khrouf. Elle parait musulmane; une dizaine d'Arabes se sont établis au milieu de ses décombres.

A six heures, nous parvenons à la zaouïa Sidi-Mansour-ed-Daouadi. C'est un hameau de quelques maisons bâties autour d'un marabout ainsi appelé. Il est situé sur le sommet d'une colline dont le plateau est couvert de ruines antiques.

Les pentes de cette colline sont actuellement cultivées ou revêtues de broussailles et de hautes herbes, au milieu desquelles gisent de gros blocs appartenant à d'anciens édifices renversés. Au bas coule une source abondante dont l'eau sort d'un canal antique et est recueillie dans un petit réservoir qui l'est également. A l'entour, plusieurs beaux blocs rectangulaires sont les débris d'un monument d'une certaine importance, peut-être d'un petit temple. Près de là je remarque une pierre tumulaire sur laquelle on lit l'inscription suivante, dont les caractères ont été peu profondément gravés et sont actuellement difficiles à déchiffrer :

210.

MVTHVMBAL · BALI
THONIS LABRECO
. . . . HISITANVS
SACERDOS ADONI
S VIX·ANNIS LXXXXII

(*Estampage.*)

L'épitaphe de ce vieux prêtre carthaginois, mort à quatre-vingt-douze ans, présente un double intérêt : d'abord elle nous révèle l'existence ancienne, en ce lieu, d'un temple consacré à Adonis; ensuite elle nous fait connaître le nom antique de cette même localité. Ce nom était Hisita, ou peut-être Thisita, car quelques lettres sont indéchiffrables au commencement de la troisième ligne, et, avant l'H de HISITANVS, les linéaments d'un T semblent visibles. Dans ce cas et si cette dernière lettre existe réellement, ne serait-il pas permis d'identifier cette ville de Thisita avec la Thisica (Θίσικα) mentionnée par Ptolémée parmi les villes qui étaient comprises entre Thabraca et le fleuve Bagrada?

Dans la Province proconsulaire, la Notice des églises épiscopales d'Afrique cite un *episcopus Tyzicensis*.

Quoi qu'il en soit de cette identification, qui n'est qu'une simple conjecture, il est probable que plusieurs des magnifiques pierres de taille qui jonchent le sol près de cette source appartiennent au temple d'Adonis que desservait le vieux prêtre Muthumbal; celui-ci aura sans doute eu l'honneur d'être enterré non loin du sanctuaire auquel il avait été attaché comme ministre pendant de si longues années.

A sept cents mètres de là s'élève une montagne rocheuse qui fait face à la colline précédente. Les flancs en ont été autrefois exploités comme carrière. En les gravissant je rencontre, à moitié côte, trois grottes sépulcrales voisines les unes des autres et creusées dans le roc, à la manière des tombeaux phéniciens.

La première consiste en une chambre principale, haute seulement d'un mètre quarante centimètres, et mesurant deux mètres trente centimètres sur chaque face. Dans le mur du fond a été pratiquée une niche rectangulaire, encadrée de filets et surmontée d'un petit fronton triangulaire. A droite et à gauche, une porte basse donne entrée dans deux chambres latérales.

La seconde grotte est un peu plus petite que la précédente, mais elle en reproduit exactement la forme et la disposition.

La troisième ne renferme que deux chambres; dans la pièce principale, on remarque une niche cintrée.

31 mai.

Au moment où nous allions quitter la zaouïa, Malaspina me fait observer, sur un piédestal antique, encastré dans

CHAPITRE QUATRIÈME.

l'un des montants d'une porte, quelques caractères à peine déchiffrables, à cause de l'épaisse couche de chaux dont ils sont recouverts; nous enlevons cette couche, et aussitôt les mots suivants apparaissent nettement à mes yeux :

211.

PORCIO
AVITO
HISITANI

(*Estampage.*)

Les lettres ont neuf centimètres de hauteur. Le dernier mot confirme la découverte que j'avais faite, la veille au soir, de la dénomination antique de cette localité; mais, comme ce bloc a été écorné, une lettre semble manquer au commencement de la première et de la troisième ligne, et le mot HISITANI est peut-être, ainsi que je l'ai supposé à propos de la dernière inscription, précédé d'un T; peut-être aussi est-il complet, et alors il n'y a plus de rapprochement à établir entre le nom de la ville dont il est l'ethnique et celui de Thisica que mentionne Ptolémée.

Une troisième inscription m'est signalée par le scheik de la zaouïa : elle est gravée sur une pierre tumulaire, et atteste une basse époque :

212.

DIS·MANIBVS·SACRVM
GARCILIA·PIA·VIXIT
ANNOS LXXX·L·ATIVS
RVFINVS EXITVM
FECIT SOCRE SVAE

(*Estampage.*)

CHAPITRE CINQUIÈME.

Zaouïa Sidi-Abd-el-Ouad. — Kasr-el-Ahmar. — Description de plusieurs autres henchirs. — Zaouïa Sidi-Hassan, ou Henchir-Tindja; ruines d'un bourg antique. — Oued-Tindja, faisant communiquer la Garaat-Echkheul, ou lac de Mater, avec celui de Bizerte. — Oued-Djoumin. — Arrivée à Mater; un mot sur cette ville, l'oppidum Materense des anciens.

A huit heures trente minutes, nous abandonnons la zaouïa Sidi-Mansour-ed-Daouadi pour nous rendre à celle de Sidi-Abd-el-Ouad. Le sentier qui conduit de la première à la seconde est très-accidenté; il serpente à travers des montagnes, les unes cultivées et couvertes de moissons, les autres hérissées d'épaisses broussailles, au milieu desquelles nos chevaux ont grand'peine quelquefois à se frayer un passage. A neuf heures quinze minutes, nous parvenons à la zaouïa. Ce sanctuaire est consacré au santon Sidi-Abd-el-Ouad (le serviteur de l'Unique, c'est-à-dire de Dieu). Il est situé, ainsi que les bâtiments qui l'entourent, dans une vallée délicieuse, arrosée par trois sources aussi fraîches qu'abondantes et ombragée par de vieux oliviers mêlés à de beaux peupliers blancs, qui y forment par leurs rameaux entrelacés un abri presque impénétrable aux rayons du soleil. Près de ce bois, plusieurs Arabes attachés à la zaouïa cultivent de fertiles jardins plantés d'orangers, de citronniers, de grenadiers, de figuiers et d'amandiers, qui confondent ensemble, dans un désordre où la nature se déploie librement, leurs fleurs, leurs parfums et leurs fruits. Des rigoles entretiennent au pied de chacun de ces arbres la fraîcheur et la vie, et changent en un limon d'une extrême fécondité le sol sablonneux où ils plongent leurs racines.

A un kilomètre au nord de la zaouïa, quelques ruines couvrent une colline qui domine au loin la mer, dont elle est peu éloignée. Le rivage, en cet endroit, est très-dentelé et décrit plusieurs petites criques.

CHAPITRE CINQUIÈME.

A deux heures, je fais mes adieux au R. P. Jérémie et à M. Costa fils, qui reprennent la route de Bizerte; pour moi, je me dirige vers Mater.

A deux heures dix minutes, j'examine en passant un henchir appelé Abd-el-Ouad, du nom de la zaouïa qu'il avoisine. Il consiste en un certain nombre de gros blocs rectangulaires épars sur un plateau aujourd'hui cultivé.

A deux heures trente-cinq minutes, un autre henchir m'est désigné sous la dénomination de Tabbah; il se borne de même à quelques gros blocs entassés confusément sur un monticule. Le sentier où nous cheminons devient insensiblement moins montueux.

A trois heures trente minutes, nous faisons halte à Kasr-el-Ahmar. Des ruines, les unes romaines, les autres d'une époque plus récente, y sont parsemées sur une colline où habite dans un bordj un riche propriétaire arabe. Sidi-el-Hadj-Hamida, tel est son nom, nous offre l'hospitalité jusqu'au lendemain matin.

1er juin.

Départ à cinq heures du matin. Notre direction est d'abord celle de l'ouest-sud-ouest. A cinq heures trente minutes, nous laissons à notre gauche l'henchir Beni-Amer : ce sont les restes d'un village antique.

A cinq heures quarante-cinq minutes, l'henchir Aïn-el-Mellaha ne me présente que des débris peu importants épars dans la plaine, à notre droite.

Près de là, nous rencontrons le kasr Sidi-Bou-Hadid, enceinte à moitié renversée, sur une colline qu'entourent des touffes de vieux figuiers. Cette construction est bâtie en partie avec des blocs antiques, mais elle est postérieure aux Romains.

A six heures, j'aperçois à notre gauche le bordj Sargoun, d'origine musulmane probablement.

A six heures dix minutes, quelques tas de gros blocs rectangulaires, gisant sur une colline, me sont désignés sous le nom d'Henchir-Djafer.

A six heures trente minutes, nous longeons un instant l'Oued-el-Gra.

A six heures quarante minutes, deux grandes constructions ruinées, s'élevant sur deux monticules distincts, attirent mon attention; on les appelle l'une et l'autre Bordj-Demenchara.

A huit heures trente minutes, nous faisons une courte halte à la zaouïa Sidi-Hassan; elle est située sur les bords du lac de Mater ou Garaat-Echkheul. Il y avait en cet endroit un bourg antique, comme le prouvent les gros blocs plus ou moins mutilés qui y jonchent le sol.

Shaw[1] nomme cette localité Thimida, désignation que ne m'ont point indiquée les Arabes qui habitent cette zaouïa, mais qui peut très-bien s'être perdue depuis le voyage du savant anglais. Aujourd'hui, les ruines dont je parle sont connues sous le nom d'Henchir-Tindja ou d'Henchir-Sidi-Hassan. Shaw y voit les restes de l'ancienne Theudalis, mentionnée par Pline comme voisine d'Hippo-Diarrhytus; mais cette ville pourrait plutôt, à mon avis, être identifiée avec le bourg actuel de Menzel-Djemil, et il me semble que la dénomination de Thimida aurait dû, de préférence, rappeler à ce voyageur que l'un des évêques de la Province proconsulaire s'appelait *episcopus Thimidensis*.

A huit heures cinquante minutes, nous franchissons l'Oued-Tindja près de son embouchure dans la Garaat-Echkheul, en un point nommé Makta, ou le Gué. Nos chevaux ont de l'eau jusqu'au poitrail. Cet oued serpente et se replie plusieurs fois sur lui-même; c'est une espèce de canal qui met en communication la Garaat-Echkheul, au sud-ouest, et

---

[1] Shaw, t. I, p. 209.

le lac de Bizerte, au nord-est. Ces deux lacs, comme cela résulte d'un passage de Ptolémée, s'appelaient jadis, le premier Sisara et le second Hipponitis; celui-ci est beaucoup plus profond que l'autre. La superficie des deux bassins est, du reste, à peu près la même; néanmoins, le lac de Bizerte est un peu plus grand. Un Arabe de la zaouïa m'affirme que, pendant plusieurs mois de l'année, à l'époque des pluies d'automne et d'hiver, les eaux de la Garaat-Echkheul sont douces et déversent leur trop plein, par le moyen de l'Oued-Tindja, dans le lac de Bizerte; pendant l'été, au contraire, elles deviennent légèrement salées, celles de ce dernier lac, qui sont amères, refluant alors dans son sein.

Nous côtoyons, dans la direction du sud, les bords orientaux de la Garaat-Echkheul, ou lac de Mater; ces bords sont ornés, dans l'espace de trois kilomètres et demi environ, de gigantesques lauriers-roses dont les touffes de fleurs offrent l'aspect le plus agréable.

A neuf heures, nous laissons à notre gauche une assez grande construction moderne qui avoisine un beau bois d'oliviers; on l'appelle, à cause de sa destination et de son possesseur, Macera-el-Bey (pressoir du bey).

A dix heures, nous voyons se dresser à notre droite le Djebel-Echkheul, qui s'avance vers le nord-est dans le lac comme une sorte de presqu'île montagneuse; le gibier y abonde, dit-on, singulièrement. C'est le mont Kirna de Ptolémée.

A onze heures, nous avons fini de côtoyer le lac.

A onze heures trente minutes, nous traversons l'Oued-Djoumin, nommé aussi Oued-Mater. Il est profondément encaissé; au gué, nos chevaux ont de l'eau jusqu'au poitrail.

A midi, enfin, nous entrons dans la ville de Mater.

Cette ville est située sur une colline dont elle occupe tout le plateau et une partie des pentes. Environnée d'un mur d'enceinte, elle est percée de trois portes. Sa population est de deux mille huit cents musulmans, auxquels il faut joindre un certain nombre de familles juives et quelques Maltais.

Mater a succédé à une ville antique dont les matériaux ont servi à sa construction. De tous côtés, en effet, dans des bâtisses modernes assez grossières, on remarque de belles pierres de taille, et même çà et là quelques tronçons de colonnes mutilés enlevés à d'anciens édifices.

Deux seules inscriptions ont attiré mon attention : l'une est le monogramme du Christ, ainsi figuré, sous l'entrée voûtée d'un fondouk :

213.

L'autre consiste dans les mots suivants, gravés sur un bloc servant à former l'un des montants de la porte d'une habitation :

214.

PAX DEI PATRIS

Interrogé par les nombreux curieux qui s'attachaient à mes pas sur le sens des caractères que je venais de copier, je me gardai bien de le leur indiquer, dans la crainte qu'ils ne détruisissent aussitôt ces deux précieux souvenirs de la domination chrétienne dans leur pays.

Shaw a supposé, avec beaucoup de raison, que Mater est l'oppidum Materense mentionnée par Pline[1]. A l'époque de l'établissement du christianisme en Afrique, cette ville devint le siège d'un évêché.

---

[1] Plin., V, 4.

2 juin.

A six heures du matin, je parcours de nouveau la ville dans l'espérance d'y découvrir quelque autre inscription, mais toutes mes recherches sont vaines.

A huit heures, nous nous mettons en marche pour Béja.

CHAPITRE SIXIÈME.

Bordj-Bou-Taleb. — Henchir-Bahïa, ruines d'une ville antique, vastes carrières, tombeaux phéniciens. — Henchir Aïn-Sidi-el-Moedjel. — Henchir Aïn-Guernad. — Tehent. — Oued-Zerrou. — Henchir Aïn-Djalou. — Oued-Béja. — Arrivée à Béja.

Au bas de la ville de Mater, nous passons près d'un puits appelé Bir-Boutaïa, qui paraît antique.

A huit heures dix minutes, nous faisons halte une demi-heure au Bordj-bou-Taleb. C'est une grande construction carrée, de fabrique musulmane, mais bâtie en partie avec d'anciens matériaux. En pénétrant dans l'intérieur de cette enceinte, j'y remarque également un certain nombre de beaux blocs antiques; ont-ils été trouvés sur place, ou, au contraire, proviennent-ils de la ville de Mater, c'est ce que j'ignore et sur quoi je consulte inutilement le scheik qui habite ce bordj.

A onze heures, sur un plateau élevé, des ruines assez étendues s'offrent à nos regards; elles sont parsemées au milieu d'un champ de blé. On ne peut m'indiquer le nom de cet henchir.

Vingt minutes plus loin, d'autres ruines beaucoup plus considérables me sont désignées sous la dénomination d'Henchir-Bahïa.

Je consacre trois heures à les examiner, sans découvrir

nulle part le moindre fragment épigraphique qui puisse m'éclairer sur le nom antique de cette localité.

Bahïa possède deux sources dont l'eau est excellente. Celle-ci est recueillie dans des réservoirs formés avec de gros blocs appartenant à des monuments anciens, et dont quelques-uns, élégamment sculptés, paraissent provenir d'un temple.

Une foule d'autres débris sont épars sur le plateau d'une colline et en recouvrent les pentes. Dix à douze huttes habitées par une cinquantaine d'Arabes remplacent maintenant les maisons et les édifices de cette petite ville qui est renversée de fond en comble.

A quelque distance de là, dans les flancs d'une chaîne de monticules rocheux, s'étendent de belles carrières pratiquées à ciel ouvert, et exploitées probablement dès la plus haute antiquité.

Un peu plus loin, j'aperçois trois tombeaux creusés dans le roc; ils consistent chacun en une chambre sépulcrale précédée d'un petit vestibule. A côté, d'autres tombeaux plus simples, ayant la forme d'auges longues et étroites, sont également taillés dans le roc; les couvercles qui les fermaient ont disparu ou sont brisés.

Sont-ce là des sépultures datant de l'époque romaine? Je ne le pense pas, et j'incline plutôt à les faire remonter à l'époque carthaginoise; elles semblent en effet phéniciennes.

A trois heures quarante minutes, nous nous remettons en marche dans la direction du sud-ouest.

A quatre heures trente minutes, nous rencontrons l'henchir Gennaba; il est peu considérable, et se réduit à quelques gros blocs antiques dispersés sur le haut d'une colline.

A cinq heures trente minutes, un autre henchir appelé Féja, et situé de même sur une colline, ne me présente rien qui vaille la peine d'être signalé.

Vers six heures trente-cinq minutes, nous abreuvons nos

chevaux à une source excellente, connue sous le nom d'Aïn-Sidi-el-Moedjel. Un amas considérable de gros blocs antiques gît à l'entour.

Un kilomètre plus loin, l'henchir Aïn-Guernad couvre le sommet d'un monticule, près de vastes carrières pratiquées dans les flancs d'une longue montagne rocheuse.

A sept heures quinze minutes, nous parvenons à Tehent, où nous passons la nuit. C'est un petit village composé d'une soixantaine de maisons, ou plutôt de huttes ramassées au pied du Djebel-Tehent. Les flancs de cette montagne ont été jadis exploités comme carrière. Le village actuel a certainement remplacé un village ou un bourg antique.

3 juin.

Départ à cinq heures du matin.

Nous continuons à cheminer péniblement dans la direction du sud-ouest, à travers une région très-accidentée.

A six heures, l'henchir el-Munchar m'offre un amas de blocs antiques sur une hauteur.

A six heures trente minutes, nous rencontrons un autre henchir à peu près semblable au précédent; une vingtaine d'Arabes y habitent sous de misérables huttes.

A six heures quarante-cinq minutes, deux henchirs voisins l'un de l'autre me sont désignés, le premier sous le nom d'henchir Rabbaïa, le second sous celui d'henchir Kelbia.

A sept heures cinquante minutes, nous franchissons une colline couverte de débris; une dizaine de huttes habitées par des Arabes cultivateurs y sont groupées autour de la koubba d'un marabout appelé Sidi-Aly-Ben-Hadirich.

A huit heures trente minutes, nous longeons un petit oued nommé Zerrou; d'autres prononcent Sarrou.

A huit heures cinquante minutes, nous faisons halte quarante minutes à l'ombre d'un azérolier.

A onze heures quinze minutes, nous laissons à notre

gauche l'henchir Kasr-el-Mezouar, et bientôt après nous traversons un petit oued dont le lit est rempli de superbes lauriers-roses en fleur.

A onze heures quarante-cinq minutes, la chaleur étant accablante, nous nous désaltérons avec délices à l'Aïn-Djalou, source aussi limpide qu'abondante qui coule dans un réservoir formé de grandes pierres antiques. A droite et à gauche de l'oued qu'elle alimente, le sol est jonché de ruines. Elle sort de terre au bas d'une colline dont le sommet est couronné par une grande enceinte carrée qui est très-probablement musulmane; mais sur les pentes de cette colline, de nombreux blocs antiques sont renversés ou debout au milieu d'épaisses broussailles.

Un douar d'une soixantaine de tentes s'est établi en cet endroit. Les Arabes qui le composent sont occupés en ce moment à goudronner leurs chameaux, pour les préserver des maladies de peau qui les attaquent souvent lorsque les grandes chaleurs commencent.

A une heure quinze minutes, nous franchissons l'oued Béja, dont l'eau est, dit-on, peu saine, et à une heure quarante-cinq minutes, nous entrons dans la ville du même nom.

CHAPITRE SEPTIÈME.

Description de Béja, l'ancienne Vacca ou Vaga.

Béja est située sur le penchant d'une haute colline. Une muraille d'enceinte l'environne de toutes parts; celle-ci est flanquée de distance en distance de tours carrées. Une kasbah occupe le point culminant du pentagone irrégulier qu'elle forme. Toute cette enceinte, sauf quelques parties, date évidemment d'une époque antérieure à l'invasion arabe.

Sans être antique, à proprement parler, elle est bâtie avec des matériaux qui le sont, et offre tous les caractères d'une reconstruction byzantine accomplie à la hâte avec des éléments divers et des blocs de toutes sortes enlevés à des monuments plus anciens.

La kasbah, actuellement en fort mauvais état, a l'avantage de renfermer une fontaine appelée Aïn-Boutaha, dont l'eau est bien meilleure que celle de la fontaine qui est dans la ville, et que les habitants désignent sous le nom d'Aïn-Béja. On descend à celle-ci par un escalier de plusieurs marches qui conduit à une grande cour dont les murs latéraux sont construits en pierre de taille. A l'extrémité de cette cour, l'eau sort d'un canal antique, aujourd'hui très-mal entretenu.

La mosquée principale, consacrée à Sidna-Aïssa, passe pour la plus ancienne de la Tunisie. Au dire du kadi, du mufti et du khalife, que je questionnai à ce sujet, elle aurait été primitivement une église chrétienne. Suivant eux, ce sanctuaire aurait même été honoré de la présence de Sidna-Aïssa (Notre-Seigneur Jésus), que les musulmans vénèrent, sinon comme le Fils de Dieu, du moins comme le plus saint et le plus auguste de ses envoyés.

Mon titre de chrétien m'interdisait absolument toute entrée dans cette mosquée; mais je me convainquis bientôt que la tradition singulière des habitants par rapport à ce monument renfermait quelque vérité, et que c'était bien effectivement une ancienne basilique chrétienne, qui plus tard avait été remaniée pour devenir un sanctuaire musulman. Car, ayant remarqué sur l'un des murs extérieurs de cette mosquée une grande pierre revêtue de caractères dont plusieurs perçaient à travers l'épaisse couche de chaux qui les recouvrait, j'obtins des autorités de la ville la permission de la gratter. Le khalife poussa même l'obligeance jusqu'à rester près de moi pendant cette opération, afin de me protéger par sa présence contre les fanatiques qui pourraient m'insulter. Quand j'eus, avec l'aide de Malaspina, achevé de gratter cette pierre, j'y distinguai les lettres suivantes :

215.

```
....NN·VALENT·ET·GA............
DECIMIVS HILARIANVS HIL.....VS·VC·PROC
ETIONVM BASILICAM CVIVS S
DESIDERABAT·ORN.....A FVNDA
..GAQ·RVFINO.....ISSIMO·LEGATO·SVO
```

(*Estampage.*)

Ce fragment épigraphique, bien que mutilé et incomplet, est cependant précieux, car il nous apprend par qui et sous quel règne cette basilique fut construite ou seulement réparée et embellie.

Sur un autre point des murs extérieurs de cette même mosquée, je découvris un second bloc, revêtu également d'une inscription que dérobait en grande partie aux regards la chaux dont on avait recouvert ce piédestal; c'en était un, en effet, encastré dans la maçonnerie. Aussitôt que cette couche de chaux eut été enlevée, je lus ce qui suit :

216.

```
L·POMPONIO·DEXTRO·CELE
RINO·C·V·COS·AVRELIANO
ANTONINIANO·ORDO
SPLENDIDISSIMVS
COL·SEP·VAG·PATRO
NO·PERPETVO·CVR·
C·SERGIO·PRIMIANO·EQR·FL·PP
```

(*Estampage.*)

A la cinquième ligne, comme on le voit, le nom antique de la ville de Béja se trouve marqué; ce nom, à l'époque où fut gravée cette inscription, était *colonia Septimia Vaga*.

La nuit m'interrompit dans mes recherches.

5 juin.

Je continue l'examen de la ville, et je la parcours, rue par rue, ainsi que le faubourg appelé Rebat-Aïn-ech-Chems (faubourg de la source du Soleil), à cause d'une fontaine connue sous cette désignation. En somme, Béja est tombée dans la plus complète décadence; la moitié au moins de ses maisons sont détruites ou dans le délabrement le plus déplorable. Chemin faisant, je recueille çà et là les inscriptions qu'on va lire.

217[1].

Sur un gros bloc encastré dans le mur d'une maison :

MANICI·SARMA
TRIB·POTEST·XVI
ANI·PARTH·DIVI·NE
SEPTIMIA·VAG·ANO

(*Estampage*.)

Les caractères ont dix centimètres de hauteur. A la dernière ligne de ce fragment épigraphique, publié du reste depuis longtemps, les mots SEPTIMIA·VAG· contiennent également le nom antique de la ville.

---

[1] Peyssonnel, *Voyage dans la Régence de Tunis*, p. 250. — Coratius ap. Gori, *Etr.*, III, p. 122, n° 114.

218 [1].

Sur un piédestal engagé dans un mur moderne presque entièrement bâti avec des blocs antiques :

```
M·IVLIO·M·FIL·TRIB·FA.....
DECVRIONI·ADLECTO·AED....
SAC·ANNI·XIIII·PRAEF·IV..DI.
IIVIR·IIVIR·QQ·FL·PP·CVI·CVM
ORDO·SPLENDIDISSIMVS·OB
MERITA·EIVS·STATVAM·PP
FIERI DECREVISSET
Q·AGRIVS·IVLIVS·MAXIMVS
FELIX·AVONCVLO·SVO·MAGNO
PRO·PIETATE·SVA·DATO·SIBI
AB·ORDINE·LOCO·S·P·FECIT
        D . D
```

(*Estampage.*)

219.

Sur un bloc formant le linteau d'une des portes de la ville, appelée Bab-Boutaha :

```
.........NOBILISSIMI·C
C·IVL·AVREL·ANT·KARTHAGINIS
```

[1] Peyssonnel, p. 249. — Shaw, t. I, p. 211. — Pellissier, p. 230.

CHAPITRE SEPTIÈME.

220.

Sur un gros bloc engagé dans l'un des murs extérieurs de la kasbah :

```
RO...VS IVNI...IOPIVILIANVS
......AC·SAC·IIVIR·Q Q·
II CVR MVNERI VP....
        DAPANI
```
(*Estampage.*)

Les caractères de cette inscription sont peu visibles; quelques-uns même sont complétement effacés. La hauteur des lettres dans les trois premières lignes est de dix centimètres, et dans la dernière, de quatorze centimètres.

221.

Sur un bloc brisé engagé dans l'un des murs de la kasbah :

```
...SATVRN.....
M·CAECILIVS D....
```

222.

Sur une pierre tumulaire encastrée dans le mur d'une zaouïa et en partie cachée par un autre bloc :

```
...ESTA·FIDELI
....PACE·VIXSIT
...IS·CENTV·ET X
```
(*Estampage.*)

223.

Sur un bloc long d'un mètre quarante centimètres et haut de quarante-six centimètres, placé à l'un des angles d'une mosquée; les caractères en sont presque tous effacés :

............VIIII C.
............I N A E D.
......SIMVLACRA VERO

Les deux autres lignes sont complètement illisibles.

224[1].

Sur une pierre en partie brisée :

QVI·IN·DEO·CONFIDIT·SEMP·VIVET

Au-dessous est un médaillon à moitié effacé; puis on lit encore :

GALATEA
..DELIS

(*Estampage.*)

225.

Sur une pierre tumulaire engagée au bas du mur d'une maison :

MEMORIAE M·AVR...
VIBIA

(*Estampage.*)

---

[1] Pellissier, p. 413.

CHAPITRE SEPTIÈME.

226.

Sur une pierre tumulaire encastrée dans l'une des tours de l'enceinte de la ville :

```
      DIS · MANIB ·
         SACR ·
       . AEMILIVS
       . . MARCEL
      LVS PIVS VIXIT
      ANNIS XXXII
```

227.

Sur une autre pierre tumulaire encastrée dans la même tour :

```
         D · M · S
         C · IVLIVS
         FORTVNA
         TVS PIVS
        VIX · AN · LXXX
```

228.

Sur une pierre tumulaire encastrée dans le mur d'une maison :

```
      M · QAVIVS FELIX
      SABRVTTO...PIVS
      VIXIT · ANNIS · LXV
           H · S · E
```

(*Estampage.*)

229[1].

Sur une pierre tumulaire :

```
      D  ·  M  ·  S
    IVLIA · MAIOR
  CA·PIA·VIX·ANN·LXX
      H  ·  S  ·  E
```

(*Estampage.*)

230.

Sur la même pierre tumulaire, double épitaphe :

```
D · M · S              D · M · S
M·LOLLIVS              M · LOLLI
P R I M V              VS  LAM
LVS  PIVS              PADARI
VIX · AN               VS  PIVS
NIS · LXVI             VIX · AN
H · S · E              NIS · XLV
                       H · S · E
```

231.

Sur une pierre tumulaire dont la partie inférieure est brisée :

```
     D · M · S
  C·IVLIVS·POLY
  DIVPES B·ET
```

Le reste manque.

[1] Pellissier, p. 413.

CHAPITRE SEPTIÈME.

232.

Sur un bloc long d'un mètre, engagé dans une tour :

VDAM·VXOR·STATIL

Béja est la même ville que celle qui, dans quelques éditions de Salluste[1], est mentionnée sous le nom de Vacca; d'autres éditions, en effet, portent Vaga, dénomination conforme à celle des deux inscriptions n°⁸ 216 et 217.

C'était, à l'époque de Jugurtha, une cité riche et commerçante que visitaient et même habitaient beaucoup de marchands italiens; car voici comment s'exprime Salluste (*Jug.*, c. XLVII).

« Erat, haud longe ab eo itinere quo Metellus pergebat, oppidum Numidarum, nomine Vacca (vel Vaga), forum rerum venalium totius regni maxume celebratum, ubi et incolere et mercari consueverant Italici generis multi mortales. »

Cette ville se soumit d'abord volontairement aux Romains; mais ensuite, ayant, à l'instigation de Jugurtha, massacré par surprise, pendant une fête publique, la garnison qu'elle avait reçue dans ses murs, Métellus lui fit expier cruellement cette défection et la livra en proie à ses soldats.

Plutarque, dans la vie de Marius[2], nous transmet à ce sujet les mêmes détails que l'historien latin. Il est à remarquer qu'il écrit le nom de cette cité Βάγα, dénomination identique, sauf une légère différence de prononciation, à celle que la ville porte encore aujourd'hui. On n'ignore pas que, dans la langue grecque, le B était ordinairement prononcé comme le V des Latins.

---

[1] Sallust. *Bell. Jug.*, c. XLVII et c. LXVIII.
[2] Plut., *Vita Marii*, c. VIII.

Pline[1] la cite sous le nom d'oppidum Vagense.

A l'époque chrétienne, elle était la résidence d'un évêque.

Sous Justinien, comme nous le savons par Procope[2], qui écrit Βάγα à l'exemple de Plutarque, ce qui ne doit pas nous étonner, puisqu'il écrivait également en grec, les murs d'enceinte qui entouraient jadis cette place furent relevés, et elle fut elle-même appelée Theodorias, en l'honneur de l'impératrice. C'est donc à cet empereur, très-probablement, qu'il faut attribuer l'enceinte actuelle, enceinte qui, par la nature et l'agencement quelquefois irrégulier de ses blocs, accuse, comme je l'ai dit, une reconstruction du Bas-Empire, exécutée à la hâte avec des matériaux plus anciens.

A l'époque d'El-Bekri, c'est-à-dire dans la dernière partie du onzième siècle de notre ère, Béja jouissait encore d'une grande prospérité.

« Badja, dit cet écrivain arabe[3], renferme cinq bains, dont l'eau provient des sources dont nous avons parlé; elle possède aussi un grand nombre de caravansérails, et trois places ouvertes où se tient le marché des comestibles. Les environs de Badja sont couverts de magnifiques jardins, arrosés par des eaux courantes. Le sol en est noir, friable, et convient à toutes les espèces de grains. On voit rarement des fèves et des pois chiches qui soient comparables à ceux de Badja, ville qui, du reste, est surnommée le grenier de l'Ifrikiya. En effet, le territoire est si fertile, les céréales sont si belles et les récoltes si grandes, que toutes les denrées y sont à très-bas prix, et cela lorsque les autres pays se trouvent soit dans la disette, soit dans l'abondance. Quand le prix des céréales baisse à Cairouan, le froment a si peu de valeur à Badja que l'on peut en acheter la charge d'un chameau pour deux dirhems (environ un franc). Tous les jours

---

[1] Pline, V, 4.
[2] Procop., De ædif., VI, 5.
[3] El-Bekri, *Description de l'Afrique septentrionale*, p. 136 et 137.

il y arrive plus de mille chameaux et d'autres bêtes de somme destinés à transporter ailleurs des approvisionnements de grains; mais cela n'a aucune influence sur le prix des vivres, tant ils sont abondants. »

Aujourd'hui Béja est bien déchue d'une pareille richesse. Sa population dépasse à peine quatre mille habitants. Néanmoins, ses environs sont si fertiles, principalement en céréales, qu'elle est toujours demeurée l'un des plus importants marchés, pour le commerce des grains, de toute la contrée que les Arabes désignent par l'expression générique de Frikia ou Ifrikia, c'est-à-dire d'Afrique proprement dite, expression dans laquelle ils comprennent la plus grande partie du nord de la Tunisie, et notamment tout le bassin de la Medjerdah. Remarquons, en passant, que cette dénomination est un souvenir de la *provincia Africa* des Romains.

CHAPITRE HUITIÈME.

De Béja au Kef. — Oued-Kessab. — Grande plaine nommée Dakla. — Oued-Medjerdah. — Oued-Tassa. — Henchir Aïn-Safra, ruines d'un bourg antique. — Bourg de Nebeur, près des ruines d'une petite ville antique. — Arrivée au Kef.

6 juin.

Nous quittons Béja à quatre heures du matin. Le soleil se lève en ce moment, et ses feux naissants semblent jaillir comme du sein d'un cratère enflammé; tout nous annonce une journée brûlante. Notre direction est celle du sud-ouest.

A quatre heures quarante-cinq minutes, nous rencontrons de nombreux mechads.

A cinq heures, nous traversons l'oued Tsemmache, que d'autres prononcent Semmache; il est peu large et peu profond; l'eau en est bonne à boire.

A six heures quinze minutes, nous passons à côté de l'henchir Gennara; je n'y aperçois que deux citernes antiques et quelques gros blocs à l'entour.

A six heures cinquante minutes, nous laissons à notre droite l'henchir Rechya, consistant en un amas de gros blocs appartenant à une ancienne construction renversée.

A sept heures trente minutes, nous franchissons un oued assez large, dont le lit est bordé de superbes lauriers-roses en fleur. Nos chevaux ont de l'eau jusqu'au poitrail. Il s'appelle Oued-el-Kessab, à cause des roseaux qui y croissent aussi en abondance; c'est l'un des affluents de la Medjerdah.

La grande plaine que nous parcourons porte le nom de Dakla.

A huit heures, nous passons à gué la Medjerdah. Le lit de ce fleuve est large d'environ quatre-vingts mètres à l'endroit où nous le traversons. Les berges en sont hautes, abruptes, et comme taillées à pic; on dirait de véritables murailles de terre. Sur certains points elles sont profondément crevassées et menacent ruine, les assises inférieures sur lesquelles elles reposent étant incessamment minées par les eaux.

Près de ce gué, un douar a dressé ses tentes; une dizaine de huttes sont aussi construites. Le scheik de cette localité, qui se nomme Berda, nous invite à nous reposer quelque temps sous son humble mais hospitalière demeure. Nous acceptons cette offre avec d'autant plus de reconnaissance, que la chaleur est suffocante, le vent soufflant du sud et embrasant l'atmosphère.

A trois heures trente minutes, nous poursuivons notre marche à travers la même plaine, que bordent à droite et à gauche deux chaînes de montagnes à peu près parallèles.

A six heures cinquante minutes du soir, nous demandons l'hospitalité pour la nuit à un douar campé près de l'oued Tassa et des marabouts Sidi-ben-Aïad et Sidi-Hamise.

CHAPITRE HUITIÈME.

7 juin.

Départ à quatre heures du matin.

A quatre heures dix minutes, nous franchissons l'oued Tassa; l'eau en est bonne et ne tarit jamais.

A huit heures, nous faisons halte à l'henchir Aïn-Safra, que nous aurions dû atteindre une heure plus tôt, si une fausse indication n'eût point allongé notre route d'au moins cinq kilomètres.

Cet henchir occupe les deux rives d'un oued dont le lit est rempli de touffes gigantesques de lauriers-roses en fleur; mais, néanmoins, c'est principalement sur la rive droite que se trouvent les ruines les plus importantes. La plus considérable consiste en une enceinte carrée bâtie sur un monticule, et qui paraît avoir eu une destination militaire. Le bourg que ce château défendait est complétement détruit, et les vestiges confus qui en subsistent sont épars au milieu de champs de blé ou cachés sous des broussailles.

A huit heures trente-cinq minutes, nous traversons l'oued Farou.

A neuf heures trente minutes, nous rencontrons un henchir dont je ne puis apprendre le nom. C'est tout simplement un amas de gros blocs gisants sur le sol.

Quinze minutes plus loin, un henchir du même genre, et dont le nom est inconnu, même des douars les plus voisins, s'offre à notre vue à l'entrée d'une khanga ou défilé boisé dans lequel nous nous engageons.

A dix heures dix minutes, nous faisons halte au bourg de Nebeur. Ce bourg occupe les pentes d'une montagne; il peut renfermer un millier d'habitants qui cultivent de fertiles jardins arrosés par un oued, et où les grenadiers abondent.

A deux heures de l'après-midi, nous nous remettons en marche. Nous suivons d'abord, à travers un magnifique bois d'oliviers, les bords sinueux du torrent de Nebeur, dont les eaux forment en quelques endroits des cascades bruyantes qui rebondissent de rocher en rocher, et au bout de quinze minutes, nous parvenons aux ruines d'une petite ville renversée de fond en comble; elle était située dans la montagne au-dessus de Nebeur, qui lui a sans doute succédé, et qui a dû lui emprunter la plupart de ses matériaux de construction.

Nous gravissons ensuite un sentier de plus en plus âpre et malaisé.

A trois heures, un amas de gros blocs m'est désigné sous le nom d'Henchir-Efguérid.

A trois heures trente minutes, d'autres ruines également peu importantes se présentent à nous.

Nous continuons à nous avancer au milieu de hautes montagnes dont les flancs, jusqu'à une certaine élévation, sont cultivés, et les parties supérieures couvertes de frais et abondants pâturages. Nous y voyons de nombreux troupeaux qui appartiennent à des douars de différentes tribus, que la nécessité a forcés d'émigrer du sud vers le nord de la Régence. Cette émigration a été très-considérable cette année; elle a lieu annuellement dans la dernière quinzaine de mai, à l'époque où les chaleurs commencent à devenir insupportables dans les régions méridionales du Beylik, et où les pâturages y deviennent plus rares. Ces Arabes nomades louent leurs bras, au moment de la moisson, aux Arabes cultivateurs et sédentaires du nord; puis, quand toutes les moissons sont récoltées et que les chaleurs diminuent, ils s'en retournent, scheiks en tête, avec leurs familles et leurs troupeaux, vers les contrées qui sont le lieu ordinaire de leur campement.

A six heures du soir, nous entrons dans la ville du Kef. Le kaïd nous offre l'hospitalité à Dar-el-Bey.

CHAPITRE NEUVIÈME.

Description de la ville du Kef, l'ancienne Sicca Veneria.

8, 9 et 10 juin.

Je consacre ces trois jours à parcourir avec soin toutes les rues du Kef. Cette ville doit le nom qu'elle porte maintenant (El-Kef, le rocher) à la montagne rocheuse sur le penchant de laquelle elle est bâtie. Le mur d'enceinte qui l'environne est flanqué de plusieurs bastions. La kasbah, qu'avoisine un fort plus petit, est vaste et construite presque tout entière avec de gros blocs antiques, provenant probablement de l'enceinte primitive. Elle s'élève au point culminant de la ville; mais, comme l'ont fort bien observé MM. Pellissier[1] et Berbrugger[2], elle est dominée elle-même par une esplanade, dont elle n'est séparée que par une tranchée peu profonde pratiquée dans le roc, et d'où il serait facile de la battre en brèche, ce qui entraînerait la prise immédiate de la place. Celle-ci, qui est regardée par les Tunisiens comme la plus forte de la Régence et comme la clef du pays vers l'ouest, ne pourrait en réalité arrêter qu'une armée d'Arabes, et pour la mettre à l'abri des puissants moyens d'attaque que les troupes européennes possèdent actuellement, il faudrait la munir de fortifications beaucoup plus redoutables que celles dont elle se glorifie, et surtout retrancher soigneusement l'esplanade dont j'ai parlé.

Lorsque l'on pénètre dans l'intérieur du Kef par l'une des quatre portes principales dont ses murailles sont percées, on se perd au milieu d'un labyrinthe de rues et de ruelles irrégulièrement tracées. Deux quartiers sont presque en ruine et à peine peuplés, ce qui fait que cette ville renferme

---

[1] Pellissier, *Description de la Régence de Tunis*, p. 182.
[2] Berbrugger, *Rev. afric.*, t. I, p. 270.

moitié moins d'habitants qu'on ne le supposerait d'abord. Sa population totale est de quatre mille cinq cents musulmans, auxquels il faut ajouter environ six cents juifs, quelques Maltais et les employés actuels du télégraphe français, télégraphe récemment établi en Tunisie, et dont les fils, partant de Tunis et passant par le Kef, relient la Régence à l'Algérie.

Parmi les ruines antiques qui ont attiré mon attention, je signalerai en particulier :

1° Les vestiges d'un ancien sanctuaire consacré jadis à Hercule, ainsi que cela résulte d'une inscription trouvée sur place par Peyssonnel, et qui depuis a disparu;

2° Ceux d'une basilique chrétienne actuellement en grande partie démolie;

3° Les restes d'un palais;

4° Une fontaine monumentale qui fournit encore aux habitants une eau très-abondante, laquelle arrive au moyen d'un grand canal souterrain;

5° Une seconde fontaine, aujourd'hui bouchée, qui coulait, comme la précédente, d'une profonde caverne.

Çà et là, en outre, dans des constructions modernes, on remarque de belles pierres antiques, des tronçons de colonnes, des chapiteaux mutilés, des fragments d'entablements, des cippes tumulaires engagés confusément au milieu de matériaux plus ordinaires.

En dehors de la ville, à l'extrémité supérieure du plateau rocheux que j'ai signalé comme dominant la citadelle elle-même, est une ruine désignée parmi les indigènes sous le nom de Kasr-er-Roula (le château de la Goule, de la magicienne). C'est, ainsi que M. Berbrugger l'a fort bien reconnu[1], une ancienne basilique chrétienne; elle mesurait environ trente-trois mètres de long sur seize de large. Les murs, dont les

---

[1] Berbrugger, *Rev. afric.*, t. I, p. 274 et 275.

substructions existent encore, avaient un mètre d'épaisseur; ils étaient construits avec de fort belles pierres de taille parfaitement agencées ensemble, et se terminaient du côté du sanctuaire en forme d'abside demi-circulaire. La nef principale était ornée de colonnes en marbre blanc veiné de bleu, dont quelques tronçons seulement gisent au milieu d'autres débris, les musulmans les ayant enlevées pour leurs mosquées. On y trouve aussi plusieurs pierres tumulaires revêtues d'inscriptions plus ou moins mutilées. Ces pierres tumulaires, d'une époque antérieure à la basilique et employées comme matériaux de construction, montrent qu'elle a été bâtie avec des éléments divers.

M. Berbrugger pense qu'à cause du nom que les Arabes lui donnent, on peut, sans invraisemblance, l'identifier avec la kenicia ou église à propos de laquelle Bekri[1] raconte le fait merveilleux que voici :

« Pendant la domination byzantine, il y avait dans l'église de Chikka Benaria (Sicca Veneria, maintenant le Kef) un objet bien curieux, un miroir dans lequel tout homme qui soupçonnait la fidélité de sa femme n'avait qu'à regarder pour voir la figure du séducteur. A cette époque, les Berbers professaient le christianisme, et un homme de cette race ayant montré beaucoup de zèle pour la religion, était devenu diacre. Un Latin, jaloux de sa femme, alla consulter le miroir, et voilà qu'il y distingue les traits du diacre berber. Le roi fit chercher le Berber et le condamna à avoir le nez coupé et à être promené à travers la ville; puis il le chassa de l'église. Les parents de cet homme allèrent de nuit briser le miroir; pour les punir, le roi fit saccager leur campement. »

Au-dessous des ruines du Kasr-Roula, par conséquent au bas du plateau rocheux, s'étendent de grandes citernes romaines. Elles sont au nombre de onze. Chacune mesure

---

[1] El-Bekri, *Descript. de l'Afrique septentrionale*, p. 82.

vingt-huit pas de long sur sept de large : elles communiquent les unes avec les autres au moyen d'une ouverture cintrée. Le stuc qui les enduisait intérieurement existe encore, du moins en partie, sur les parois de plusieurs d'entre elles.

Ces vastes réservoirs prouvent à eux seuls l'importance de la ville antique qu'ils alimentaient; ils sont aujourd'hui transformés en étables, et, plus encore peut-être que jadis les écuries du roi Augias, ils auraient besoin de l'un des travaux d'Hercule pour être nettoyés.

La nécropole des juifs, que l'on voit à quelque distance de là, le long du rempart, offre cela de curieux que la plupart des pierres sépulcrales qui recouvrent les morts ont été enlevées à d'anciens tombeaux; plusieurs d'entre elles sont encore revêtues d'épitaphes latines mal dissimulées sous une couche de chaux, de telle sorte qu'au premier abord on se croirait en présence d'un cimetière antique où reposeraient les cendres des colons romains appartenant à la vieille cité de Sicca Veneria, tandis qu'on a devant soi un cimetière moderne où les israélites actuels du Kef vont ensevelir leurs morts.

J'y ai copié un certain nombre d'épitaphes faites ainsi pour d'autres défunts que ceux qui dorment sous les dalles où elles ont été gravées.

La ville ancienne, dont celle du Kef occupe l'emplacement, était beaucoup plus grande que celle-ci; car, en dehors de l'enceinte moderne, jusque dans les jardins qui l'avoisinent, le sol est jonché de débris divers.

Elle s'appelait Sicca Veneria, comme le témoignent Ptolémée, l'Itinéraire d'Antonin et la Table de Peutinger. Dans d'autres auteurs, elle est citée seulement sous le nom de Sicca. Solin[1], d'un autre côté, ne la mentionne que sous celui de Veneria, et il attribue son origine aux Siciliens, qui

---

[1] Solin., c. XXVI.

CHAPITRE NEUVIÈME.

y auraient fondé en même temps le culte de Vénus Érycine; mais il est plus probable que cette ville remonte à une époque plus reculée, et qu'elle dut sa fondation à une colonie de Phéniciens qui y introduisirent le culte de la Vénus asiatique adorée en Assyrie, et vraisemblablement aussi en Syrie et en Phénicie, sous le nom de *Succoth-Benoth*, dénomination que Shaw [1], d'après Jean Selden et Gérard-Jean Vossius, rapproche de celle de Sicca-Veneria, prétendant que celle-ci dérive de celle-là. Gesenius [2], cependant, tire le mot *Sicca* d'une racine phénicienne qui se retrouve dans le mot arabe *souk* (marché).

Toujours est-il que la déesse de la volupté, importée soit de Sicile, soit d'Asie, avait dans cette ville un temple célèbre par les honteux mystères qu'on y pratiquait, comme le prouve le passage suivant de Valère-Maxime [3]:

« Siccae enim fanum est Veneris, in quo se matronae conferebant atque inde procedentes ad quaestum, dotes corporis injuria contrahebant, honesta nimirum tam inhonesto vinculo conjugia juncturae. »

La dénomination antique de Sicca Veneria s'est conservée longtemps, même depuis la conquête musulmane, sous la forme un peu altérée de Chakbanaria; et M. Berbrugger, dans le numéro de la *Revue africaine* que j'ai déjà cité, mentionne trois écrits arabes où cette ville est désignée de la sorte. J'ai moi-même rapporté plus haut un passage d'El-Bekri dans lequel ce géographe l'appelle Chikka-Benaria. Aujourd'hui, parmi les indigènes, cette dernière dénomination a disparu complétement pour faire place à celle d'El-Kef.

Indépendamment du nom de Sicca Veneria, cette ville a encore porté jadis ceux de Colonia Julia Cirta Nova et de

---

[1] Shaw, t. I, p. 228.
[2] Gesenius, *Monumenta Phœnicia*, p. 418.
[3] Valer. Max., l. II, c. vi, § 15.

Cirtha Sicca, comme cela résulte de deux inscriptions qu'après M. Berbrugger j'ai lues et copiées au Kef, dans une maison particulière appelée Dar-ben-Achour.

Voici la première, qui contient les mots *Coloniae Juliae Cirtae Novae* :

233[1].

Sur un piédestal servant de pilier dans la cour de cette maison :

```
        Q · CASSIO  Q · F · QVIR
        CALLIONI  Q · PR
        ID  COLONI  COLONI
        AE  IVLIAE  CIRTAE  NO
        VAE  QVOD  ANNO
        NAM  FRVMENTI  DE  SVA
        PECVNIA  LEVAVIT
HANC · STATVAM · AEMILIA · L · F · CERIALIS  AB
       . . . . . . . . . . .
```

(*Estampage.*)

Voici maintenant la seconde, où on lit au commencement : *Municipibus meis Cirthensibus Siccensibus.*

---

[1] Berbrugger, *Rev. afric.*, t. I, p. 272.

234[1].

Sur un piédestal engagé à la base d'un pilier, dans la même cour :

1. MVNICIPIBVS MEIS CIRTHENSIBVS
2. SICCENSIBVS CARISSIMIS MIHI DARE
3. VOLO HS |XIII| VESTRAE FIDEI COMMITTO
4. MVNICIPES CARISSIMI VT EX VSVRIS
5. EIVS SVMMAE QVINCVNCIBVS QVODAN
6. NIS ALANTVR PVERI CCC ET PVELLAE CC
   PVERIS
7. AB ANNIS TRIBVS AD ANNOS XV ET
   ACCIPIANT
8. SINGVLI PVERI ✶IIS MENSTRVOS
   PVELLAE
9. AB ANNIS TRIBVS AD ANNOS XIII ✶II LEGI
10. AVTEM DEBEBVNT MVNICIPES ITEM IN
11. COLAE DVMTAXAT INCOLAE QVI INTRA
12. CONTINENTIA COLONIAE NOSTRAE AE
13. DIFICIA MORABVNTVR QVOS SI VO
14. BIS VIDEBITVR OPTIMVM ERIT PER
15. II VIROS CVIVSQVE ANNI LEGI CVRA
16. RE AVTEM OPORTET VT IN LOCVM AD
17. VLTI VEL DEMORTVI CVIVSQVE STA
18. TIM SVBSTITVATVR VT SEMPER PLE
19.   NVS NVMERVS ALATVR.

(*Estampage.*)

[1] Berbrugger, *Rev. afric.*, t. I, p. 273.

235[1].

Sur la face opposée du piédestal précédent est gravée l'inscription qui suit :

```
P · LICINIO · M · F · QVIR
PAPIRIANO · PROCVR
AVG · IMP · CAES · M · AVRELI
ANTONINI · AVG · GERMANICI
SARMATICI · MAXIMI · P · P · P
. . . . . . . . . . . . . . .
SPLENDIDISSIMVS · ORDO · SICCEN
SIVM · OB · MERITA · EIVS · PP
. . . . . . . . . . . . . . .
. . . . . . . . . . . . . . .
```

(*Estampage.*)

A la première ligne, IR sont liés dans QVIR.

Il s'agit ici, comme on le voit, d'une statue élevée aux frais des habitants de Sicca en l'honneur de P. Licinius, fils de Marcus, de la tribu Quirina, surnommé Papirianus, procurateur de l'empereur Marc-Aurèle Antonin, etc., à cause des bienfaits dont on lui était redevable. Ces bienfaits consistaient sans doute principalement dans le legs énoncé plus haut d'une somme déterminée de sesterces confiée par lui à ses chers concitoyens, les *Cirthenses Siccenses*, afin que les intérêts annuels de cette somme fussent employés à perpétuité à nourrir trois cents jeunes garçons et deux cents jeunes filles, les premiers depuis trois ans jusqu'à quinze, les secondes depuis trois ans également jusqu'à treize.

[1] Berbrugger, *Rev. afric.*, t. I, p. 273.

CHAPITRE NEUVIÈME.

Sicca paraît pour la première fois dans l'histoire lors de la guerre des Romains contre Jugurtha[1].

Marius y défit sous ses murs, avec quelques cohortes, plusieurs escadrons du prince numide, et par cette victoire retint dans la soumission la foi mobile et chancelante de ses habitants.

Pline[2] la cite parmi les colonies, assertion que confirment les deux inscriptions n°ˢ 233 et 234 que je viens de reproduire.

Elle était ornée de plusieurs temples. A ceux de Vénus et d'Hercule, connus, l'un par l'histoire et par le propre surnom de la ville, l'autre par une inscription qu'a signalée Peyssonnel, il faut peut-être ajouter celui de la Fortune surnommée Redux; car sur un magnifique bloc encastré dans une maison particulière, qui extérieurement offre un pan de mur construit avec de fort belles pierres de taille antiques, j'ai lu les mots suivants, gravés en très-gros caractères :

236.

..RTVNAE REDVCI AVG.

Sous Dioclétien, Arnobe enseigna la rhétorique à Sicca avec beaucoup d'éclat, et c'est là qu'il composa son ouvrage contre les Gentils.

A l'époque chrétienne, cette ville était la résidence d'un évêque.

Depuis l'invasion arabe, elle a plus perdu de sa splendeur que de son importance, à cause de l'avantage de sa position, qui l'a toujours maintenue au premier rang parmi les places fortes de la Tunisie.

J'ajoute ici les autres inscriptions que j'ai copiées dans cette ancienne colonie romaine.

---

[1] Sallust., *Bell. Jug.*, c. LVI.
[2] Plin., V. 3.

237.

Sur un autel aux trois quarts enfoui dans le sol et que j'ai fait déterrer :

```
       IOVI · OPT · MAX
    CONSERVATORI · SAN
    CTISSIMORVM · PRINCI
    P·V·M · D · D · N · N ·
 IMP·CAES·L·SEPTIMI·SEVERI·PER
    TINACIS · AVG · ARAB · ADIA
    B · PART · MAX · FORTISSIMI
    FELICISSIMI·PONT·MAX·TR
    POT · XVI · COS · III · P · P · ET
    IMP · CAES · M · AVRELI · ANTO
    NINI·PII·AVG·PARTHICI·TR·POT
    XI·IMP·II·COS·III·P·P . . . . . .
    . . . . . . . . . . . . . . . . . .
    . . . . . . . . . . ET·IVLIAE·A . .
    MATRIS·AVG·ET·CASTRORVM
    OB · CONSERVATAM · EORVM · SA
    LVTEM · DETECTIS · INSIDIIS
    HOSTIVM · PVBLICORVM
          D    D       P     P
```
(*Estampage.*)

Les quatre premières lignes seulement de cette inscription intéressante avaient été copiées autrefois par Peyssonnel[1] et d'une manière très-fautive.

[1] Peyssonnel, p. 123.

CHAPITRE NEUVIÈME.

238 [1].

Sur un piédestal engagé à l'angle d'une mosquée :

```
        V I C T O R I
       CENTVRIONI
       LEGIONARIO
      EX EQVITE ROMANO
      OB MVNIFICENTIAM
       ORDO SICCENSIVM
           CIVI ET
        CONDECVRIONI
          D · D · P · P
```

(*Estampage.*)

A la cinquième ligne, NT sont liés dans *munificentiam*. Il en est de même, à la ligne suivante, de VM dans le mot *siccensium*.

239 [2].

Sur un petit piédestal hexaèdre encastré à l'entrée d'un passage voûté :

```
       PORTAE NOVAE
       SACRVM EX VISV
       Q·IVNIVS IVSTINI
        ANVS FECIT
```

(*Estampage.*)

---

[1] Peyssonnel, p. 123. — Maffei, *Mus. Ver.* 465, 1. — Pellissier, *Descript.*, p. 255.

[2] Berbrugger, *Revue afric.*, t. I, p. 279.

240[1].

Sur un piédestal placé à l'une des assises inférieures de la mosquée Sidi-bou-Chennouf :

```
Q · OCTAVIO · RVFO · ERV
CIANO · EQVIT · R · FL · PP · E · V·
PATRI · Q · OCTAVI · FORTV
NATI · ERVCIANI · STELLAE
STRATONIANI · C · I ·
L · SALLVSTIVS · SATVRNINVS
OMNIB · HONOR · FVNCTVS
IVSTO · VIRO · OB · NOTISSI ·
MAM · OMNIBVS · IN · SE · BONI
TATEM · QVA · IN · PERPETV
VM · EST · RESERVATVS
```

(*Estampage.*)

241.

Sur un bloc gisant au milieu de plusieurs tronçons de colonnes :

```
TONINI · FIL · D . . . . V
ADRIANI · NEPOTI · DIV
ABNEPOTI · M · AVRELIO · A
MO · P · M · TRIB · P · XXV · IMP · V · CO
```

(*Estampage.*)

---
[1] Pellissier, *Descript.*, p. 415. — Berbrugger, *Rev. afric.*, t. I, p. 280.

CHAPITRE NEUVIÈME.

242.

Sur un bloc mutilé dans une maison :

IMP·CAES
PIOTIL..
CIRTH..
DEVOTINV

243.

Sur un bloc brisé près de la kasbah :

......COS
FELICI AVG

244.

Sur un piédestal en marbre blanc :

DOMINAE
NOSTRAE
.AVIAE
HELENAE
AVG
M·VALER·
GYPASIVS·V·C·
CVR·REIP·ET·D·V·DE
VOT·NVMINI·MA
IESTATIQVE EIVS

(*Estampage.*)

245.

Sur un bloc mutilé :

ANOPV

Les lettres ont vingt-cinq centimètres de hauteur.

246.

Sur un bloc encastré dans le mur d'une maison :

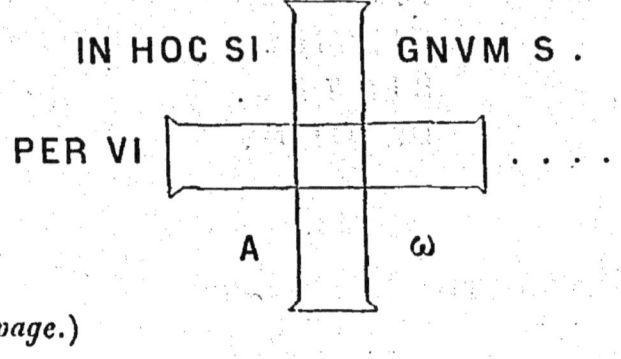

(*Estampage.*)

247.

Sur une pierre tumulaire :

```
L·AEDINIVS
L·F·QV·SATVR
NINVS V·A
LXXXIII·H·S·E
```

248.

Sur un cippe :

```
D · M · S
AEMILIAE
.ERECTHI..
PIA VIXIT
ANNIS
L X X I
H · S · E
A V I A
```

CHAPITRE NEUVIÈME.

249.

Sur une pierre tumulaire :

```
      D · M · S
     AEMILIVS
     DONATVS
    VIXIT·AN·XXX
      H · S · E
```

250.

Sur un cippe en forme d'autel :

```
   D · M · S ·             D · M · S
   STATIVS                 AGRIVS
   LVPERCVS                NVARIANVS
   V  I  X  I  T           SANCTISSI
   A  N  N  I  S           MVS ADVLES
   X  L  I  I  I           CENS VIXIT
     H · S · E             ANNIS XVIII
                             H · S · E
```

251.

Sur une pierre tumulaire :

```
      D · M · S
     Q·ANTONIVS
     FORTVNATVS
     FLORIANVS
     PIVS · VIXIT
     ANN · XXX
      H · S · E
```

252.

Sur une pierre tumulaire :

```
    D · M · S
    B I A E
    Q · F · RO
    M V L A E
    V I X I T · A N
    N I S X X X
```

253.

Sur une pierre tumulaire :

```
    D · M · S
    F A V S T V S
    H O N O R A
    T I  F I L I V S
    P I V S  V I X I T
    A N N I S  X X V I
    H · S · E
```

254[1].

Sur une pierre tumulaire :

```
    D · M · S
    L · C L O D I
    V S · Q V I R
    F V S C I
    N V S · V I
    X I T · A N
    N I S . X X X I
    H · S · E
```

[1] Berbrugger, *Rev. afric.*, t. I, p. 277.

255.

Sur une pierre tumulaire :

```
     D · M · S
     P · FABIVS
     LVPERCVS
     VIX·AN·XXX
      H · S · E
```

256.

Sur une pierre tumulaire :

```
     D  ·  M  ·  S
    L · IVLIVS · GE
    MELLIVS · VI
    XIT·AN·LXXXVI
      H  ·  S  ·  E
```

257.

Sur une pierre tumulaire :

```
     IVLIA M·F
     VENVSTA
     VIX · AN ·
        XXV
      H · S · E
```

258.

Sur une pierre tumulaire :

```
      D · M · S
      Q · ANTONI
      VICTORVS
      VIXIT ANNIS
      XXXX XIII
       H · S · E
```

Remarquez que les deux dernières lettres du mot ANTO-NIVS sont rejetées à la fin de la deuxième ligne.

259[1].

Sur une pierre tumulaire :

```
     D · M · S
   ANNIA · SEX ·
   FIL · SATVRNI
   NA PIA VIXIT
   ANNIS LXV
     H · S · E
```

260[2].

Sur une pierre tumulaire :

```
     D · M · S
   D · ANTO ·
   NIVS BAE
   BIANVS
   VIX · AN
   NIS · XVIII
     H · S · E
```

261.

Sur une pierre tumulaire :

```
     D · M · S
   CORNELIA · L · FIL ·
   FELICISSIMA
   VIXIT ANNIS LII
     H · S · E
```

[1] Berbrugger, *Rev. afric.*, t. I, p. 276.
[2] Berbrugger, *Rev. afric.*, t. I, p. 277.

CHAPITRE NEUVIÈME.

262.

Sur un cippe en forme de colonne :

D · M · S
SEXTV
S · IVLI
VS · LV
CIFER
VIXIT · A
NNIS
LXXV

263.

Sur une pierre tumulaire :

D · M · S
FELICITAS QVAE
PIA VIXIT
AN · XXII · H · S · E

264.

Sur une pierre tumulaire :

D · M · S
P · RVTILIVS
RESTVTVS
VIXIT ANIS (sic)
XXI
H · S · E

265.

Sur une pierre tumulaire brisée :

VOLVSSIA
. ADEIA

CHAPITRE DIXIÈME.

Du Kef à l'henchir Lorbès. — Description de cet henchir, l'ancienne colonia Zares.

11 juin.

A deux heures trente minutes de l'après-midi, nous quittons la ville du Kef et nous prenons le chemin de l'henchir Lorbès. Notre direction est celle de l'est, puis du sud-est.

A deux heures quarante-cinq minutes, on me signale l'henchir Dra-el-Kloufi; il consiste en un amas de quelques gros blocs sur les dernières pentes de la montagne du Kef.

Nous traversons successivement deux petits ponts dont l'un semble en partie antique, et qui sont jetés sur deux oueds actuellement à sec.

A trois heures, abandonnant la route de Tunis, nous tournons à droite.

A trois heures dix minutes, nous franchissons l'oued Ammir; il est également sans eau pour le moment.

A trois heures vingt minutes, quelques blocs, les uns debout, les autres renversés, me semblent appartenir à un ancien poste romain.

A quatre heures, nous commençons à gravir un sentier âpre et pénible, à travers des montagnes qu'entrecoupent çà et là de profonds ravins.

A six heures douze minutes, nous atteignons l'henchir Lorbès. Deux douars ont dressé leurs tentes non loin de là; le scheik de l'un de ces douars nous offre l'hospitalité.

12 juin.

Les ruines de Lorbès occupent un espace assez considérable; il est malheureusement très-difficile de les visiter en détail, parce qu'elles sont éparses au milieu de plantations de cactus gigantesques tellement rapprochés les uns des autres, qu'ils forment en certains endroits un fourré presque impénétrable.

La ville ancienne dont cet henchir rappelle le nom un peu altéré (Lares, à l'ablatif Laribus, d'où Lorbès), était environnée d'une enceinte fortifiée, que flanquaient de distance en distance des tours carrées à demi engagées dans la muraille. Celle-ci est encore en partie debout, ou du moins il en subsiste de très-beaux pans construits avec de magnifiques pierres de taille appartenant soit à des édifices, soit à une enceinte antérieure.

A l'angle d'une tour, on lit sur un bloc placé sens dessus dessous, ce qui accuse une construction ou une réparation faite à la hâte :

266 [1].

DIVO
ANTONINO
CAESARI
COLONIA
AELIAC
AVG·LARES

A la fin de la cinquième ligne, j'ai cru lire soit un C, soit un E.

Cette inscription, déjà copiée par sir Grenville Temple, prouve d'une manière péremptoire que l'henchir Lorbès doit être identifié avec la ville de Lares, ainsi que Shaw l'avait lui-même supposé. Cette ville est une de celles dont Justinien fit relever les murs abattus, témoin le passage suivant du poëte Corippus [2] :

> Urbs Laribus mediis surgit tutissima sylvis
> Et muris munita novis, quos condidit ipse
> Justinianus apex.

[1] S. Grenv. Temple, t. II, p. 346, n° 148.
[2] Corippus, *Johannis*, l. VI, v. 143 et seq.

L'enceinte ruinée actuelle est très-certainement celle dont il est question dans ces vers; on peut encore aujourd'hui en suivre partout le périmètre et les traces là même où elle a été détruite.

Quant à la ville proprement dite, elle a été complétement renversée, à l'exception d'un vaste édifice dont on reconnaît la forme et l'étendue. Cet édifice semble avoir été une basilique chrétienne, transformée plus tard en mosquée. Il était orné intérieurement de colonnes de granit d'un grain très-fin. Plusieurs d'entre elles étant à moitié ensevelies sous des monceaux de décombres, je les ai fait dégager : ce sont d'anciennes bornes milliaires. L'une est entière; elle mesure un mètre quatre-vingt-cinq centimètres de hauteur sur un mètre soixante-quatorze centimètres de circonférence; on y lit l'inscription que voici, dont le commencement seulement avait déjà été copié par sir Grenville Temple :

267 [1].

IMP · CAES
M · AVRELIVS
ANTONINVS · PIVS
FELIX · AVGVSTVS
PARTHIC · MAX · BRIT ·
MAX · GERM · MAX ·
TRIBVNIC · POTEST ·
XVIIII · COS IIII
PATER PATRIAE
RESTITVIT
CXXVI

Si cette colonne milliaire n'a pas été transportée à Lorbès d'ailleurs, elle nous indique par le chiffre de CXXVI milles

---

[1] S. Grenv. Temple, t. II, p. 347, n° 153.

CHAPITRE DIXIÈME.

la distance qui séparait Lares de Carthage. D'après l'Itinéraire d'Antonin, cette distance est un peu moindre, étant évaluée à CXXII milles. La Table de Peutinger la réduit encore, puisqu'elle ne marque entre ces deux villes qu'un intervalle de CXVII milles.

Trois autres colonnes milliaires se trouvent au même endroit; elles sont plus ou moins mutilées. Voici les fragments d'inscriptions que j'ai pu déchiffrer sur deux d'entre elles, la troisième étant brisée en grande partie et ne m'ayant offert qu'un petit nombre de caractères à peine visibles :

268[1].

IMP·CAESAR
DIVI·NERVAE·NEPOS
DIVI·TRAIANI·P........S
TRAIANVS·HADRIANVS
AVG·PONT·MAX·
TRIB·POT·$\overline{VII}$·PP·COS·$\overline{III}$

Le reste est illisible.

269.

Le haut de la colonne est brisé.

DIVI·NERVAE·NEPOS
DIVI·TRAIANI·P........S
TRAIANVS HADRIANVS
AVG·PONT·MAX·TRIB
POT·$\overline{VII}$ COS·$\overline{III}$
VIAM·A KARTHAGINE
THEVESTE......

Le reste manque, par suite d'une brisure de la colonne.

(*Estampage.*)

[1] S. Grenv. Temple, t. II, p. 347, n° 154.

Près de là s'élève une tour carrée dont la partie inférieure semble byzantine et la partie supérieure, beaucoup plus mal construite et avec des matériaux plus petits, appartient à une époque plus récente. Sur un bloc encastré à la base de la tour, on lit le fragment que voici :

270[1].

```
A N O · A V G
PP · IMP · VI
I · PONT · SOD
S C V S · C O E
```

Plusieurs fûts de superbes colonnes en marbre blanc veiné de rouge gisent par terre au pied de cet ancien minaret; quelques-uns de ces fûts ont été sciés, il y a une quinzaine d'années, afin d'être transportés plus facilement ailleurs; mais il paraît qu'on a renoncé ensuite à ce projet.

Les autres inscriptions que j'ai recueillies à Lorbès sont au nombre de huit :

271.

Sur un bloc long de deux mètres quatorze centimètres et haut de quarante-cinq centimètres; la hauteur des caractères est de douze centimètres :

```
IMP · CAESARE · DIVI · TRA
DIVI · NERVAE · NEPOTE · TR
```

272.

Sur un bloc mutilé :

```
IMP · CAES · SE........
AVG · PP · PONTIFICI · MAXIMO
........VITA PORTIC.
....BI...........VR
.................XX
```

---

[1] S. Greuv. Temple, t. II, p. 346, n° 150.

CHAPITRE DIXIÈME.

273.

Sur un bloc dont les caractères sont très-effacés :

```
............E.
.........TORIA
..........ORMA
.........COS·III
..........CAES
XXXII.........
APS F.........
SEPTIM...P P
        XVI
```

(*Estampage.*)

274[1].

Sur un bloc encastré dans l'une des tours de l'enceinte :

AETIT

275.

Sur un autre bloc voisin du précédent :

PEE

276.

Sur un troisième bloc placé à l'une des assises de la même tour :

DOLIB

Les caractères de ces trois blocs sont de très-grandes dimensions et identiques pour la forme.

---

[1] S. Grenv. Temple, t. II, p. 347, n° 156.

277 [1].

Sur un quatrième bloc renversé sens dessus dessous, non loin des trois que je viens de mentionner :

D E V M · A V G
MAGNA ET DEA

La seconde ligne est gravée en caractères plus petits que la première.

278 [2].

Sur un cippe assez élégamment sculpté :

Q · V A L E R I V S
Q · L · E P A P H I R A
V · A N N I S · LXX
H · S · EST

A la seconde ligne, P, H et I sont liés.

C'est lors de la guerre des Romains contre Jugurtha que Lares figure pour la première fois dans l'histoire. Elle est citée par Salluste [3] comme une ville de guerre de quelque importance, puisque Marius y mit en dépôt l'argent destiné à payer ses troupes et ses provisions de bouche :

« Aulum Manlium legatum cum cohortibus expeditis ad oppidum Laris, ubi stipendium et commeatum locaverat, ire jubet. »

Ptolémée l'indique sous le nom de Λάρης.

Dans la Table de Peutinger et dans l'Itinéraire d'Antonin, elle est marquée à l'ablatif pluriel, *Laribus.*

---

[1] S. Grenv. Temple, t. II, p. 347, n° 155.
[2] S. Grenv. Temple, t. II, p. 346, n° 149.
[3] Sallust., *Bell. Jug.*, c. xc.

Victor de Vite[1] la nomme *civitas Larensis*.

Le passage suivant d'El-Bekri[2] prouve que de son temps cette ville était encore debout et florissante :

« A trois journées de Cairouan est située Lorbos, ville fermée qui possède un grand faubourg. Son territoire produit du safran excellent et se distingue par le nom de Beled-el-Anber (canton de l'ambre gris). — C'est à Lorbos, ajoute cet écrivain, que se rendit Ibrahim-ibn-abou-'l-Aghleb lors de sa sortie de Cairouan. En l'an 296 (908-909), Abou-Abd-Allah-es-Chiaï vint mettre le siége devant Lorbos. Ibrahim, qui s'y était enfermé avec toutes les milices de l'Ifrikiya, s'enfuit vers Tripoli, accompagné de plusieurs des chefs de ses troupes et d'une partie de son armée. Abou-Abd-Allah pénétra de vive force dans la ville et fit massacrer les habitants. Ces malheureux s'étaient réfugiés, avec le reste des milices, dans la grande mosquée, où ils se tenaient entassés les uns sur les épaules des autres. Le sang sortit par toutes les portes de cet édifice, et coula dans les rues ainsi que font les ruisseaux à la suite d'une forte averse. L'on assure que trente mille individus périrent dans l'intérieur de la mosquée, et que ce carnage dura depuis l'heure de la prière du soir jusqu'à la fin de la nuit. Les Aghlebides, dont la dynastie succomba bientôt après cette catastrophe, avaient régné sur l'Ifrikiya pendant cent onze ans. »

La mosquée dont il s'agit ici, et qui fut le théâtre de cet affreux massacre, est probablement le grand édifice renversé dans l'intérieur duquel gisent les divers tronçons de colonnes que j'ai signalés plus haut.

Cette ville subsistait encore un siècle environ après El-Bekri, car Edrisi[3] la mentionne dans sa Géographie comme une cité de construction antique et toujours debout.

---

[1] Victor Vitensis, p. 24.
[2] El-Bekri, *Descript. de l'Afrique septentrionale*, p. 112.
[3] Edrisi, *Géographie*, trad. de M. Jaubert, t. I, p. 259.

CHAPITRE ONZIÈME.

De l'henchir Lorbès à l'henchir Medeïna. — Description de ce dernier henchir, jadis Thibaritanum municipium.

13 juin.

A quatre heures quinze minutes du matin, après avoir abandonné les ruines de Lorbès, nous traversons l'oued Aïn-Hamra; notre direction est celle du sud-sud-ouest.

A huit heures, nous franchissons un autre oued plus important, appelé oued Medeïna. Au-dessus des rives de ce torrent, une enceinte rectangulaire mesure quarante-cinq pas de long sur quarante de large. Les gros blocs qui en forment les assises inférieures, les seules qui soient encore en place, appartiennent à des monuments divers et de différentes époques.

Près de cet ancien poste militaire, d'origine byzantine probablement, gisent les ruines d'un bourg entièrement détruit. Je n'y trouve aucune inscription qui puisse m'éclairer sur le nom qu'il portait autrefois. Aujourd'hui, il est connu sous celui d'henchir Medeïna, dénomination très-vague et très-commune signifiant seulement *la ville,* et par conséquent ne servant en aucune manière à nous mettre sur la voie de la désignation ancienne.

Il faut distinguer cet henchir Medeïna d'un autre du même nom et beaucoup plus important qui va nous occuper tout à l'heure.

A huit heures trente minutes, l'henchir el-Bouezdia ne m'offre qu'un amas de quelques gros blocs sur un monticule.

A neuf heures, nous franchissons pour la seconde fois l'oued précédent, qui serpente en replis nombreux, et bientôt nous faisons halte à l'entrée des jardins du grand henchir Medeïna. Ces jardins sont plantés de divers arbres fruitiers,

CHAPITRE ONZIÈME.

et principalement de grenadiers. Ils sont sillonnés par l'oued dont je viens de parler et fertilisés par ses eaux.

Après quelques instants de repos, j'examine jusqu'à la nuit les vastes ruines qui s'étendent devant moi.

Le premier monument qui attire mon attention est un petit temple orné d'un portique. La cella de ce temple, jadis divisée en deux compartiments, mesure sept mètres cinquante centimètres en long et en large; elle est séparée du portique par une arcade encore debout, que flanquent à droite et à gauche deux pilastres corinthiens.

Parmi les blocs tombés de ce monument et qui jonchent le sol à l'entour, j'en remarque un sur lequel sont gravés les mots :

279.

VICTORIAE
AVG

Sur la face opposée de ce même bloc est une inscription de treize lignes, très-effacée, et dont je n'ai pu déchiffrer que ce qui suit :

```
C. . . . . . . . . . . . . . . . . .
. . . . . . . . . . . . . HELVI
. . . . . . . . . . . . . . AB IN
. AN. . . . . . . . . . . . . O VC
. . . . . . . I C AD EX. . . . .
. . . . . . . . . . . . . . . . . . .
. . . . . . . . . . . . . . . . OBI
MATRI. . . . . . . . . . . NOB
. . . . . . . . . . . . . . . . . . .
. . . . . . . . CVRIARVM X
OB MERITA POSVERVNT
. . . . . . . . . . . IONIB. . . .
. . . M. . . . . . . . . . . . . .
```

(*Estampage.*)

Non loin de ce bloc, j'en observe un second, malheureusement très-mutilé, sur lequel on lit :

280 [1].

. . . . D I V I
THIB . . ITANVM PEC
. . . . DD·P

Le mot THIB . . ITANVM se restitue très-facilement ainsi : THIBARITANVM, auquel il faut ajouter, pour le sens, *municipium*; c'est alors le nom d'un municipe qui se retrouve dans la liste des évêchés de l'Afrique. Il y est question, en effet, d'un *episcopus Thibaritanus*. Le savant Morcelli[2] signale une lettre de saint Cyprien, que nous possédons encore, et que ce saint évêque écrivit *ad Thibaritanos : De exhortatione martyrii*. Il est probable qu'il ne faut pas chercher autre part l'emplacement et les restes de ce municipe, dont l'histoire d'ailleurs ne dit rien.

A côté du bloc précédent en est un troisième, revêtu des caractères que voici :

281[3].

NERV
VMAE
ERVC

A une faible distance du temple que je viens de mentionner gisent les débris d'un autre monument beaucoup plus considérable et rasé jusqu'au sol ; les vestiges seuls des fondations apparaissent encore. Au milieu des magnifiques pierres de taille avec lesquelles il avait été construit, et qui

---

[1] Pellissier, p. 292.
[2] Morcelli, *Africa christiana*, t. I, p. 315.
[3] Pellissier, p. 292.

sont dispersées çà et là, on distingue plusieurs tronçons de colonnes de marbre.

Plus loin, vers le sud, je lis sur un beau bloc mutilé, étendu à terre :

282.

ET SINGV. . . . .
INTEGRITATIS . . . .
QVI TEMPORIBVS CVM
INTER CETERA . . . . . .
ORNAMENTVM MOENIBVS
ET SALVTEM CIVIBVS
PERPETVAM PERDVCTIS
FONTIBVS CONTVLERIT
POPVLVS CVRIARVM X̄
LOCO AB ORDINE DATO
ALTERAM STATVAM POSVIT
ET OB DEDICATIONEM
DECVRIONIB·SPORTVLAS
CVRIIS EPVLACTRIS EIVS
DEDER·

(*Estampage.*)

Les premières lignes manquent, par suite d'une brisure du bloc.

En continuant à m'avancer vers le sud, je rencontre les ruines d'un théâtre : il mesure trente-huit pas de diamètre. Les gradins ont entièrement disparu, mais une partie des arcades sur lesquelles ils reposaient existent encore ; elles sont construites avec des pierres de taille d'un grand appareil, dont le temps et le soleil ont doré la surface. Un souterrain régnait au-dessous de l'une des galeries demi-circulaires qui environnaient cet édifice; il est actuellement aux trois quarts comblé. La scène est affreusement bouleversée, et, sauf quelques assises encore en place, ne présente guère qu'un amas confus de gros blocs entassés pêle-mêle.

A l'extrémité opposée de la ville s'élève un arc de triomphe. La largeur de l'arcade est de cinq mètres quarante centimètres; la hauteur sous clef de voûte est de sept mètres; les pieds-droits ont chacun trois mètres de large; ils sont ornés d'une colonne jusqu'à la hauteur de la première corniche; un pilastre repose ensuite sur cette corniche pour atteindre de là le sommet du monument, que couronne une seconde corniche.

L'inscription qui avait été gravée sur la frise est maintenant effacée, et je n'ai pu en déchiffrer que les lettres suivantes :

283.

IVSD

Les autres ruines qui couvrent l'emplacement de cette cité sont moins distinctes et par conséquent peu susceptibles d'être décrites. J'en excepterai toutefois plusieurs mausolées presque entièrement démolis, mais dont la forme est encore reconnaissable. Ils avaient été bâtis avec de beaux blocs parfaitement taillés et agencés entre eux.

La ville était traversée par deux oueds, jadis bordés de quais, et elle occupait la vallée qu'ils forment et les collines environnantes; son pourtour peut être évalué à cinq kilomètres.

Une partie de l'emplacement où elle s'étendait est actuellement livrée à la culture, et un douar a dressé ses tentes près du théâtre. Le scheik de ce douar nous offre l'hospitalité pour la nuit. Il nous apprend que la nuit précédente une bande de voleurs, appartenant à la tribu des Oulad-

Omran, a opéré une razzia sur un douar peu éloigné de Medeïna et y a enlevé vingt moutons et cinq chevaux. Il nous engage donc à veiller avec soin sur notre bagage et sur nos montures, et lui-même il place quelques sentinelles autour des tentes. La nuit se passe tranquille, et nous n'avons à lutter que contre une multitude d'insectes de toute nature qui nous font une guerre acharnée.

14 juin.

Au lever de l'aurore, je gravis une montagne de deux cent cinquante mètres d'élévation qui domine Medeïna, au delà de l'oued de ce nom. Elle a été jadis exploitée comme carrière. Son sommet se termine en un plateau oblong, assez égal, que couronnent les ruines de deux édifices qui me paraissent être d'anciens mausolées. L'un est presque entièrement renversé ; les assises inférieures, seules encore debout, sont ensevelies sous les blocs écroulés des assises supérieures. Vis-à-vis de ce monument, et comme lui faisant pendant, à la distance de cent cinq pas, s'en élève un autre mieux conservé. C'est une construction rectangulaire, longue de huit mètres et large de quatre mètres cinquante centimètres. Elle est divisée intérieurement en deux compartiments dont le premier sert de vestibule au second. J'y trouve sur une pierre brisée le fragment épigraphique que voici :

284.

SESTERTHS XVI MIL·N
ORTVLAS EPVLVM CVRI

A la première ligne, les caractères T et H sont liés.

Le toit n'existe plus ; il était probablement orné de deux petits frontons, comme cela s'observe dans la plupart des édifices de ce genre. Les Arabes appellent ce dernier Kasr-ben-Annoum.

Redescendu de ce plateau, je parcours de nouveau pendant plusieurs heures les ruines que j'avais déjà examinées la veille, mais sans pouvoir découvrir d'autres inscriptions que celles que j'avais recueillies.

CHAPITRE DOUZIÈME.

De l'henchir Medeïna à l'henchir Zanfour. — Ebba, jadis Obba. — Zouarin. Description des ruines de Zanfour, l'antique Assuras.

A deux heures de l'après-midi, nous quittons les ruines de Medeïna.

A trois heures trente-cinq minutes, nous franchissons l'oued Medeïna, que nous avions presque constamment côtoyé jusque-là.

A quatre heures trente minutes, nous laissons à notre gauche le village d'Ebba. Maintenant peu peuplé, il a succédé, en gardant presque le même nom, à une ancienne ville mentionnée par Polybe [1] sous la dénomination d'Abba, et par Tite-Live [2] sous celle d'Obba. C'est dans cette place que Syphax se réfugia quelque temps, après que Scipion l'Ancien eut incendié son camp et celui des Carthaginois, dans le voisinage d'Utique.

Dans la Table de Peutinger, il est question d'une ville nommée Orba, à VII milles au sud-ouest de Laribus; c'est effectivement la distance qui sépare Ebba de l'henchir Lorbès, où nous avons vu qu'il faut placer la ville de Laribus. Orba et Ebba doivent donc être identifiées ensemble.

Le géographe arabe El-Bekri [3] signale cette localité dans le passage suivant :

---

[1] Polyb., XVI, 6.
[2] Tite-Live, XXX, 7.
[3] El-Bekri, p. 130.

CHAPITRE DOUZIÈME.

« Sorti de Cairouan, le voyageur marche pendant trois jours à travers des villages et des lieux habités jusqu'à Obba. Cette ville, qui est d'une haute antiquité, fournit du safran excellent. A six milles plus loin se trouve Lorbos. »

Ibn-Haukal [1] la mentionne aussi :

« Obba, dit-il, est située à XII milles à l'occident d'El-Orbos et produit du safran égal par la qualité et par la quantité à celui d'El-Orbos. Les territoires de ces deux villes se confondent et forment, pour ainsi dire, un seul canton. Une source où les habitants vont puiser l'eau qu'ils boivent coule au milieu de la ville. Obba est entourée d'une muraille d'argile. Les vivres y sont à bon marché et les dattes y abondent; elle est dominée par une montagne. »

Tous ces détails sont très-exacts, sauf la distance indiquée par cet écrivain comme séparant Obba d'El-Orbos, car elle est trop considérable.

Edrisi [2] fournit les mêmes indications. Conformément à la Table de Peutinger, il place ces deux villes à sept milles l'une de l'autre.

Nous traversons ensuite, dans la direction de l'est, une grande plaine où nous apercevons çà et là des bandes de moissonneurs qui fauchent les blés. Ces moissonneurs nomades appartiennent presque tous aux tribus du sud; plusieurs nous reconnaissent comme ayant visité leurs douars, et nous échangeons des saluts amis.

A six heures trente minutes, nous arrivons à Zouarin, village qui peut renfermer deux cent cinquante à trois cents habitants, presque tous cultivateurs. Je n'y trouve que de très-faibles vestiges d'antiquités; et si une ville de quelque importance a existé jadis en cet endroit, elle n'a laissé d'elle sur le sol que des traces insignifiantes. Néanmoins, le savant

---

[1] Ibn-Haukal, *Descript. de l'Afriq.*, *Journal asiatique*, 1842, p. 223.
[2] Edrisi, *Géographie*, t. I, p. 268.

Mannert[1] a cru devoir y placer Zama Regia; mais cette conjecture est certainement erronée, car, d'après la Table de Peutinger, c'est à l'est et non à l'ouest d'Assuras, aujourd'hui Zanfour, qu'il faut chercher l'emplacement de cette ville célèbre, où les rois numides avaient un palais.

Nous passons la nuit dans la demeure du scheik de Zouarin.

15 juin.

Départ à quatre heures du matin.

Notre direction est celle de l'est.

Vers six heures trente minutes, nous arrivons aux ruines de Zanfour.

La ville ancienne à laquelle elles appartiennent est depuis longtemps détruite et inhabitée. C'est l'antique Assuras, comme le prouve une inscription dont je parlerai tout à l'heure.

Elle était environnée d'un mur d'enceinte dont on peut encore suivre les traces sur plusieurs points; elle était en outre, de trois côtés, entourée et défendue par un ravin très-profond, aux berges abruptes et presque verticales, dans le lit duquel coule une rivière qui ne tarit jamais: c'est l'oued Zanfour. Deux ponts avaient été jetés sur ce ravin; il en reste encore quelques débris. L'un avait été construit en belles pierres de taille, l'autre en petits moellons mêlés de briques.

Les principaux monuments qui dans l'intérieur de la ville méritent de fixer l'attention du visiteur sont les suivants :

1° Une belle porte triomphale. Sa longueur totale est de onze mètres; l'ouverture de l'arcade est de cinq mètres soixante centimètres, et sa hauteur, sous clef de voûte, de sept mètres. Quant à celle du monument tout entier, je ne

---

[1] Mannert, *Géograph. anc. des États barbaresq.*, traduct. de MM. Marcus et Duesberg, p. 421.

puis l'indiquer ici, la plus grande partie de l'entablement et l'attique qui le couronnait ayant été depuis quelques années renversés par un violent tremblement de terre; mais elle devait être au moins de dix mètres.

Les pieds-droits sont ornés d'un pilastre corinthien; en avant de chacun d'eux s'élevait en outre une colonne corinthienne cannelée dont les débris gisent à terre.

La frise, sur la face qui regarde le nord-est, était revêtue d'une longue inscription qu'a copiée sir Grenville Temple, lorsque la partie supérieure de l'arc de triomphe était encore debout. Trois des blocs sur lesquels cette inscription était gravée sont seuls aujourd'hui en place; on y lit :

285.

```
. . . . . . TIMO . . . . . . . . . .
    ET IMP·CAES·M·AVRELIO
     BRIT·MAX·GERM·MAX
     COS IIII PP·PROCOS·OP
   IVLIAE DOMNAE PIAE FELICI
   ET PATRIAE VXORI DIVI
     EORVM                D
```

Les autres blocs qui portent la suite de l'inscription sont pêle-mêle entassés au pied du monument; ils ont été plus ou moins brisés dans leur chute et l'on y retrouve presque tous les éléments de cette grande inscription. Voici ces divers fragments :

1	2	3	4	5
VERO PIO	AV	G·ARAB·	·IAB·PA	RT·MAX·
NTONINO	PI	O AVG·	FELICI P	ART·MA
X·PONT·MA	X·	FIL·TRIB	POT·XVI	··II·IMP·II
TIMO		M O Q V	E PRIN	··PI ET
				ET SENA
				OTANVM

6	7	8	9
	XI		
AVG·	AVG·	ET CAS	T R O R V M
VER	OL·I	VL·ASS	VRAS DEV
D	P		

(*Estampage.*)

De la combinaison de ces fragments, complétés au moyen de la copie de sir Grenville Temple[1], résulte pour l'inscription totale le texte suivant :

1. DIVO OPTIMO . . . . SEVERO PIO AVG·ARAB· ··IAB·PART·MAX·
2. ET IMP·CAES·M·AVRELIO·ANTONINO·PIO·AVG FELICI·PART·MAX·
3. BRIT·MAX·GERM·MAX·PONT·MAX·FIL·TRIB POT· X̄V̄ĪĪĪ IMP·ĪĪĪ
4. COS·ĪĪĪĪ P·P·PROCOS·OPTIMO MAXIMOQVE PRINCIPI ET
5. IVLIAE DOMNAE PIAE FELICI AVG·MATRI AVG· ET CASTRORVM ET SENATVS
6. ET PATRIAE VXORI DIVI·SEVERI AVG·PII COL· IVL·ASSVRAS DEVOTA NVMINI
7.   EORVM·   D   D   P   P

[1] S. Grenv. Temple, t. II, p. 266.

Remarquez à la sixième ligne les mots **COL·IVL·ASSVRAS**. S. Grenville Temple avait cru voir et avait écrit :

OLIVI·ASSVRA

Là-dessus M. Pellissier[1] s'était imaginé que **OLIVI** était une abréviation pour **OLIVIFERA**, tandis qu'il faut lire ainsi :

COLONIA JULIA ASSURAS,

Assuras, accusatif pluriel de *Assurae*, étant ici employé comme un simple nominatif.

L'Itinéraire d'Antonin cite de même cette ville sous le nom d'Assuras. Dans la Table de Peutinger on lit Assuras.

Pour en revenir à l'arc de triomphe que je viens de décrire, l'inscription qui y avait été gravée nous apprend qu'il avait été dédié par les habitants de la colonie d'Assuras (aujourd'hui Zanfour) à l'empereur Septime-Sévère, à son fils Caracalla, désigné ici sous les noms d'**imperator Cæsar Aurelius Antoninus**, et à l'impératrice **Julia Domna**, épouse du premier et mère du second.

Au pied du même arc de triomphe, mais du côté opposé, j'ai lu sur un bloc :

```
D  I  V
M P · C
BRIT·M
PP·PRO
IVLIAE
```

C'est l'unique fragment que j'aie trouvé d'une inscription qui paraît avoir été identique à la précédente, et qui était gravée sans doute sur la face intérieure du monument, je veux dire celle qui regardait la ville, la première l'étant sur la face extérieure.

---

[1] Pellissier, *Description de la Régence de Tunis*, p. 284.

2° Une seconde porte triomphale; elle regarde le nord. Si, comme la précédente, elle était revêtue d'une inscription, celle-ci a complétement disparu, et il n'en subsiste aucune trace ni sur la partie encore debout du monument, ni sur les blocs qui gisent à terre à l'entour. Cette porte a été, du reste, construite sur le même plan que la première; sa longueur totale est de dix mètres quatre-vingt-dix centimètres; l'ouverture de l'arcade, de cinq mètres quarante centimètres, et la largeur des pieds-droits de deux mètres soixante-quinze centimètres. Ce monument étant actuellement découronné de son entablement et de son attique, je ne puis en marquer la hauteur; mais elle devait être d'environ dix mètres; celle de l'arcade, sous clef de voûte, est de six mètres soixante centimètres. Chaque pied-droit est orné d'un pilastre corinthien, et était en outre précédé d'une colonne du même ordre, dont les tronçons mutilés sont confondus sur le sol au milieu d'autres débris.

3° Une troisième porte triomphale. Elle est tournée vers l'ouest-sud-ouest et est beaucoup plus endommagée encore que les deux autres par les hommes, et surtout par les tremblements de terre. L'arcade, en effet, est renversée avec tout ce qui la couronnait, et les pieds-droits sont seuls en partie debout. Elle mesurait en longueur onze mètres trente centimètres; la largeur de l'arcade était de cinq mètres cinquante-quatre centimètres, et celle de chaque pied-droit de deux mètres quatre-vingt-huit centimètres. Je n'ai remarqué sur les blocs entassés qui couvrent le sol en cet endroit aucune apparence d'inscription.

4° La cella d'un temple. Elle a huit mètres cinquante-cinq centimètres de long sur huit mètres quarante centimètres de large. Les murs en sont encore debout de deux côtés. Ce monument était orné extérieurement de quatre pilastres corinthiens sur chacune de ses faces, à l'exception de celle de devant, aujourd'hui complétement démolie, et qui sans doute n'en avait que deux, à cause de la place qu'occupait la porte d'entrée. Entre chacun de ces pilastres, aux trois quarts environ de la hauteur actuelle de la cella, régnait une frise élégamment sculptée dont il subsiste de très-beaux restes. Chaque compartiment de cette frise représentait deux guirlandes de fleurs, se rattachant l'une à une sorte de masque qui imite la forme d'une tête de bœuf, l'autre à une colonnette cannelée et contournée en spirale.

5° Un théâtre. La forme en est indiquée par les voûtes, qui existent encore; il mesure cinquante pas de diamètre. Deux galeries parallèles environnaient l'orchestre; les gradins ont disparu. Quelques parties du proscenium et du postscenium sont assez bien conservées. En pénétrant dans cet édifice, j'y ai trouvé plusieurs terriers de chacals et vu fuir deux de ces animaux.

6° Une enceinte rectangulaire longue de cinquante-cinq pas et large de cinquante. Construite avec des blocs très-puissants, dont quelques-uns paraissent avoir appartenu à des monuments plus anciens, elle date probablement de l'époque byzantine; les assises inférieures sont seules en place actuellement.

7° Une seconde enceinte rectangulaire, longue de vingt-sept pas et large de vingt-deux. Elle a été bâtie également avec des blocs de grandes dimensions, dont quelques-uns sont d'anciennes pierres tumulaires revêtues d'épitaphes tellement effacées et mutilées, qu'il m'a été impossible de les déchiffrer.

8° Un mausolée. Sous la chambre sépulcrale, longue de trois mètres soixante-dix centimètres et large de trois mètres soixante-six centimètres, s'étend un caveau qui a été fouillé assez profondément. L'intérieur de ce monument est voûté, mais à l'extérieur le toit est plat et formé avec de magnifiques dalles.

9° Un second mausolée. Carré et mesurant trois mètres

quatorze centimètres sur chaque face, il est aux trois quarts détruit. Un seul pan de mur est encore debout; le reste de la construction est renversé.

En parcourant l'emplacement de la nécropole, je recueille les cinq inscriptions funéraires qui suivent, sur des cippes soit intacts, soit mutilés :

286[1].

PROTOGENIA
C·IVLI·SATVR
NINI·CALIGIA
NI·SERV·P·V
AN·XXV

(*Estampage.*)

287.

L·VALERIVS L·F
HOR·FILIVS
PIVS VIXIT AN
NIS LXXXIX
H·S·E

(*Estampage.*)

288.

SISTA....A·F
TERENTIA
PIA·VIXIT·AN
NIS LX.
H·S·E

[1] S. Grenv. Temple, t. II, p. 345, n° 146.

CHAPITRE DOUZIÈME.

289.

HERENNIA·Q·F·
QVINTA·PIA
VIXIT·ANNIS
XXXV
H · S · E

290.

BELENIA·FAB
IA·VIX·AN·XIIX (sic)
H · S · E

Non loin de la ville sont de vastes carrières d'où ont été extraits les matériaux avec lesquels elle a été bâtie. Elles ont été creusées dans les flancs rocheux d'une colline.

Pline[1] cite l'oppidum Azuritanum comme une ville habitée par des citoyens romains. Il faut très-vraisemblablement identifier cette ville avec l'Assurus de Ptolémée (Ἄσσουρος), l'Assuras de l'Itinéraire d'Antonin, l'Assures de la Table de Peutinger, et par conséquent avec l'henchir Zanfour, où le nom d'Assuras se lit encore, comme nous l'avons vu, sur l'un des blocs tombés de la frise d'un arc de triomphe.

A l'époque chrétienne, cette colonie avait un évêché, ainsi que nous l'apprenons par la Notice des églises épiscopales de la province Proconsulaire.

A cinq heures trente minutes du soir, nous abandonnons les ruines de Zanfour, et, nous dirigeant vers l'est-nord-est, nous atteignons à six heures vingt-cinq minutes la smala des Oulad-Aly, où nous passons la nuit. Cette smala a dressé ses tentes dans une grande plaine très-fertile, appelée Bahirt-es-Sers.

---

[1] Plin., V, 4.

CHAPITRE TREIZIÈME.

De l'henchir Zanfour à l'henchir Mest, autrement dit Sidi-Abd-er-Reubbou. — Bordj-el-Messaoudi; vestiges d'une petite ville antique, peut-être l'ancienne Thacia. — Henchir Mest; description des ruines qui s'y trouvent; ce sont celles de Musti.

16 juin.

A quatre heures dix minutes du matin, départ. Notre direction est d'abord celle de l'est, puis du nord.

A quatre heures trente minutes, nous traversons l'Oued-es-Sers (d'autres prononcent Oued-ez-Zers). Cette petite rivière décrit de nombreux détours, et ses rives sont bordées de magnifiques lauriers-roses.

A quatre heures quarante-cinq minutes, nous franchissons de nouveau ce même oued.

Nous nous avançons ensuite au milieu d'une rhaba ou fourré épais formé de caroubiers, de petits pins, de lentisques et de cactus.

A six heures quarante-cinq minutes, nous rencontrons près de l'Oued-el-Maïder, après l'avoir traversé, les vestiges d'un établissement antique, consistant en quelques gros blocs épars. On y observe aussi une dizaine d'anciens tombeaux, mais sans inscriptions.

Puis nous nous engageons dans une autre rhaba.

A huit heures, nous entrons dans la plaine dite Bahirt-el-Ghorfa.

A huit heures quinze minutes, nous franchissons l'oued Tassa, dont nous admirons les touffes gigantesques de lauriers-roses en fleurs.

A huit heures quarante-cinq minutes, nous passons à gué l'oued Oum-el-Melah; l'eau en est très-saumâtre, comme l'indique le nom qu'il porte.

Ensuite, tournant à l'ouest-nord-ouest, nous gravissons

péniblement une montagne couverte de broussailles et déchirée par de nombreux ravins.

A dix heures, nous commençons à en redescendre les flancs opposés, et nous apercevons bientôt dans la plaine, vers le nord, le fondouk connu sous le nom de Bordj-el-Messaoudi.

A onze heures, nous faisons halte à ce fondouk. Près de là gisent, soit dans des champs cultivés, soit au milieu d'épaisses et hautes broussailles, les débris d'une petite ville antique. C'est très-probablement celle de Thacia, qui est marquée dans la Table de Peutinger à VII milles au sud de Musti.

Le seul monument encore en partie debout est un mausolée appelé par les Arabes Hanout-el-Hadjem (la boutique du barbier), dénomination donnée en Tunisie par les indigènes à plusieurs constructions de ce genre. Ce mausolée forme un rectangle de cinq mètres trente-trois centimètres de long sur quatre mètres soixante-seize centimètres de large. Il est voûté intérieurement; le mur du fond existe seul aujourd'hui; les autres sont détruits; ils environnaient quatre arcades qui reposent sur des piliers; trois niches se voient dans les parois du mur qui n'a point été renversé. Sur la face extérieure de ce même mur on lit :

291[1].

D · M · S
M·CORNELIVS·RVFVS·VIXIT·AN·LV·ET

Les deux lettres E et T sont liées.

Cette inscription, comme on le voit par le dernier mot, n'est pas complète.

A quatre heures quinze minutes, nous nous remettons en marche.

---

[1] S. Grenv. Temple, t. II, p. 351. — Berbrugger, Rev. afric., t. I, p. 371.

A quatre heures vingt-cinq minutes, nous franchissons l'Oued-el-Hammam, puis nous cheminons vers le nord-nord-est, dans une plaine appelée Bahirt-el-Guersa.

A quatre heures quarante minutes, nous traversons un petit oued de ce nom.

A cinq heures, nous rencontrons un amas de grosses pierres de taille, restes d'un établissement romain. Un douar d'une cinquantaine de tentes campe auprès. On me dit que ce sont des Nememcha qui, n'ayant plus ni eau ni pâturages sur leur territoire, ont émigré de l'Algérie avec leurs troupeaux pour venir se fixer provisoirement dans cette partie de la Tunisie.

A cinq heures trente minutes, nous laissons à notre droite la koubba de Sidi-bou-Bakeur.

A six heures, nous atteignons la zaouïa Sidi-Abd-er-Reubbou.

Un douar d'une trentaine de tentes s'est établi sur les pentes les plus élevées d'une colline qui domine la zaouïa et l'henchir Mest, au milieu duquel elle est située. Nous demandons au scheik de ce douar l'hospitalité pour la nuit, et je remets au lendemain l'examen des ruines considérables qui s'étendent au pied de la colline.

17 juin.

En me réveillant à trois heures du matin, je m'aperçois que le mulet chargé de porter mes cantines a disparu; mes autres montures sont encore heureusement là : elles avaient beaucoup moins tenté la cupidité des ravisseurs que ce mulet, qui la veille au soir avait excité l'admiration de tous les Arabes du douar par sa vigueur et par son embonpoint. Je réveille aussitôt ma petite escorte, et comme le scheik dormait dans une tente voisine de la mienne, j'envoie l'hamba Mohammed auprès de lui pour lui apprendre le vol dont j'ai été la victime. Sur ces entrefaites, le jour commence à poindre, et le scheik convoque autour de lui ses subordonnés. Tous protestent avec serment de leur innocence, tous affirment qu'ils sont étrangers à ce vol, et prétendent qu'étant attachés à la zaouïa de Sidi-Abd-er-Reubbou, et, comme tels, devant être regardés comme de dévots personnages, je les insultais gravement en les croyant capables d'une pareille action. Mon mulet, disent-ils, se sera échappé de lui-même en brisant la corde qui le retenait au piquet.

« Mais voyez cette corde, leur répondis-je, elle a été évidemment coupée avec un instrument tranchant, soit un couteau, soit un sabre.

— Alors, ajoutent-ils, ce sont des voleurs nomades ou appartenant à quelque douar voisin qui, à la faveur des ténèbres, se seront glissés jusqu'auprès de ta tente pour enlever ton mulet.

— Dans ce cas, répliquai-je, d'où vient que vos chiens n'ont point aboyé, ce qu'ils n'eussent pas manqué de faire si un Arabe d'un autre douar eût pénétré dans celui-ci pendant la nuit? Le voleur est donc certainement l'un d'entre vous, et si mon mulet ne m'est pas rendu, je vais aller adresser mes plaintes au khalife de Teboursouk, sous la juridiction duquel vous êtes, et lui dire qu'au mépris de l'hospitalité, vous avez profité de mon sommeil pour me voler au milieu même de votre campement. »

Ces paroles produisirent sur eux l'effet que j'en attendais, et le scheik embarrassé, après en avoir conféré à voix basse avec quelques compères : « Ne pars pas, me dit-il, avant deux ou trois heures d'ici, et laisse-moi le temps de recouvrer ton mulet. Je vais envoyer immédiatement des cavaliers au douar où je soupçonne qu'il aura été emmené cette nuit; si on refuse de le livrer, nous marcherons tous pour l'arracher des mains des ravisseurs, et avec l'aide d'Allah, de Mahomet et de Sidi-Abd-er-Reubbou, nous te le ramènerons, sois-en sûr. »

Quatre cavaliers, parmi lesquels deux parents du scheik, montent aussitôt à cheval et se dirigent vers le douar en question. Au bout de deux heures, ils reviennent triomphalement tirant par la bride mon mulet, et ils ne manquent pas de se vanter longuement auprès de moi de s'être battus avec acharnement pour le ravoir. Je savais très-bien à quoi m'en tenir là-dessus, convaincu que j'étais que c'était l'un des parents du scheik qui, de connivence avec quelque Arabe d'un douar voisin, avait commis le vol; et recommandant à Mohammed et à Aly de veiller avec soin sur mon bagage et sur mes montures, je commençai enfin avec Malaspina l'exploration des ruines que j'étais venu visiter.

Ces ruines, connues sous le nom d'Henchir-Sibi-Abd-er-Reubbou ou d'Henchir-Mest, rappellent par cette dernière dénomination l'antique ville de Musti, dont elles sont les vestiges.

Je signalerai en premier lieu les débris d'un bel arc de triomphe. La longueur de ce monument mesure dix mètres trente centimètres; l'ouverture de l'arcade est de quatre mètres cinquante centimètres. Les pieds-droits s'élèvent encore jusqu'à la hauteur de sept mètres cinquante centimètres environ; mais toute la partie supérieure de l'édifice est depuis longtemps écroulée, par suite probablement d'un tremblement de terre. D'énormes blocs gisent entassés au pied de cette porte triomphale, dont ils obstruent les abords. Parmi ces blocs, j'en ai distingué quatre qui sont revêtus de caractères. On lit sur l'un :

292.

GORDIANO
AVG

Sur un second :

CHAPITRE TREIZIÈME.

293[1].

ARCVM QVEM
SVAE PROMISERAT
CTIONEM MVSTITANIS
DEDICAVIT DATIS
SIS POPVLARIBVS .

(Estampage.)

Remarquez à la troisième ligne le mot MVSTITANIS, dans lequel on retrouve sous la forme d'un nom ethnique celui de Musti.

Sur un troisième :

294[2].

. . . .
. . . SVMMA · EX TH . . . . N QVAE
. . . MEMORIAM · QVOND · SOCERI · SVI
. . STATVIS · SOLO · PVBLICO · COEPIT · ET
. . . OMNIBVS · ET · GYMNASIO · VNIV

Ce fragment appartient évidemment à la même inscription que le précédent ; je n'ai pu malheureusement le lire en entier, parce que, malgré l'aide de plusieurs Arabes, il m'a été impossible de dégager et de retourner complétement le bloc sur lequel il est gravé et dont la face inscrite était contre terre.

Sur un quatrième très-mutilé :

295.

PRO SALVTE . . . . . .
. . . .
C · CORNELIVS . . . .
DI . . . .

---

[1] S. Grenv. Temple, t. II, p. 351, n° 177. — Pellissier, p. 253. — Berbrugger, *Rev. afric.*, t. I, p. 372.

[2] S. Grenv. Temple, t. II, p. 351, n° 178.

Les caractères gravés sur ces quatre blocs ont tous dix centimètres de hauteur, à l'exception des T qui en ont douze.

Un second arc de triomphe s'élevait jadis à l'extrémité opposée de Musti, c'est-à-dire à l'ouest-sud-ouest de la ville. Il est presque entièrement détruit, sauf les assises inférieures des deux pieds-droits. Sa longueur était de dix mètres vingt-cinq centimètres et l'ouverture de l'arcade de quatre mètres trente-neuf centimètres. Les blocs qui le composaient ont été en grande partie enlevés et transportés ailleurs; je n'ai aperçu aucune trace d'inscription sur ceux qui jonchent encore le sol en cet endroit.

Une grande rue traversant Musti dans toute sa longueur allait de l'une à l'autre de ces deux portes triomphales. Cette rue était bordée d'édifices dont il ne reste plus que quelques substructions. J'y copie sur trois longs blocs qui paraissent avoir appartenu au même monument les fragments épigraphiques que voici :

296 [1].

1. ORVM MARIA LVCINA FLAM·ET L·FVLVIVS KASTVS FVL
2. BRITANNIAE INFERIOR·FILI EIVS CVM OB HONOR·EIVSD
3. ORTVLIS · DECVRIONIBVS ET EPVLIS CIVIBVS DATIS

297 [2].

. . . .

. . . . SVI H . . . .

PRIVATIANO QVOQVE V·C·LEGATO . .

[1] Berbrugger, *Rev. afric.*, t. I, p. 373.
[2] Berbrugger, *loco citato.*

CHAPITRE TREIZIÈME.

298.

```
CAES . . . . . . . . . . . . . . . . . .
ACT·KART·ET GALLIAE NARBO
BERALITATE SVA AMPLIVS . .
```

La hauteur des caractères sur ces trois blocs est de neuf centimètres.

Vers le milieu à peu près de l'emplacement qu'occupait la ville s'élève la zaouïa de Sidi-Abd-er-Reubbou. La blanche koubba du santon est renfermée dans un verger qu'avoisine une source abondante qui coule dans un réservoir antique.

Cette source est ombragée par de beaux peupliers blancs et par d'autres arbres qui répandent autour d'elle une agréable fraîcheur.

A quelque distance de là, une grande enceinte rectangulaire sur une colline semble être celle d'un poste militaire. Les blocs avec lesquels elle a été construite appartiennent à divers édifices d'une date plus ancienne. L'intérieur en est maintenant envahi par un fourré inextricable de cactus, de figuiers, d'oliviers, de ronces et de broussailles qui ne permettent pas d'y pénétrer.

La nuit interrompt mes recherches.

18 juin.

Je parcours de nouveau jusqu'à midi les ruines de Musti, et quelques fouilles que j'y fais exécuter en deux endroits différents n'aboutissent à la découverte que de deux inscriptions peu importantes.

L'une est tumulaire :

299.

```
D . M . S
Q · EGNATIVS
M · F · COR ·
SIMPLICI
VS · P · V · A · XXXV
M · V · H · S · E
```

L'autre est le fragment qui suit; il est gravé en caractères hauts d'environ neuf centimètres sur un bloc brisé :

300.

RESTITVIT IDEMQVE DEDI

Ailleurs, sur un autre bloc qui me semble identique au précédent, je lis :

301.

LVM ET GYMNASIVM

Les caractères ont également neuf centimètres de hauteur.

Il est question de Musti (Μούστη) dans Ptolémée. Seulement ce géographe l'énumère par erreur parmi les villes situées entre Thabraca et le fleuve Bagrada. En réalité, la Medjerdah coule à quelques lieues au nord-ouest de Musti; par conséquent on ne peut comprendre cette ville entre Thabraca et le fleuve Bagrada, qui n'est autre que la Medjerdah actuelle; mais peut-être Ptolémée a-t-il regardé l'oued appelé aujourd'hui Khallad, et qui effectivement coule à l'est et à une faible distance de l'henchir Mest, comme l'un des bras du Bagrada dans lequel il se jette. Telle paraît être aussi la supposition de Vibius Sequester dans le passage suivant[1], où il prétend que c'est près de Musti que Regulus tua le fameux serpent dont parlent les auteurs anciens :

« Bagrada Africae juxta oppidum Musti, ubi Regulus serpentem longum pedes CXX exercitu adhibito interfecit. »

Cette ville est mentionnée plusieurs fois dans l'Itinéraire d'Antonin; dans la Table de Peutinger elle est écrite, par une faute de copiste, *Mubsi*.

A l'époque chrétienne, elle était la résidence d'un évêque. Morcelli[2] prétend sans raisons suffisantes, à mon avis, qu'il y avait deux villes du même nom, toutes les deux le siége d'un évêché, l'une en Numidie, l'autre dans la province Proconsulaire; car les limites entre la Numidie et la province Proconsulaire paraissent avoir été souvent vagues et flottantes, et Musti a pu être rattachée tantôt à la première, tantôt à la seconde.

Les historiens et les géographes arabes ne font aucune mention de cette ville, qui fut probablement détruite et abandonnée au moment de l'invasion musulmane.

CHAPITRE QUATORZIÈME.

De l'hench!ir Mest à Teboursouk. — Aïn-Rhars-Allah. — Bou-Atilah. — Aïn-Hedja. — Arrivée à Teboursouk; description de cette ville, l'ancienne Thibursicum-Bure.

A une heure, en quittant l'henchir Mest, j'observe un peu au delà de la grande porte triomphale de l'est les restes de plusieurs tombeaux, et, entre autres, ceux d'un mausolée rectangulaire presque entièrement démoli.

A une heure quinze minutes, nous laissons à notre gauche

---

[1] Vibius Sequest., *De fluminibus*, v. *Bagrada*.
[2] Morcelli, *Africa christiana*, t. I, p. 236.

l'Aïn-Rhars-Allah : elle sort des flancs rocheux d'une montagne ; quelques ruines romaines l'avoisinent.

A une heure vingt minutes, j'aperçois un amas de gros blocs antiques sur une colline qui s'élève à droite de la route. Cette route est elle-même une ancienne voie romaine, comme le prouvent, sur divers points, les traces encore fort distinctes d'un pavé antique.

Dix minutes plus loin, des ruines analogues attirent mon attention ; elles sont également situées sur une colline à droite de la route.

A une heure trente-neuf minutes, après une légère ondulation de terrain qui sépare en quelque sorte deux plaines, nous rencontrons les vestiges de plusieurs constructions romaines peu importantes.

A deux heures, j'observe sur la route une ancienne colonne milliaire renversée.

302 [1].

IMP·CAESARI
M·AVRELIO
PROBO PIO
FELICI AVG
PONTIF·MA
XIMO TRIB

Le reste de l'inscription manque, la partie inférieure de cette colonne étant brisée.

A quelques pas de là, quatre autres colonnes milliaires gisent à terre.

---

[1] S. Grenv. Temple, t. II, p. 352, n° 180.

CHAPITRE QUATORZIÈME.

303[1].

IMP · CAES · . . . . . .
IVLIVS . . . .
. . . .
. . . .
. . . .
. . . .
. . . .
. . . .
. . . .
. . . . . . PIISSIMVS
CAES · PRINCIPES IVVE
NTVT · GERM · MAX ·
SARMAT · MAX · DACIC ·
MAX · VIAM A KARTHAG ·
VSQVE AD FINES NVMI
DIAE PROVINC · LONGA
INCVRIA CORRVPTAM
ATQVE DILAPSAM RESTI
TVERVNT
LXXXVI

Sauf les premiers mots du commencement, cette inscription, jusqu'à la dixième ligne, est entièrement effacée.

[1] Berbrugger, *Rev. afric.*, t. I, p. 374.

304[1].

D N
CONSTA
NTINO
PIISSIMO
NOBILIS
SIMOQ·CE
SARE
LXXXVII

305.

IMP·CAES·
. . . .
. . . .
. . . .
. . . .
. . . .
. . . .
COS III . . .
LXXXVI

Cette inscription ne m'a offert, comme on le voit, que fort peu de mots déchiffrables.

La quatrième colonne milliaire est encore plus mutilée, et je n'ai pu y saisir çà et là que les linéaments à peine perceptibles de quelques lettres.

---

[1] Berbrugger, *Rev. afric.*, t. I, p. 374.

CHAPITRE QUATORZIÈME.

Ces différentes bornes milliaires se trouvent à une faible distance au sud du marabout Sidi-bou-Atilah et en face des ruines de Kern-el-Kebch, situées à quinze cents mètres environ à l'ouest sur une colline.

A trois heures dix-sept minutes, on me désigne sous le nom d'Henchir-oued-er-Remeul une enceinte rectangulaire bâtie en blocage et qui occupe le sommet d'un monticule à droite de la route.

A trois heures dix-neuf minutes, nous franchissons l'oued er-Remeul, appelé aussi oued Bou-Atilah, parce qu'il avoisine le marabout de ce nom. La koubba de ce santon est environnée d'un petit cimetière musulman.

A quatre heures, nous traversons, sans nous y arrêter, les ruines d'Aïn-Hedjah ; le temps m'aurait manqué pour les examiner suffisamment avant la nuit : je les décrirai plus tard, y étant revenu exprès une seconde fois.

A quatre heures trente minutes, nous quittons la grande route de Tunis pour prendre, dans la direction du nord-ouest, un sentier bordé d'un fourré de petits pins, de lentisques, d'arbousiers et de diverses autres broussailles; le terrain s'accidente de plus en plus.

A ce fourré succèdent ensuite de belles plantations d'oliviers.

A cinq heures trente minutes, nous parvenons à Teboursouk, où le khalife nous offre l'hospitalité dans une chambre qu'il met à notre disposition.

19 juin.

Teboursouk s'élève sur le penchant d'une haute colline. Elle est environnée d'un mur d'enceinte flanqué, de distance en distance, de tours carrées. Ce mur, construit avec des matériaux antiques, a été généralement fort mal bâti et est percé de nombreuses brèches. Une partie néanmoins est plus remarquable et mieux conservée. Une inscription, copiée déjà par plusieurs voyageurs et dont il n'existe plus que les deux derniers tiers, le premier ayant disparu depuis quelques années, nous apprend que cette portion des remparts fut relevée par Thomas, préfet du prétoire d'Afrique, sous le règne de l'empereur Justin II et de l'impératrice Sophie.

306[1].

S NOSTRIS XRISTIANISSIMIS
IS IMPERATORIBVS
OFIA AVGVSTIS HANC MVNITIONEM
SSIMVS PREFECTVS FELICITER RAEDIFICAVIT

C'est ce même Thomas que le poëte Corippe[2] appelle le soutien de la Libye chancelante :

Thomas Libyacae nutantis destina terrae.

La pierre sur laquelle est gravé le fragment qui précède est longue de deux mètres quinze centimètres et large de soixante-huit centimètres. Elle a été encastrée dans l'épaisseur du mur reconstruit par Thomas, près d'une porte monumentale aujourd'hui bouchée, et consistant en une grande arcade qu'accompagnent à droite et à gauche deux petites ouvertures latérales de forme rectangulaire. Cette porte est ornée de pilastres corinthiens. Antérieure très-probablement à l'époque de Justin II, elle n'a été elle-même que réparée par le préfet du prétoire Thomas. Cette réparation, comme celle du rempart attenant, a dû être exécutée avec précipitation, car les anciens blocs tombés ont été remis en place avec peu de soin. Ceux qui constituent les assises du rem-

---

[1] Peyssonnel, p. 133. — Shaw, t. I, p. 221. — Maffei, *Mus. Ver.*, p. 460, n° 7. — S. Grenv. Temple, t. II, p. 310. — Pellissier, p. 248. — Berbrugger, *Rev. afric.*, t. I, p. 377.

[2] Corippus, *De laudibus Justini minoris*, l. I, v. 18.

CHAPITRE QUATORZIÈME.

part sont de formes et de grandeurs différentes; presque tous sont d'un très-puissant appareil; beaucoup proviennent de monuments plus anciens, ainsi que l'attestent les inscriptions ou fragments d'inscriptions que voici, dont un certain nombre sont couverts :

307 [1].

```
Q · ACILIO · C · F · PAPIR ·
FVSCO · V · E · PROC · AN
NONAE · AVGG . NN .
. STIENSIVM PROC · O . .
RIS THEATRI POMP . . .
FISCI · ADVOCATO · COD . . .
LARI · STATIONIS · HERED . . .
TIVM ET COHAERENTIVM · C . .
LAVRENTIVM · VICO · AVGVSTANORVM
SACERDOTI LAVRENTIVM
LAVINATIVM   RESP
M . . ICIPI   SEVERIANI
. . . . . . NIANI · LIB · THIB · BVRE
. . . . . ET    PATRONO
```

(Estampage.)

A la troisième ligne, il y avait primitivement trois G et trois N; un G et un N paraissent avoir été martelés.

A la neuvième ligne, les lettres A et N au milieu du mot AVGVSTANORVM sont liées.

Il en est de même, à la quatorzième ligne, des lettres N et I dans NIANI et des lettres T et H dans THIB.

---

[1] Peyssonnel, p. 134. — Shaw, p. 221. — Pellissier, p. 248. — Berbrugger, *Rev. afric.*, t. I, p. 378.

Cette ligne et la précédente contiennent en outre les divers noms de ce municipe :

Respublica municipii Severiani Antoniniani Liberi Thibursicensium-Bure.

308.[1]

M·AVRELI·SEVERI·ALEXANDRI·PII
MQ · SENATVS ET PATRIAE
LTIPLICATA PECVNIA FECIT
DECVRIONIB · ET POPVLO

309.

ET GYMNASIVM DEDIT

La hauteur des lettres est de treize centimètres.

310.

TITVIT ITEMQVE

La hauteur des lettres est de treize centimètres.

311.

CVNIA

La hauteur des lettres est de treize centimètres.

312.

ACVTI

313.

PRO SALVTE DDDD NNNN

La hauteur des lettres est de quinze centimètres.

[1] S. Grenv. Temple, t. II, p. 309, n° 25.

CHAPITRE QUATORZIÈME.

314.

IMP . . I COSTANT·ET MAXIMIANI

La hauteur des lettres est de quinze centimètres.

315.

PRO·FELICITATE·DDD

La hauteur des lettres est de quinze centimètres.

316.

RVM SEXTIVS RVS

La hauteur des lettres est de quinze centimètres.

317.

SALVIS
. . . I P A P D . . . .
. . . LX . . . NVMILIARIB .

318.

S·PROCOS
VM PVBLIC

319.

M A E V I A E
T E I O C O A E
SVIARI CONIV
MP·ET FAVSTINI
VIRIANIVCOS
NICIPIVM S·F·P

320.

VS TRAI

321.

AIIONPM

La hauteur des lettres est de dix-sept centimètres.

L'intérieur de la ville offre le spectacle d'une grande misère et d'un délabrement complet. La moitié au moins des maisons sont abandonnées et démolies; les rues sont d'une malpropreté repoussante, et l'on se demande comment la peste ne vient pas chaque année décimer la population qui les habite. Celle-ci est actuellement réduite à deux mille cinq cents âmes.

Aucun monument public, extérieurement du moins, ne mérite l'attention du voyageur. Seulement de beaux débris antiques se montrent çà et là, la plupart mutilés et défigurés par d'épaisses couches de chaux, dans des constructions musulmanes qui elles-mêmes tombent presque toutes en ruines.

Les quartiers les plus élevés de la ville sont à peu près déserts, et l'on y rencontre à peine quelques rares habitants qui semblent y errer comme des fantômes dans des rues solitaires, qu'obstruent par intervalles des tas de décombres.

Les quartiers bas sont plus peuplés, sans l'être toutefois autant qu'ils l'étaient naguère encore, car la dépopulation, m'a-t-on dit, a beaucoup augmenté depuis quinze à vingt ans.

Néanmoins, la position de Teboursouk est très-avantageuse; le territoire qui l'environne est très-fertile, et elle a elle-même l'avantage de posséder dans son sein une source fort abondante dont les eaux sont recueillies dans un vaste bassin antique divisé en deux compartiments : le premier,

CHAPITRE QUATORZIÈME.

de forme carrée, est à ciel ouvert et entouré de trois côtés par de hautes murailles construites en pierres de taille. On y descend par plusieurs degrés. Il communique au moyen d'une porte avec le second compartiment, qui est oblong et couvert. A l'un des jambages de cette porte, on remarque un bloc sur lequel on lit :

322.

VG·ARA

Les caractères de ce bloc, qui provient évidemment d'un monument plus ancien, ont au moins vingt centimètres de hauteur.

Les autres inscriptions que j'ai recueillies à Teboursouk sont les suivantes :

323[1].

Sur un piédestal engagé dans le mur d'une maison :

SEX·COCCEIO ANI
CIO FAVSTO·PAV
LINO·PROCO...
PROVINCIAE AFR
..AE RESPVBLICA
..LONIAE......
......AVGVSTAE

La fin de la sixième ligne a été martelée.

(*Estampage.*)

324.

Dans l'intérieur d'un moulin à huile abandonné :

RISETVS FECIT TI

Les caractères ont treize centimètres de hauteur.

---

[1] Peyssonnel, p. 134. — Shaw, t. I, p. 221. — Maffei, *Mus. Ver.*, p. 460, n° 7.

325.

Dans l'intérieur d'un moulin à huile, sur un beau bloc mutilé :

....VICTORIIS..
....GER........
....
III·SEPTIMI·AVRELI SEV

326.

Au milieu de la cour d'une maison détruite, sur un gros bloc engagé dans un pilier :

MP·VIII

327.

Au même endroit, sur un bloc identique au précédent et engagé dans un autre pilier :

POT·IIII

Les caractères gravés sur ces deux blocs ont vingt et un centimètres de hauteur.

328 [1].

Sur un gros bloc engagé dans la porte d'une maison :

IA AT INSTAR TEMPL
S AEPVLAS VNIVE

329.

Sur un gros bloc placé près du seuil d'une maison :

IBRO

Les caractères en sont gigantesques, ayant trente-six centimètres de hauteur.

---

[1] S. Grenv. Temple, t. II, p. 309, n° 29. — Berbrugger, *Rev. afric.*, t. I, p. 379, n° 32.

CHAPITRE QUATORZIÈME.

330.

Sur un bloc placé à l'angle d'une maison :

LIVE

Les caractères ont également trente-six centimètres de hauteur.

331.

Sur un cippe en forme d'autel :

D·M·S
C·HERCV
LEIVS IA
NVARI
VS·P·VIX
AN·LXV
H·S·E

332.

Sur un cippe en forme d'autel :

D·M·S
L·ABIDIVS
FAVSTVS
LVCINIANVS
PIVS·VIXIT
ANNIS·X..
DIES XX
H·S·E

333.

Sur une pierre tumulaire en partie brisée :

Z.IBVC..
FORTVNA
TVS P·V·AN·XXX
H·S·E

334.

Sur une pierre tumulaire :

```
    D · M · S
   M A G N I
   VS FELIX
   PIVS VIXIT
   ANNIS LXXXV
    H · S · E
   S · T · T · L
```

335.[1]

Sur une pierre tumulaire encastrée à la porte d'une boutique ; les caractères des dernières lignes sont très-effacés :

```
SALLVSTIA PRI
MVLA PRIMA·F·VI
RO GENERATA PVEL
CIA CVM DOMIN . . B
RIATA ILICI BARBAR
. NVM DATA SV . . .
AROSO QVEM . . . .
ET SIBI CONIVG . . .
. . . . . . . . .
. . . . . . . . .
```

(*Estampage.*)

20 juin.

La ville de Teboursouk est dominée vers l'ouest par une montagne rocheuse appelée Djebel-Sidi-Rahma, à cause d'un

---

[1] Berbrugger, *Rev. afric.*, t. I, p. 379.

santon de ce nom dont le tombeau y est vénéré sous une koubba.

Je gravis cette montagne au point du jour, car on m'avait dit qu'on voyait le long de ses flancs d'anciennes sépultures. Mais je n'y découvre que des tombes musulmanes, et les seules traces des siècles antiques que j'y observe sont des carrières pratiquées sur divers points jusqu'au sommet du mont, et d'où ont été jadis extraits les matériaux qui ont servi à bâtir la vieille cité de Thibursicum-Bure. Ce nom, en effet, paraît phénicien, et atteste par lui-même l'origine reculée de cette ville.

De retour à Teboursouk, j'y cherche en vain jusqu'à deux heures de l'après-midi de nouvelles inscriptions.

Ptolémée cite une ville appelée Thubursicca (Θουβουρσίκκα); mais ce géographe la comprend parmi celles de la Nouvelle-Numidie, et semble la placer plus à l'ouest que ne l'est Teboursouk.

A l'époque chrétienne, il est fait mention d'un *episcopus Tubursicensis-Burae*[1] comme appartenant à la province Proconsulaire; c'est le même évêque que saint Augustin, dans ses livres[2] contre Cresconius, désigne comme étant à *Thubursicubure*.

CHAPITRE QUINZIÈME.

Description des belles ruines de Dougga, jadis Thugga.

Sortis de Teboursouk à deux heures trente minutes, nous nous dirigeons vers Dougga. Après avoir traversé les plantations d'oliviers qui s'étendent au bas de la ville, nous prenons au sud-ouest un sentier qui serpente au milieu de plu-

---

[1] Morcelli, *Africa christiana*, p. 318.
[2] L. III, c. XLIII, n° 47.

sieurs collines, les unes couvertes de hautes broussailles, les autres cultivées.

A quatre heures quinze minutes, nous arrivons à Dougga. Je me fais conduire aussitôt par un habitant au célèbre mausolée qui était revêtu, il y a quelques années encore, de la fameuse inscription bilingue, punique et libyque, dont une copie avait eu le privilége d'exercer la sagacité des plus savants orientalistes de l'Europe. Ce mausolée est l'un des monuments les plus remarquables de l'antique Thugga, jadis ville étendue et florissante, comme le prouvent les ruines considérables qu'on y trouve, aujourd'hui pauvre hameau de trois cents habitants environ, qui a retenu, à peine altéré, son nom primitif dans la dénomination actuelle de Dougga.

Pour se rendre à ce monument, il faut descendre de la colline, dont ce petit village occupe le plateau. Les pentes méridionales en sont plantées d'un vieux bois d'oliviers, au milieu duquel on admire les débris de ce magnifique tombeau. Il était aux trois quarts intact il y a dix-huit ans. Depuis cette époque, il a été en partie détruit par sir Thomas Reade, alors consul général d'Angleterre à Tunis, qui en fit démolir toute une façade par les habitants de cette localité. Son but était d'enlever, afin de le faire scier en une tablette plus transportable, un énorme bloc engagé dans la façade orientale du mausolée. Ce bloc, en effet, était revêtu de deux inscriptions, l'une punique et l'autre libyque.

Pour le détacher de la façade dans laquelle il était encastré, il fallait retirer préalablement tous les autres blocs qui étaient superposés à ce dernier; mais comme les Arabes que sir Thomas Reade employa à ce travail étaient dépourvus des moyens et des instruments nécessaires pour l'exécuter méthodiquement et sans nuire à l'ensemble du monument, ils précipitèrent du haut en bas ces blocs supérieurs en les soulevant avec de forts leviers et les tirant ensuite avec des cordes. Ces blocs en tombant du sommet de l'édifice brisèrent dans leur chute les angles des assises inférieures, l'ébranlèrent lui-même en partie, et accumulèrent à l'entour un monceau de débris gigantesques qui ne permettent plus maintenant de pénétrer dans l'intérieur des chambres sépulcrales d'en bas. Néanmoins, il est encore facile de reconnaître la forme primitive du mausolée.

Il s'élevait sur un terrain incliné en pente douce. Là où le sol baisse le plus, on compte six gradins qui servent comme de soubassement; à l'endroit opposé, il y en a moins, sans que je puisse en déterminer le nombre, à cause de la quantité de blocs renversés qui sont amoncelés de ce côté. Le monument a été construit en retraite sur le gradin supérieur : sa longueur est de six mètres quarante-quatre centimètres et sa largeur de six mètres dix-huit centimètres; ainsi il forme un rectangle presque carré. Chacun de ses quatre angles était orné d'un pilastre ionique cannelé dont les débris gisent à terre. Il était divisé en deux étages, le premier étage renfermant quatre petites chambres sépulcrales et le second deux seulement. Celui-ci, à moitié démoli et écroulé sur l'étage inférieur, qui est de la sorte presque entièrement enseveli, était lui-même surmonté d'une espèce de pyramide, aujourd'hui complétement détruite, et qui, en retraite sur le second étage, couronnait le mausolée.

Ce superbe tombeau a été tout entier bâti avec de belles pierres de taille d'un très-grand appareil et provenant d'une carrière creusée dans les flancs d'une montagne voisine de Dougga. On pénétrait dans les chambres du premier étage par deux ouvertures rectangulaires, tournées l'une vers l'est, l'autre vers le nord; le second étage n'avait qu'une entrée. Ces ouvertures étaient fermées au moyen d'une dalle qui se baissait ou se levait à volonté, engagée qu'elle était dans deux rainures verticales et parallèles.

Parmi les blocs épars ou pêle-mêle entassés qui obstruent

les abords du monument, j'ai aperçu du côté droit le tronc d'une statue de femme ailée; la tête, les bras et les jambes manquent; j'ai remarqué aussi sur un bloc long de un mètre soixante centimètres et large de quatre-vingt-neuf centimètres un haut-relief représentant un char traîné par quatre chevaux. Le conducteur qui les dirige est très-mutilé : les chevaux paraissent s'avancer au galop; ils sont figurés avec hardiesse, mais de cette manière un peu roide qu'on observe souvent soit dans l'enfance, soit dans la décadence de l'art. De l'autre côté du mausolée, j'ai trouvé également une seconde statue de femme ailée, mutilée comme la première, et un haut-relief identique au précédent. Ces deux statues et ces deux hauts-reliefs devaient orner la partie supérieure, aujourd'hui écroulée, du monument au pied duquel on les voit maintenant.

À quelle époque et pour quels personnages a été construit ce mausolée? C'est là une question que seule peut résoudre l'inscription bilingue dont j'ai parlé. Celle-ci est depuis quelques années au Musée Britannique de Londres, où a été transportée la tablette sciée sur la pierre qui en était revêtue. La planche ci-jointe, que M. le duc d'Albert de Luynes a fait graver d'après l'original, pourra permettre aux orientalistes, par le soin minutieux avec lequel elle a été exécutée, de rectifier les explications données par Gesenius d'après les copies relevées en Tunisie par MM. Grenville-Temple et Honegger. C'est à eux qu'il appartient, en l'interprétant, d'en tirer toutes les conclusions que l'on peut en déduire.

À sept heures du soir, je remonte au village, où nous nous installons tous dans la maison d'un habitant.

21, 22, 23 et 24 juin.

Durant ces quatre jours consécutifs, j'explore attentivement les ruines de Dougga, pratiquant des fouilles en plusieurs endroits et copiant partout les inscriptions ou fragments d'in-

Inscription Bilingue de Thugga

CHAPITRE QUINZIÈME.

scriptions que je rencontre. Les trois qui suivent renferment le nom antique de cette localité.

336 [1].

Sur un piédestal engagé dans le mur d'une maison :

IMP·CAES·P·LICINIO·GALLIENO·GER
MANICO·PIO·FELICI·AVG·P.P·P·MAX·
TRIB·POT·X·IMP·X·COS·IIII·DESIG·V·PROCOS
RESP·COL·LICINIAE·SEPT·AVREL·ALEX·
THVGG·DEVOTA·NVMINI·MAIESTATI
QVE·EIVS

(*Estampage.*)

Remarquez à la quatrième ligne et au commencement de la cinquième les mots :

Respublica coloniae Liciniae Septimiae Aureliae Alexandrianae Thuggensium,

mots qui nous donnent tous les noms de la colonie de Thugga.

---

[1] S. Greny. Temple, t. II, p. 311, n° 36. — Pellissier, p. 250. — Berbrugger, *Rev. afric.*, t. I, p. 375.

337.

Sur un piédestal que j'ai fait déterrer :

```
. M A R C I O  Q · F ·
A R N · S I M P L I C I
. . R O N O  P A G I I .
. . . . A T I S · F L A M I . .
. . . . . T V O · F L A M I N .
. . V I · A V G · C I L · A E D I . .
. Q V I N Q V E  D E C V R . .
. I P · A N T O N I N O · M . .
. C I O · O B · E G R E G I A M · E I . . . .
. . . E N T I A M · P A G V S · E T  C . . .
. T H V G G · D D · P P · C V R A T O R .
. . . O  R V S T I C O · L · N V M . . .
. . . . O R A T O · I V L I O · M A C R . . .
· S A L L V S T I O  I V L I A N O . . .
```

(*Estampage.*)

Ce Marcius Simplex, auquel les habitants de Thugga, *pagus et cives Thuggenses*, ont élevé une statue à cause de sa munificence, est probablement le même personnage dont nous allons retrouver le nom, ainsi que celui de son frère, sur un temple construit à ses frais et que je décrirai tout à l'heure.

338.

Sur un piédestal que j'ai fait déterrer :

ASICIAE VICTORIAE
C·THVGGENSES OB MVNI
FICENTIAM ET SINGVLA
REM LIBERALITATEM EIVS
IN REMP·QVAE OB FLAMONIVM
·IBIAE ASICIANES FIL·SVAE HS C
MIL·N̄ POLLICITA EST EX QVORVM RED
ITV LVDI SCAENICI ET SPORTVLAE
DECVRIONIBVS DARENTVR DD
VTRIVSQVE ORDINIS POSVER·

(*Estampage.*)

A la seconde ligne de cette inscription, les mots C·THVGGENSES, cives Thuggenses, sont trop apparents pour que j'aie besoin de les signaler à l'attention du lecteur.

Abordons maintenant l'examen rapide des principaux monuments dont les ruines ont survécu à la destruction de Thugga.

Sans revenir sur le grand mausolée que j'ai déjà décrit, je citerai :

1° Un temple consacré à la fois à Jupiter et à Minerve. Le portique ou pronaos en est encore assez bien conservé. Il se compose de six belles colonnes corinthiennes, dont quatre de face et deux sur les côtés. Ces colonnes ont une circonférence de trois mètres trente centimètres; la distance qui les sépare est de deux mètres quatre-vingt-quinze centimètres. Elles ont été polies avec beaucoup de soin, et le chapiteau qui les couronne accuse un travail fin et délicat. Sur la frise du pronaos règne une inscription qui est aujourd'hui en partie effacée; mais il est assez facile de restituer les mots qu'on ne peut plus lire : voici ceux que j'ai pu déchiffrer :

339[1].

IOVI OPTIMO MAXIMO ET MINERVAE AVG·SACRVM
PROS............VERI·AVG·ARMENIAC·OR..
..........SIMPLEX REGILLIANVS S·P·F·

Cette inscription nous révèle le nom des deux divinités qui étaient adorées dans ce temple, celui de l'empereur sous le règne duquel il a été bâti, celui aussi des deux citoyens qui l'élevèrent à leurs frais. Le nom d'un seul, à la vérité, est maintenant visible; mais comme il est reproduit de nouveau au-dessus de la porte de la cella conjointement avec celui d'un personnage de nom, prénom et surnom identiques et évidemment son frère, on est suffisamment autorisé à rétablir ici le nom que le temps a effacé.

Le fronton qui surmonte le portique est orné d'un haut-relief qui a beaucoup souffert. On distingue néanmoins au milieu du tympan un aigle gigantesque aux ailes éployées, et à côté la tête d'un personnage très-mutilé. Le sujet représenté est très-probablement, comme le pense S. Grenville Temple, l'enlèvement de Ganymède par l'aigle de Jupiter.

La cella a perdu depuis longtemps sa forme primitive. Grossièrement rebâtie à l'époque chrétienne, elle a été alors divisée en trois nefs aboutissant à trois autels, deux latéraux, placés sous une espèce d'encadrement rectangulaire, et un troisième central, qui servait de maître-autel. Ce dernier s'élevait sous une petite coupole ou abside demi-circulaire. Cette enceinte mesure environ quatorze mètres trente centi-

---

[1] Spon., *Misc.*, 194. — S. Grenv. Temple, t. II, p. 314, n° 44. — Pellissier, p. 250.

mètres de long sur dix mètres soixante centimètres de large. La porte qui y donnait entrée est encore debout. Les montants qui la forment sont d'une seule pièce, bien qu'ils aient sept mètres de haut; il en est de même de l'architrave ou linteau qui repose sur ces deux pieds-droits et dont la longueur est de six mètres cinquante centimètres.

Sur cette architrave on lit :

340 [1].

L·MARCIVS SIMPLEX ET L·MAR
CIVS SIMPLEX REGILLIANVS S·P·F·

Ce sont les prénoms, noms et surnoms des deux frères qui de leur propre argent érigèrent ce monument. S·P·F (sua pecunia fecerunt).

Il appartient actuellement à l'un des principaux paysans de Dougga, dans l'enclos duquel il a été renfermé.

Comme on avait eu le soin de le placer dans une position fort bien choisie, les ruines qui en subsistent s'aperçoivent de très-loin et elles produisent un effet des plus pittoresques et des plus remarquables, surtout lorsqu'elles reflètent, au déclin du jour, les derniers rayons du soleil qui en dore la surface, ou que, pendant la nuit, la lune en les éclairant doucement de sa lumière argentée semble en agrandir les proportions, à cause des ombres mystérieuses qu'elles projettent alors.

2° Un second temple corinthien. Il était situé sur un plateau qui domine presque à pic une vallée, mais qui est commandé lui-même par un autre plateau plus élevé qu'occupait jadis une citadelle. Ce temple est maintenant renversé de fond en comble. Il consistait en une cella dont les fondations

---

[1] Spon., *Misc.*, 194. — Shaw, t. I, p. 222. — Maffei, *Mus. Ver.*, 463, 5. — S. Gr. Temple, t. II, p. 314, n° 45. — Pellissier, p. 250. — Berbrugger, *Rev. afric.*, t. I, p. 376.

seules sont encore reconnaissables sur quelques points. Cette cella était précédée d'un portique soutenu par six colonnes corinthiennes d'un seul fût : actuellement brisées, elles gisent çà et là sur le sol ; elles étaient séparées les unes des autres par un intervalle de deux mètres quarante centimètres.

Sur l'emplacement de ce temple détruit, on remarque plusieurs blocs considérables revêtus des fragments d'une grande inscription qui jadis, sans doute, avait été gravée sur la frise du portique.

Voici les divers fragments que j'ai copiés sur cinq blocs différents :

1° Sur un bloc long de deux mètres cinquante centimètres et haut de soixante-six centimètres :

PRO SALVTE IMP·CAESARIS . L·SE

2°[1] Sur un bloc long de deux mètres quarante-quatre centimètres et haut de soixante-six centimètres :

QVINQVAGINTA MILIB·NVM

3° Sur un bloc long de deux mètres cinquante centimètres et haut de soixante-six centimètres :

EX SVMMA HONORIS

4°[2] Sur un bloc long de deux mètres quarante-deux centimètres et haut de soixante-six centimètres :

INLATA PAGVS ET CIVES

5° Sur un bloc long de deux mètres quarante-deux centimètres et haut de soixante-six centimètres :

PERFICIENDVM ID OPV

---

[1] Sir Grenville Temple, t. II, p. 315, n° 49.
[2] S. Grenv. Temple, *loco citato*.

La hauteur des lettres sur ces cinq blocs est de seize centimètres.

D'autres blocs identiques aux précédents sont également près de là revêtus de caractères appartenant à la même inscription; mais ces caractères sont tellement effacés, qu'il m'a été impossible de les déchiffrer.

3° Un théâtre. La demi-circonférence qu'il décrit est formée par un puissant mur en blocage et mesure cent cinquante-quatre pas de développement. Les gradins sont parfaitement conservés, ainsi que les petits escaliers, pratiqués de distance en distance, qui permettaient aux spectateurs de se placer ou de sortir plus facilement. Ceux-ci étaient garantis des rayons du soleil par un velarium dont les supports étaient enfoncés dans des trous que l'on distingue encore. Une galerie voûtée régnait sous les gradins supérieurs. La scène et l'orchestre sont actuellement envahis par un fourré épais d'énormes cactus. Ce monument était précédé d'un portique dont quelques colonnes sont encore à leur place.

4° Un arc de triomphe. Les habitants de la localité le désignent sous le nom de Bab-er-Roumi ou Bab-er-Roumia (porte du chrétien ou de la chrétienne). Toute la partie supérieure en est renversée : les pieds-droits sont seuls debout; ils ont deux mètres quarante-trois centimètres de large. Ils étaient ornés, sur leurs deux faces, de deux pilastres, de deux colonnes et d'une statue placée dans une niche. L'ouverture de l'arcade est de trois mètres quatre-vingt-huit centimètres. Sur la frise du monument on lisait autrefois une inscription dont les deux fragments suivants gisent à terre sur deux blocs différents :

342[1].

Sur un bloc long d'un mètre cinquante centimètres et haut de quatre-vingt-un centimètres :

```
   IMP·CAES·DIVI AN
   PII [FILIO] DIVI SEPT
   M·AVRELI SEVERO AL
   AVG·PP·PONTIFICI
```

A la seconde ligne, le mot FILIO a remplacé un autre mot qui a été effacé et gratté avec le ciseau, et il est lui-même comme encadré dans une sorte de cartouche, la surface de la pierre, par suite de cette circonstance, ayant été creusée plus profondément en cet endroit.

A la troisième ligne l'O de SEVERO renferme intérieurement un I placé ainsi pour le barrer.

Sur un second bloc identique au précédent et dont le haut est brisé :

```
   . . . . . . . . . . . . . . .
   . . . . . . . . NEPOTES
   EXANDRO PIO FILIO
   MAXIMO P·TRIBVN.
```

A la deuxième ligne, l'O final des deux premiers mots est également barré par un I.

La hauteur des caractères sur ces deux blocs est de douze centimètres.

5° Un troisième arc de triomphe dans une partie tout opposée de la ville. Sauf les assises inférieures des pieds-droits, il est entièrement démoli ; l'ouverture de l'arcade était

---

[1] Sir Grenville Temple, t. II, p. 312, n° 40.

de cinq mètres douze centimètres. Je n'ai trouvé aucune trace d'inscription sur les gros blocs rectangulaires provenant de cet édifice, qui sont confusément entassés en cet endroit.

6° Une grande enceinte demi-circulaire affectant la forme d'un théâtre. Le mur qui enferme et délimite cette enceinte est encore debout : il est en simple blocage, mais peut-être était-il revêtu autrefois d'un appareil de pierres de taille. Cet hémicycle mesure soixante-cinq pas environ de diamètre. L'intérieur en est aujourd'hui hérissé de broussailles, de cactus et de figuiers sauvages. Au centre de ce fourré, on distingue encore les fondements en belles pierres de taille d'un édifice rectangulaire rasé jusqu'au sol et qui avait seize mètres quarante-trois centimètres de long sur neuf mètres cinq centimètres de large. En y pratiquant en divers endroits quelques fouilles, j'y ai découvert sur neuf blocs les fragments épigraphiques qui suivent :

343.

Sur un bloc long d'un mètre quarante centimètres et haut de cinquante centimètres :

VG·SACR
ATIANVS LIBERALI
PLICAVIT EXCOLVIT DED

Hauteur des lettres, dix centimètres.

344.

Sur un bloc long de deux mètres cinquante-six centimètres et haut de quarante centimètres :

NTVR Q·GABINIVS RVFVS FELIX L

Hauteur des lettres, douze centimètres.

345.

Sur un bloc long de deux mètres treize centimètres et haut de cinquante centimètres :

ATIANVS MVLTIPLICATA A SE PEC

Hauteur des lettres, douze centimètres; celle des T est de seize centimètres.

346.

Sur un bloc long de deux mètres trente-six centimètres et haut de quarante-sept centimètres :

ERFECIT EXCOLVIT ET CVM STATVIS CETE

Hauteur des lettres, douze centimètres; celle des T est de seize centimètres.

347.

Sur un bloc long d'un mètre quatre-vingt-seize centimètres et haut de cinquante centimètres :

RISQ·SOLO PRIVATO DEDICAT

Hauteur des lettres, douze centimètres; celle des T est de seize centimètres.

348.

Sur un bloc long de deux mètres vingt-cinq centimètres et haut de quarante-sept centimètres :

IS SPORTVLIS ET EPVLO ET GYMNASIO

Hauteur des lettres, douze centimètres; celle des T est de seize centimètres.

349.

Sur un bloc long de deux mètres cinquante centimètres et haut de cinquante centimètres :

EX TESTAMENTO SVO AB HERE

Hauteur des lettres, douze centimètres.

350.

Sur un bloc long de deux mètres trente centimètres et haut de cinquante centimètres :

DIBVS SVIS PRAESTARI VOLVIT

Hauteur des lettres, douze centimètres.

351.

Sur un bloc long de deux mètres cinquante centimètres et haut de cinquante centimètres :

TV SPORTVLAE ET LVDI PRAEST

Hauteur des lettres, douze centimètres.

Ces différents fragments semblent appartenir à trois inscriptions distinctes, malheureusement très-incomplètes.

7° Une citadelle. Les murs qui l'environnaient sont aujourd'hui en grande partie renversés; ils étaient flanqués, de distance en distance, de tours carrées. Ils paraissent dater de l'époque byzantine, ayant été construits ou peut-être seulement relevés avec des matériaux provenant de monuments plus anciens. Parmi ces matériaux, j'ai remarqué un certain nombre de pierres sépulcrales, la plupart en forme d'autel et revêtues d'inscriptions très-effacées.

8° Une grande construction voûtée, reste d'un établissement thermal.

9° Les vestiges d'un édifice considérable dont les fondations seules sont visibles.

10° Indépendamment du superbe mausolée dont j'ai parlé plus haut, plusieurs autres monuments funèbres presque entièrement démolis. Sur l'emplacement de l'un de ces monuments, aujourd'hui complétement renversé, on lit l'inscription qui suit; elle est gravée sur un beau bloc gisant à terre :

352¹.

1. L · IVLIVS FELIX CVPITIANVS MELLITVS HOC MAESOLAE
2. VM MIHI ET VIRIAE ROGATAE VXORI VTRISQVE NOBIS
3. VIVIS POSTERITATIQVE NOSTRAE ET IN MEMORIAM
4. CVPITI PATRIS ET VENVSTAE MATRIS OPTI- MORVM PARENTIVM INSTITVI ET DEDIC

(*Estampage.*)

353².

Un second bloc, voisin du précédent, porte une épitaphe en vers élégiaques, formant deux colonnes parallèles.

1° *Colonne de gauche.*

1. DETRAHE · SERTA · COMES · ET · AMORVM · OBLITA · TVORVM
2. TRISTIS · INOPS · CVRTA · VESTE · THALIA · VENI
3. NON · MANVS · IDALIA · LASCIVIAT · IMPROBA · VIRGA
4. NEC · FLVAT · ANTE · TVOS · LVCIDA · PALLA · PEDES
5. IVLIVS · HOC · FECI · MELLITVS · QVI · VOCOR · OLIM
6. CVPITO · PATRI · MATRI · VENVSTAE · MEAE
7. ME · POSVI · CONIVGEMQ · MEAM · MIHI · IVNCTA · ROGATAM
8. VT · SIT · IN · AETERNVM · CONDITA · FAMA · LOCI

---

¹ Peyssonnel, p. 130. — Maffei, *Mus. Ver.*, p. 467, 1. — Sir Grenville Temple, t. II, p. 313, n° 43.

² Peyssonnel, p. 130. — Maffei, *Mus. Ver.*, 467, 1. — S. Grenv. Temple, p. 313, n° 43.

2° *Colonne de droite.*

1. VIXIMVS·AD·SATIEM·PIETATEM·IMPLEVIMVS·
AMBO
2. PRAESTITIMVS·SVBOLEM·FEMINEAM·
DVPLICEM
3. VOS·QVOQVE·QVI·LEGITIS·VERSVS·ET·FACTA·
PROBATIS
4. DISCITE·SIC·VESTROS·MERITO·SANCIRE·
PARENTES
5. VT·TE·GLAFRIANE·EXCOLEREM·TITVLOSQ·
RELINQVAM
6. VIVOS·VT·HOC·FACEREM·FATA·DEDERE·MIHI
7. IVLIVS·HOC·PETO·NVNC·A·TE·DOMINATOR·
AVERNI·CVM
8. MORIAR·MANIBVS·VT·IACEANT·OSSA·QVIETA·
MIHI

(*Estampage.*)

11° Deux fontaines qui alimentent encore d'eau les habitants de Dougga et dont les réservoirs sont antiques.

12° De nombreuses citernes éparses çà et là, et, entre autres, trois vastes systèmes de citernes publiques.

L'un se compose de trois réservoirs parallèles longs de quarante pas sur six de large : les voûtes qui les couvraient sont écroulées.

Le second contient sept réservoirs parallèles, longs également de quarante pas et larges de six. L'enduit qui en revêtait les parois existe encore en beaucoup d'endroits.

Le troisième renferme six réservoirs parallèles, de la même longueur et de la même largeur que les précédents.

Pour la beauté de la construction, ils égalent les célèbres piscines de Carthage; ils sont malheureusement aujourd'hui en partie comblés, et une végétation luxuriante de cactus, d'oliviers sauvages, de figuiers et de broussailles, a pris racine dans le limon fertile qui les remplit. Néanmoins, deux de ces réservoirs sont à peu près intacts. Ils étaient jadis alimentés par un canal souterrain qui existe encore et qui leur amenait les eaux d'une source abondante éloignée de quelques kilomètres au sud de Dougga.

À l'endroit où ce canal débouche dans ces citernes est un petit réduit de forme circulaire qui n'est autre chose qu'un ancien regard dont la partie supérieure est bouchée. Les Arabes de la localité et des environs y vénèrent sous le nom d'Oum-er-Roula (la mère de la Goule) une magicienne, en l'honneur de laquelle ils viennent quelquefois brûler des parfums. A les en croire, bien qu'elle soit âgée de plusieurs centaines d'années, elle vit toujours et habite, mystérieuse et invisible, les profondeurs du souterrain.

Telles sont les principales ruines qui ont attiré mon attention à Dougga. Aux inscriptions qui précèdent, je joins ici celles que j'ai encore recueillies au milieu des débris de cette antique cité.

354.

Sur un bloc mutilé qui m'a été montré dans une maison voisine du temple de Jupiter et de Minerve :

```
        PRO SALVTE
    DIOCLETIANI·PII·FEL·AVG·PP
    MAXIMIANI·PII·FEL...
    NTINO..............
    AN.................
```

(*Estampage.*)

Les caractères ont dix centimètres de hauteur.

CHAPITRE QUINZIÈME.

355.

Sur un bloc mutilé, encastré dans l'un des murs de la même maison :

**POLLICITIS
TVR ET OB DIEM**

Les caractères ont dix centimètres de hauteur.

356.[1]

Sur un gros bloc encastré dans le mur d'une maison :

**VTE IMP · CAES · D
CI · ANTONINI · PII · FELICIS
SINIA · HERMIONATIS IAM ET ·**

(*Estampage.*)

Hauteur des caractères, quinze centimètres. Les quatre derniers de la troisième ligne sont peu distincts, le bloc étant mutilé en cet endroit.

357.[2]

Sur un bloc encastré dans le mur d'enceinte de la mosquée de Sidi-Sahbi :

**PIETATI AVG ·
TESTAMENTO C · POMPEI NAI
E · DEDICAVI CVRATORIBVS MM**

Hauteur des caractères, quinze centimètres.

---

[1] S. Grenv. Temple, t. II, p. 312, n° 38.
[2] Spon., *Misc.*, p. 195.

358[1].

Sur un cippe en forme d'autel :

D · M · S
C · MATTI
VS PVLLAI
ENVS BELLI
CVS P·V·A·LV
H · S · E

(*Estampage.*)

359.

Sur un cippe en forme d'autel, voisin du précédent :

D · M · S
M · MATTIVS
M·F·ARN·PVLLA
IENVS BELLICVS
P·V·A·LXXI·H·S·E

(*Estampage.*)

360.

Sur une pierre tumulaire :

D · M · S
NAHANIVS
SATVRNINVS
IANVARIVS
P·V·A·LXXX
H · S · E

[1] S. Greny. Temple, t. II, p. 312, n° 42.

CHAPITRE QUINZIÈME.

361.

Sur une pierre tumulaire dont la partie inférieure est brisée :

    D · M · S
    S A B I D
    A VICTO
    RIA PIA

La fin manque, par suite de la cassure de la pierre.

(*Estampage.*)

362.

Sur une pierre tumulaire :

    D · M · S
    R I N V C I A
    P R I M O S A
    P · V · A · XXXV
    H · S · E

(*Estampage.*)

363.

Sur une pierre tumulaire en partie brisée :

    D · M · S
    MAG....
    IANV....
    PIA V....
    A · L....
    H · S ·.

364.

Sur une pierre tumulaire :

    D · M · S
    P · RVLLIVS FAVSTVS
    P · V · A · LXVII
    H · S · E

365.

Sur une pierre tumulaire :

D · M · S
F · BVTIVS
FORTVNATVS
P · V · A · LXX
H · S · E

366.

Sur une pierre tumulaire :

D · M · S
SEDIA C · FILIA
ACCEPTA P · V · A
LIIII · H · S · E

367[1].

Sur une pierre tumulaire engagée dans un mur ; une partie de l'inscription est cachée par d'autres pierres :

D · M · S
IVLIA . . . .
PIA VIX . .
A N . . . . .
. . .

La ville de Thugga est probablement celle dont il est fait mention dans Ptolémée sous le nom de Tucca (Τούκκα) et qui est énumérée par ce géographe au nombre des villes qu'il comprend entre Thabraca et le fleuve Bagrada. On pourra

---

[1] S. Grenv. Temple, t. II, p. 315, n° 47.

m'objecter ici que Thugga étant située à vingt kilomètres au sud de la Medjerdah, l'ancien Bagrada, ne peut être marquée comme étant située entre ce fleuve et Thabraca; mais à propos de Musti, ville voisine de Thugga et comme elle citée par Ptolémée dans la catégorie des villes qu'il place entre Thabraca et le Bagrada, j'ai déjà dit que cet écrivain semblait avoir regardé l'oued appelé aujourd'hui Khallad et qui coule à l'est de Dougga, ainsi que de l'henchir Mest, comme l'un des bras du Bagrada, dont il est l'un des affluents.

A l'époque chrétienne [1], Thugga devint la résidence d'un évêque, et nous avons vu plus haut que le temple de Jupiter et de Minerve garde encore les traces très-reconnaissables de son ancienne transformation en église.

Justinien fit construire un château fort en cet endroit, témoin le passage suivant de Procope [2], dans lequel, après nous avoir dit que cet empereur entoura Vaga d'une enceinte fortifiée, l'historien byzantin ajoute :

« Φρούριον δ' ᾠκοδομήσατο ἐν ταύτῃ τῇ χώρᾳ, ὃ Τούκκα καλοῦσιν. »

La distance qui sépare Thugga de Vaga n'étant que de trente-trois kilomètres, on est autorisé à penser qu'il s'agit dans ce passage de la ville qui nous occupe en ce moment. Si cette conjecture est fondée, il faut chercher les restes de la forteresse bâtie à Tucca par Justinien dans ceux de la citadelle byzantine que j'ai signalés à Dougga.

Les carrières d'où ont été extraits les matériaux qui ont servi à construire Thugga se trouvent dans les montagnes voisines : la principale se voit en un lieu qu'on désigne aujourd'hui sous le nom d'Oum-el-Haoua (la mère de l'air). C'est un plateau rocheux situé à deux kilomètres au sud de Dougga et sur le sommet duquel on remarque, entre autres ruines, celles d'un édifice rectangulaire mesurant neuf mètres huit centimètres de long sur sept mètres de large. Cet édifice,

---

[1] Morcelli, *Africa christiana*, t. I, p. 334.
[2] Procop., *De ædificiis*, l. VI, c. v.

bâti en belles pierres de taille, a été agrandi ensuite à une époque postérieure avec des matériaux moins bien choisis. Les flancs du plateau ont été exploités comme carrière en beaucoup de points.

Au bas du Djebel-Oum-el-Haoua s'étend dans une vallée appelée El-Bouïa un pont-aqueduc d'une dizaine d'arches, parfaitement conservé et attestant un travail romain. Le canal qu'il porte disparait bientôt sous terre, le sol venant à s'exhausser au nord et au sud du pont. En suivant, dans la direction du nord, les divers regards qui, de distance en distance, comme autant de puits échelonnés, servaient jadis à éclairer le canal et permettaient d'y descendre en cas de besoin, je suis parvenu, au bout de vingt minutes de marche, aux six grandes citernes où il aboutissait : je les ai déjà décrites. Il est inutile d'ajouter que cet aqueduc, dont la prise d'eau se retrouve à Hedjah, est hors d'usage depuis longtemps; mais ses belles ruines contribuent à prouver, avec toutes celles que l'on admire à Dougga, la splendeur et l'importance de l'antique cité de Thugga, sur laquelle l'histoire, néanmoins, se tait presque complétement, et que nous ne connaissons guère que par les débris de ses monuments.

CHAPITRE SEIZIÈME.

De Dougga à Hedjah. — Henchir Kern-el-Kebch. — Arrivée à Hedjah, description de cet henchir, l'ancien municipium Agbiense. — Retour à Teboursouk.

25 juin.

A huit heures trente minutes du matin, nous abandonnons les ruines de Dougga pour gagner celles d'Hedjah. Notre direction est celle du sud, puis du sud-est. Le sentier que nous suivons serpente d'abord à travers plusieurs collines.

CHAPITRE SEIZIÈME.

A huit heures quarante-cinq minutes, nous franchissons l'Oued-ez-Zègue; les rives en sont bordées de magnifiques lauriers-roses.

A neuf heures quinze minutes, nous parvenons à l'henchir Kern-el-Kebch. Situé sur la pente d'une montagne au milieu d'un champ de blé, il consiste principalement en une enceinte longue de quarante-sept pas et large de vingt-deux, dont le pourtour est indiqué par une rangée de gros blocs, les uns presque bruts, les autres bien équarris. A côté de cette enceinte, qui semble avoir eu une destination militaire, sont plusieurs anciennes citernes en partie comblées.

A cent pas de là, une source sort des flancs rocheux de la montagne, et ces flancs eux-mêmes ont été jadis exploités comme carrières.

A dix heures trente-cinq minutes, nous faisons halte près de l'Aïn-Hedjah, qu'on prononce plus ordinairement Aïn-Héjah, sur l'emplacement de l'henchir du même nom. Cette source abondante forme un oued; elle alimentait autrefois une petite ville aujourd'hui complétement renversée et qui l'était peut-être dès l'époque byzantine, car la citadelle qui existe encore en ce lieu et qui offre les caractères de cette dernière époque a été bâtie tout entière avec des matériaux appartenant à des édifices plus anciens. Les murs en sont hauts et solides; ils forment une grande enceinte rectangulaire, longue de soixante-douze pas et large de soixante-cinq, que flanquent quatre tours carrées. Une seule porte donne accès dans l'intérieur. Parmi les beaux blocs antiques qui revêtent les parois des tours et des courtines, on en remarque plusieurs sur lesquels on lit des inscriptions plus ou moins mutilées.

368[1].

1. MAGNIS ET INVICTIS DDDD NNNN DIOCLETIANO
   ET MAXIMIANO PERPETVIS AVGG·ET
2. CONSTANT.....MAXIMIANO NOBB·CAESARIBVS
3. RESPVBLICA MVNICIPI AGBIENSIVM DEDICANTE
4. M·IVL............PROCONS......PA MAIESTATI
   EORVM DICATO

Cette inscription, déjà copiée par quelques voyageurs, ne laisse aucun doute sur l'identification que l'on doit faire de l'henchir Héjah avec le municipium Agbiense ou Agbiensium, l'Agbia de la Table de Peutinger, qui la marque entre Tignica et Musti, à VI milles de l'une et à VII de l'autre. Héjah est effectivement situé entre l'henchir Tunga (l'ancienne Thignica), au nord-est, et l'henchir Mest (jadis Musti), au sud-ouest. Seulement, je dois faire observer que si la distance indiquée dans la Table de Peutinger entre Agbia et Musti est exacte, il n'en est pas de même pour celle qui est donnée entre Agbia et Tignica; car, au lieu de VI milles il faudrait lire XI milles, cet intervalle étant, en réalité, celui qui sépare Héjah de Tunga.

369[2].

...... A V G·

EX TESTAMENTO Q·C

370.

PERP SVI ET VM....VSCAE

---

[1] Peyssonnel, p. 131. — Maffei, *Mus. Ver.*, p. 459, 6. — S. Grenv. Temple, t. II, p. 317, n° 52.

[2] S. Grenv. Temple, t. II, p. 318, n° 54.

CHAPITRE SEIZIÈME.

Un quatrième bloc encastré également dans les mêmes remparts est un ancien piédestal de statue dont la face visible est tout entière occupée par une assez longue inscription qui n'avait été jusqu'à présent copiée qu'en partie; la voici complète, sauf, vers la fin, quelques mots qu'il m'a été impossible de déchiffrer, à cause de l'état de dégradation de la pierre en cet endroit :

371[1].

1. PRO SALVTE IMP · ANTONINI · AVG · PII LIBERORVMQVE EIVS
2. . CINCIVS C · F · ARN · VICTOR CVM AD TVENDAM
3. REMPVBLICAM EX CONSENSV DECVRIO
4. NVM OMNIVM IAMPRIDEM PATRONVS
5. FACTVS ESSET PORTICVM TEMPLI CERERVM VE
6. TVSTATE CONSVMPTAM A SOLO RESTITVIT ET
7. STATVAM GENII CVRIAE EX HS IIII M · N · IN CVRIA PO
8. SVIT ET DIE DEDICATIONIS DECVRIONIB · SPORTVLAS
9. ASSESQ · GRATOS ET VNIVERSIS CIVIBVS EPVLVM
10. DEDIT CVMQ · PROPTER EIVSDEM CINCI VICTORIS
11. MERITA QVAE CIRCA R · P · SVAM ET VNIVERSOS
12. CIVES EXHIBVISSET M · CINCIVM FELICEM IVLIANVM
13. FIL · EIVS EX CONSENSV ET FAVORE PATRONVM EXPOSTV
14. LASSENT..... CINCIVS VICTOR PATER EIVS AD AM
15. PLIANDAM BENIGNITATEM SVAM STATVAM FORTVNAE
16. CVM EX HS V · M · PROMISISSET AMPLIATA PEC · D · S · P · L · D . .
17. DEDIC · ET EX DIE DE . . . .
18. N VIII ET VNIVERSIS CIVIBVS . . . .

(*Estampage.*)

[1] Peyssonnel, p. 131. — Maffei, *Mus. Ver.*, p. 458, 7. — Shaw, p. 226

La sixième ligne de cette inscription intéressante nous parle d'un temple des Cérès dont le portique, tombant de vétusté, avait été relevé par Cincius. Je n'ai point retrouvé sur l'emplacement des ruines d'Agbia les vestiges de cet édifice sacré; il a été, ainsi que ce municipe lui-même, renversé de fond en comble. Cette désignation de *temple des Cérès*, TEMPLI CERERVM, peut paraitre surprenante au premier abord; mais, comme Proserpine, fille de Cérès, est appelée souvent par les poëtes la Cérès des enfers, *Ceres inferna*, il est tout naturel de penser que ce temple était dédié en même temps à Cérès et à Proserpine, c'est-à-dire aux deux Cérès du ciel et des enfers, et que, pour cette raison, il s'appelait *temple des Cérès*.

En dehors de la citadelle dont je viens de parler, l'henchir Hejah ne présente plus rien qui mérite d'être signalé, à l'exception de quelques citernes et d'un certain nombre de pierres tumulaires, revêtues d'inscriptions pour la plupart très-effacées; voici celles que j'ai pu déchiffrer :

372[1].

D · M · S
MACER IM
ILCONIS AB
DISMVNIS
F·PIVS·V·A·LXXX
H · S · E

(*Estampage.*)

---

[1] S. Grenv. Temple, t. II, p. 318, n° 60.

CHAPITRE SEIZIÈME

373.

D · M · S
ARINIA · VICTORIA
MAGNIS · MORIBVS
FEMINA · AT CVIVS
SECTAM · NVMQVAM · ACCEDI
POTEST · HIC · SEPVLTA · SET
DOMI · ES · DEA NEMO CERT.
ES · QVIA NVMQVAM DISCEDI.
MEO · MARCVS MOTASIVS
DICO SEPVLCRVM QVOD SIT
TIBI IDEM ET MIHI
P · V · A · X X X V
H · S · E

(*Estampage.*)

374[1].

D · M · S
CASSIA HO
NORATI FILIA
VICTORIA · P · V ·
A · LXII · H · S · E

375.

D · M · S
FLAVIANVS
..... · V · A · ...
H · S · E

---

[1] S. Grenv. Temple, t. II, p. 318, n° 56.

10.

376.

D · M · S
D · VALERI
VS FORTV
NATIA
NVS PIVS
VIXIT AN·XV
H · S · E

Avant de quitter cett henchir, je copie sur un bloc enfoncé verticalement dans le sol, et long d'un mètre quarante centimètres sur quarante centimètres de large, la ligne suivante, faible reste d'une inscription monumentale qui n'existe plus :

377.

MANVS OB HONOREM FLAMONI

Hauteur des caractères, quinze centimètres.

A quatre heures du soir, nous nous mettons en marche pour Teboursouk.

A quatre heures vingt minutes, je rencontre sur la route une ancienne borne milliaire dont la partie inférieure est brisée ; l'inscription qu'elle porte est par conséquent incomplète.

378 [1].

  IMP · CAES . .
 C · IVLIVS VERVS MA
 XIMINVS PIVS FEL ·
 AVG · GERM · MAX ·
 SARM · MAX · DACI
 CVS MAX · PONTIF ·
 MAX · T · P · III IMP · . . .
 C · IVLIVS VERVS MAXI
MVS NOBILISSIMVS CAES · P ·
 IVVENTVTIS · GERM · . . .
 SARM · MAX · DACICVS . . .
  VIAM A KARTHAG . . .

Quatre ou cinq lignes manquent.

A six heures trente minutes du soir, nous atteignons Teboursouk. Là, nous apprenons de la bouche du khalife que, pendant que nous étions à Dougga, une bande de brigands a dévalisé une caravane dans les environs de Tunga, mais que le chef de cette bande ayant été arrêté avec deux de ses complices, les autres se sont dispersés, et que nous pouvons avec plus de sécurité nous rendre à cet henchir, dont je voulais visiter les ruines.

« D'ailleurs, ajoute-t-il, il y a ici en ce moment six hambas qui arrivent du Kef et qui cette nuit même s'en retournent à Tunis; ils doivent, chemin faisant, s'emparer dans un douar à huit milles d'ici de deux ou trois Arabes qui ont pris part au pillage de la caravane; vous pourrez faire route avec eux jusque-là. »

[1] Pellissier, p. 251.

CHAPITRE DIX-SEPTIÈME.

De Teboursouk aux ruines d'Aïn-Tunga. — Description de cet henchir, le municipium Thignica de l'antiquité.

26 juin.

A une heure trente minutes du matin, nous quittons Teboursouk, accompagnés des six hambas dont m'avait parlé le khalife. Le firmament est comme diaphane, et les étoiles éclairent notre marche. Au lever de l'aurore, nous atteignons les bords de l'oued Khallad, dont nous côtoyons quelque temps les rives sauvages et pittoresques dans une vallée que resserrent deux chaînes parallèles de montagnes. Nous franchissons ensuite cet oued, et vers quatre heures du matin nous gravissons une sorte de gorge appelée Fedj-er-Rih (le passage du vent). C'est là que, trois jours auparavant, a été arrêtée et pillée la caravane en question.

A quatre heures trente minutes, les hambas se séparent de nous pour tâcher de surprendre dans un petit douar voisin les Arabes qui leur avaient été signalés comme complices des brigands par lesquels ce coup de main avait été exécuté. Bientôt après, nous entendons retentir des cris tumultueux, et nous apercevons des femmes et des enfants qui fuient éperdus. C'est un sauve qui peut général. Au milieu d'un vacarme effroyable, les hambas finissent par saisir et garrotter l'un des malfaiteurs. Pour nous, nous poursuivons notre route. A cinq heures, nous faisons halte sous un magnifique peuplier qui ombrage l'Aïn-Tunga. Je commence aussitôt avec Malaspina l'exploration de cet henchir important.

Ces ruines couvrent un espace considérable : elles s'étendent au sommet, sur les pentes et au bas de plusieurs collines. On remarque d'abord une grande enceinte construite avec des matériaux antiques de toutes sortes et qui est très-probablement byzantine. C'est une citadelle formant un carré

CHAPITRE DIX-SEPTIÈME.

irrégulier, dont le périmètre mesure environ trois cent quatre-vingts pas : elle est flanquée de tours à chacun de ses angles. Une cinquième défend, en outre, l'entrée au milieu de la courtine du sud. L'intérieur offre un chaos confus de décombres; il est très-difficile de s'y engager et encore plus de le parcourir, à cause du fourré épais de ronces, de broussailles, de cactus, de figuiers et d'oliviers sauvages qui l'ont envahi presque tout entier. Les diverses constructions qui y avaient été élevées ont été complétement renversées.

La partie extérieure des remparts et des tours est, au contraire, bien conservée. On y observe un assez grand nombre de blocs antiques revêtus d'inscriptions. Je signalerai d'abord les suivantes, qui forment les éléments dispersés d'une même et grande inscription monumentale.

379 [1].

IMP·CAES·DIVI·MAG
IVLIAE . . . . . AVG·MATRI
HERCVLEVM FRVGIFE

380 [2].

NI ANTONINI PII FIL
AVG·ET CASTRORVM ET SE
RVM THIGNICA DEVOTVM

381 [3].

DIVI SEVERI PII NEP·M·AVRELIO
NATVS ET PATRIAE MACELLVM VETVSTA
NVMINI MAIESTATIQ·EORVM PEC . . . .

(*Estampage.*)

---

[1] S. Grenv. Temple, t. II, p. 308, n° 21. — Pellissier, p. 413. — Berbrugger, *Rev. afric.*, t. I, p. 381.

[2] Peyssonnel, p. 135. — Shaw, t. I, p. 219. — S. Grenv. Temple, t. II, p. 308, n° 20. — Pellissier, p. 248. — Berbrugger, *ibid.*

[3] Berbrugger, *ibid.*

Le bloc sur lequel sont gravées ces trois dernières lignes n'est point encastré dans les murs de la citadelle; il est maintenant gisant à terre près de l'une des deux sources de Tunga : si j'intercale ici le fragment qu'il porte, c'est parce qu'il fait suite aux deux qui précèdent.

382[1].

```
. . VERO  ALEXAN .
. . . COLLAPSVM M . . .
. . A A SOLO RE . . .
```

383.

```
RO PIO FELICE AVG · PONT · MAX ·
CIPIVM SEPTIMIVM AVRELIVM AN
IT ITEMQVE DEDICAVIT
```

384.

```
TRIB·POT·VIII·COS·III P·P ET
TONIN . . . . . . . . . . . .
```

En réunissant ensemble ces six fragments dans l'ordre même où je viens de les reproduire, on obtient pour l'inscription totale le texte que voici :

1° IMP·CAES·DIVI MAGNI ANTONINI PII FIL·DIVI SEVERI PII NEP·M·AVRELIO...VERO ALEXANDRO PIO FELICE AVG·PONT·MAX· TRIB·POT·VIII·COS·III P·P ET

2° IVLIAE......AVG·MATRI AVG·ET CASTRORVM ET SENATVS ET PATRIAE MACELLVM VETVSTATE COLLAPSVM MVNICIPIVM SEPTIMIVM AVRELIVM ANTONIN...........

3° HERCVLEVM FRVGIFERVM THIGNICA DEVOTVM NVMINI MAIESTATIQ·EORVM PEC....... A SOLO REFECIT ITEMQVE DEDICAVIT

---

[1] Peyssonnel, p. 136. — S. Grenv. Temple, t. II, p. 309, n° 22. — Berbrugger, *Rev. afric.*, t. I, p. 381.

CHAPITRE DIX-SEPTIÈME.

Cette inscription était gravée sur trois longues lignes, les lettres de la première ayant onze centimètres de hauteur, celles de la seconde neuf et celles de la troisième huit. Elle avait été placée sur le marché de Thignica, nom ancien de l'henchir Tungu, afin de perpétuer le souvenir de la reconstruction de ce marché, tombant de vétusté, sous le règne de l'empereur Sévère Alexandre et de sa mère Julia Mammaea.

Le nom complet de ce municipe, tel qu'il résulte de ce document épigraphique, était :

« Municipium Septimium Aurelium Antoninianum....... Herculeum Frugiferum Thignica. »

On lit sur quatre autres blocs engagés çà et là dans les murs de la même citadelle :

385[1].

ERM·SARM·FIL·DIVI·COMMODI·FRAT
AE·AD NEPOTIS·M·AVRELI·ANTONIN
...... SEPTIMIVM ....

386[2].

.... A S ...
ME......... N OCTO ET S
MEMMIO FELICE SABINIAN
VNT IDEMQVE DEDICAV..
.... MIO RVFO EO

387.

PRO E.......
VALENT...O
DEDVCTVM.
....

---

[1] Peyssonnel, p. 137. — Berbrugger, *Rev. afric.*, t. I, p. 382.
[2] Berbrugger, *ibid.*

388.

ECVNIA FEC
VTRIVSQVE

Les quatorze fragments qui suivent et qui sont gravés sur autant de blocs différents, placés sans aucun ordre dans le revêtement de deux tours, semblent être les éléments dispersés d'une même inscription qui, d'après la conjecture de M. Berbrugger, figurait sur la façade des bains publics de Thignica, en souvenir de leur restauration et de leur embellissement.

389.

1	2	3
D V C T O S T A	ETTRA AC	DE FOR MI CAL
MILI FLORI PATE	R N I V C	ET ILLVSTRIS ET

4	5	6
—I G I N E MERSO	S ET NVLLO FELIC	I ASPEC
E R I FANI GE	MINIANI VC·LE	G·C·VIB

7		8
G A P A T V R L A V A C		RIS PRAESTITITQVE
	ET DED ICAVIT	

9	10	11
B E N E F I C I O	QVAE VSVI	VALET IN SPLE
S V M T V	PVBLICO	. . . .

12	13	14
ET . . . . GEMINO PRO	VISIONES	ERI CIVIBVS
N DEDOE FIL·P·	P·D·D	

[1] Berbrugger, *Rev. afric.*, t. I, p. 382.
[2] Berbrugger, *Rev. afric.*, t. I, p. 383.

CHAPITRE DIX-SEPTIÈME.

Cette inscription est malheureusement très-mutilée, et cinq ou six fragments, au moins, que je n'ai pu retrouver, manquent pour la compléter et pour permettre d'en saisir le sens complet. Elle devait occuper, sur deux longues lignes, presque toute la largeur du bâtiment dont elle ornait le frontispice.

Avant de quitter cette citadelle, je signalerai encore deux autres inscriptions que j'ai copiées, la première au pied extérieur d'une tour, la seconde dans l'intérieur de l'enceinte, sur deux blocs gisants à terre.

390.

MENTIS SVAE
MNASIO CAE
ERVNT

Hauteur des caractères, treize centimètres.

391.

PRO FELICI

Hauteur des caractères, douze centimètres.

Indépendamment de la forteresse byzantine dont nous venons de nous entretenir, Tunga possède des ruines plus anciennes dont voici les principales :

1° Un temple. Situé dans la partie haute de la ville, ce monument était orienté vers le sud-ouest. La cella est encore en partie debout; elle mesure intérieurement onze mètres de long sur huit mètres soixante centimètres de large. Les blocs qui ont servi à la construire sont appareillés avec beaucoup de soin. Le portique est renversé; les colonnes qui le soutenaient étaient d'un seul fût et couronnées par des chapiteaux corinthiens; elles gisent à terre au milieu d'un amas de blocs confusément entassés. Ces blocs sont tellement énormes, que, privé des moyens nécessaires pour les soulever, j'ai dû renoncer à l'espoir de découvrir l'inscription qui couvrait la frise du portique, frise dont les débris gigantesques sont ensevelis eux-mêmes sous d'autres débris. L'unique fragment visible de cette inscription se réduit à celui qu'ont déjà copié sir Grenville Temple et M. Berbrugger.

392[1].

M A X I M I
BLICA MVNIC

Hauteur des caractères de la première ligne, vingt-deux centimètres, et de la seconde, dix-huit centimètres.

2° Un second temple. La cella, sauf quelques assises inférieures encore en place, est démolie; elle mesurait huit mètres sur chaque face. On y remarque plusieurs tronçons de colonnes soit debout, soit renversés.

Près de ce monument, j'ai lu sur un long bloc enfoncé verticalement dans le sol les mots :

393.

. . . . AX·TRIB·POT·
HONOREM FLAMO OMNIQVE CVLTV EX

Hauteur des caractères, dix centimètres.

3° Un arc de triomphe. Il est assez bien conservé. La hauteur de l'arcade est de deux mètres quatre-vingts centimètres et son ouverture de deux mètres soixante-quinze centimètres. Quelques moulures seulement décorent les pieds-droits. Ce monument, dont le développement total ne dépasse pas cinq mètres cinquante centimètres, est loin d'égaler en beauté et en grandeur la plupart des édifices de ce genre que

---

[1] S. Grenv. Temple, t. II, p. 309, n° 24. — Berbrugger, *Rev. afric.*, t. I, p. 385.

j'ai déjà décrits ou que je décrirai plus tard. On n'y observe aucune trace d'inscription.

4° Un monument ayant la forme d'un grand hémicycle. Le mur demi-circulaire qui le constitue est construit avec de petits matériaux revêtus jadis d'un enduit. L'intérieur de cette enceinte, dont le diamètre est de quarante mètres environ, est uni, et si jadis il a servi de théâtre, ce dont je doute, les gradins ont entièrement disparu.

5° Les vestiges d'une basilique chrétienne : elle avait été bâtie avec des matériaux empruntés à des monuments antérieurs. La nef centrale était soutenue par des colonnes dont il subsiste de nombreux tronçons sur l'emplacement qu'elle occupait.

Thignica était alimentée par deux fontaines qui coulent encore, l'une à l'est et l'autre à l'ouest. Elle était divisée en deux parties distinctes, comme le prouve l'inscription suivante copiée par Peyssonnel et par Shaw [1].

Voici la copie de ce dernier voyageur :

```
      C · MEMMIO  FELICI
     FLAMINI  AVG · PERP ·
     VTRIVSQVE  PARTIS
     CIVITATIS  THIGNICEN
     SIS    C · MEMMIVS
     FORTVNATVS  FLAM ·
       AVG · PERP · VTRI
     VSQVE  PARTIS  CIVI
       TATIS  THIGNICENSIS
     PROPTER  EXIMIAM
     PIETATEM  ET  AFFECTI
     ONEM  FRATERNAM  QVAM
     . . . . . . LIBER  EXHIBET
        POSVIT . . . . . .
```

[1] Peyssonnel, p. 137. — Shaw, t. I, p. 218.

Cette inscription importante a disparu; du moins je l'ai cherchée inutilement, en parcourant toute l'étendue de l'henchir.

Il est assez difficile maintenant, dans l'état de bouleversement et au milieu du chaos de décombres que présente la cité antique, de déterminer nettement les deux parties dont elle se composait ni même de suivre partout les traces du mur d'enceinte qui l'enfermait. Ce mur était flanqué de tours actuellement rasées, comme lui-même, jusqu'au sol. Il ne paraît pas avoir compris la ville entière dans son périmètre.

Thignica est mentionnée deux fois dans la Table de Peutinger; les éditions portent, il est vrai, Tionica; mais il faut lire évidemment Tignica. La véritable orthographe de ce nom, comme cela résulte des deux inscriptions reproduites plus haut, était Thignica.

A l'époque chrétienne [1], cette ville était la résidence d'un évêque.

CHAPITRE DIX-HUITIÈME.

Description de Testour, l'ancienne Bisica Lucana.

Partis de l'henchir Aïn-Tunga à quatre heures de l'après-midi et marchant dans la direction du nord-est, nous atteignons, vers cinq heures quinze minutes, l'oued Siliana, qui se jette près de là, au nord, dans la Medjerdah. Nous le franchissons à gué, non loin des ruines d'un vieux pont écroulé, construit en blocage, mais avec un revêtement de grosses pierres de taille, principalement dans les assises inférieures.

A cinq heures quarante-cinq minutes, nous parvenons à

---

[1] Morcelli, *Africa christiana*; t. I, p. 324.

Testour. Le khalife nous accueille très-courtoisement et nous offre l'hospitalité dans une maison particulière.

27 et 28 juin.

Située sur la rive droite de la Medjerdah, la petite ville de Testour ne possède plus que de faibles vestiges de ses constructions antiques. Les remparts dont elle était jadis environnée sont complétement rasés; toutefois, il est encore facile, sur beaucoup de points, d'en suivre le pourtour. Elle est traversée, dans toute sa longueur, par une grande rue aux extrémités de laquelle sont des portes dont l'une a été rebâtie en partie avec des matériaux antiques. Je remarque qu'une centaine, au moins, de maisons sont détruites et abandonnées. Le khalife m'apprend que, pendant son enfance, la ville était plus peuplée et plus florissante qu'elle ne l'est maintenant : deux vieillards que je consulte également sur ce sujet me confirment la même chose; ils attribuent cette dépopulation aux exactions qui ont pesé depuis lors sur leur malheureuse cité, à l'époque principalement où le fameux Ben-Aïad était le premier ministre de la Régence.

Les habitants passent pour descendre, en majorité, d'une colonie de Maures chassés de l'Andalousie; ils m'ont paru doux et hospitaliers. Leur nombre s'élève actuellement à deux mille cinq cents environ. Quelques centaines de juifs vivent au milieu d'eux; ils ont une synagogue et un cimetière particulier. Quant aux musulmans, ils célèbrent leur culte dans plusieurs mosquées.

Dans la mida de la grande mosquée (Djama el-Kebir), j'observe trois anciens tombeaux creusés en forme d'auges. Parmi les colonnes qui soutiennent la voûte de ce vestibule, il en est une qui a jadis servi de borne milliaire et qui est revêtue d'une inscription, aujourd'hui très-effacée. Je me hâte d'en copier les parties déchiffrables, le chaouch du khalife m'avertissant que ce lieu, consacré aux ablutions des musulmans avant leur entrée dans la mosquée, est généralement interdit aux chrétiens.

394[1].

```
     IMP·CAESAR
     M·AVRELIVS
    CONSTANTINVS
   . . . . . . . . ANI
    CVS . . . . V . GER
     . . . . . . . . RIS
            . . . . . IX
    AVG . . . . . . EX M
    AX . . . . . . . . .
    CON . . . . . . OS
     . . . . . . . . .
        . . . . .
            LXIX
```

Une autre colonne milliaire, dont les caractères sont beaucoup mieux conservés, se trouve dans la maison d'un cordier, qui la montre volontiers aux voyageurs. La hauteur en est d'environ un mètre quatre-vingt-dix centimètres, et la circonférence d'un mètre quarante-huit centimètres.

---

[1] Berbrugger, *Rev. afric.*, t. I, p. 386.

CHAPITRE DIX-HUITIÈME.

395 [1].

```
   IMP · CAESAR M
   .....AVRELIVS
    ANTONINVS
   PIVS AVG · PART
    HICVS MAXIM
   VS BRITTANICVS
    MAXIMVS GER
    MANICVS MA
   XIMVS TRIBVN
   ICIAE POT · XIX
COS IIII P · P · RESTITVIT
         LXXI
```

J'ajoute ici, à la suite, les autres inscriptions que j'ai recueillies à Testour.

396 [2].

Sur un grand bloc usé servant de banc dans la rue principale :

```
  VM C............R
  . IVLO ET....S ET GYM
  DERVNT ITEMQ · DEDIC
```

Hauteur des caractères, quatorze centimètres.

[1] S. Grenv. Temple, t. II, p. 308, n° 19. — Pellissier, p. 226. — Berbrugger, *Rev. afric.*, t. I, p. 386.
[2] Berbrugger, *ibid*.

397.[1]

Sur un second bloc servant également de banc dans la même rue :

BAIRALLI CIVIVM SVORVM
AT VIS MARMOREIS N̄ SEX ET O
ET Q·MEMMIO RVFO FORTV
RVNT AD QVORVM REMVN
ATRI EORVM ET CAECILIAE

Hauteur des caractères, douze centimètres.

398.

Sur un troisième bloc en grande partie caché par un autre qui sert de banc dans la même rue :

VM CVM . . . .
A AREA EC . . . .
ADLECTIS . . . .
PVBLICA SVA C . . . . . TIS THIGN
TRES IN FORO POSVIT

Hauteur des caractères, douze centimètres.

Ces deux derniers fragments épigraphiques semblent appartenir à une même inscription monumentale dont les autres éléments ont disparu.

---

[1] S. Grenv. Temple, t. II, p. 308, n° 17. — Pellissier, *Revue archéol.*, t. IV, p. 404. — Berbrugger, *Rev. afric.*, t. I, p. 386.

399 ¹.

Sur une pierre tumulaire encastrée dans le jambage d'une porte :

```
   RVBRIVS RO
   GATVS BELA
   LITANVS SA
  CER·CAEL·VIX
   IT AN · LXX
   HIC SIT·EST
```

Cette épitaphe, destinée à consacrer la mémoire d'un certain Rubrius Rogatus, prêtre de Junon Céleste, nous apprend que cette divinité était sans doute adorée à Bisica Lucana, dénomination antique de la ville de Testour, comme nous le verrons tout à l'heure. Ce prêtre est surnommé *Belalitanus*, ce que j'explique par originaire de Belalita, petite ville de la province Proconsulaire très-probablement. Lors de la fameuse conférence qui eut lieu à Carthage l'an 411 de notre ère, entre les évêques catholiques et les évêques donatistes, il est fait mention parmi les premiers d'un *episcopus Belalitensis* ², appelé Adéodat.

400 ³.

Sur une pierre tumulaire :

```
 DIIS·MANIB·SACR·
ANTONIVS FELIX FRON
 TONIS F·PIVS VIXIT
 ANNIS XXIIII H·S·EST
  O·T·B·Q·T·T·L·S·
```
(*Estampage.*)

---

[1] Berbrugger, *Revue afric.*, t. I, p. 387.
[2] Morcelli, *Africa christiana*, t. I, p. 98.
[3] Pellissier, p. 413. — Berbrugger, *Rev. afric.*, t. I, p. 387.

401.

Sur une pierre tumulaire :

D · M · S ·
IVLIA SATV
RNINA VIX
IT ANNIS
. . . .
H · S · E · O · T · B · Q · T · T · L · S ·

402.

Sur une pierre tumulaire :

D · M · S ·
NVPTIALIS PIVS
VIXIT ANNIS XXI
H · S · E · O · T · B · Q · T · T · L · SIT

(*Estampage.*)

403.

Sur un cippe hexaèdre gisant à terre dans une rue ; l'inscription qu'il porte est très-mutilée, surtout les neuf ou dix premières lignes :

. . . .
. . . .
. . . .
. IN . . . . . .
5. . . . N . . . . .
. . . .
. . . .
S . . . .
PRO . . . . . .

[1] Berbrugger, *Rev. afric.*, t. I, p. 387.
[2] Berbrugger, *ibid.*

```
       10. ARMIS
           OCCIDIT
           BELLO NVM
           VM VERI
           AMATOR
       15. HOS PATRI
           INSCRIPSI VER
           SVS DICTANTE
           DOLORE
           FORTVNA IMA
       20. SATVS QVOD
           NON MIHI TA
           NATVS
           COMPOSVIT C
           . . . SEQV . . . N
       25. . . . . . RIS . . .
           DICAVIT
```
(*Estampage.*)

Une inscription plus importante que celle que je viens de reproduire a été copiée autrefois à Testour par Peyssonnel[1] et par Shaw[2]. Je crois devoir la joindre aux précédentes, bien que je n'aie pu la retrouver moi-même, parce qu'elle nous apprend qu'à l'époque romaine cette ville s'appelait Colonia Bisica Lucana. Voici la copie de Shaw :

```
D · N · IMP · VALERIO LVCINIA
NO LICINIO AVG · MAX ·
SARMATICO · MAX · GERMA
NICO MAX · TRIBVNITIA · POTES
TATE · X · COS · V · IMP · X · PATRI PATRIAE
PROCONS · COL · BISICA LVCANA DEVOTA
NVMINIBVS MAIESTATIQVE EIVS
```

[1] Peyssonnel, p. 139.
[2] Shaw, t. I, p. 215.

Dans la copie de Peyssonnel, au lieu de LVCINIANO, mot qui termine la première ligne et commence la seconde, on lit LICINIANO.

Il n'est question de la colonie Bisica Lucana ni chez les historiens ni chez les géographes de l'antiquité. Seulement, au nombre des évêques de la province Proconsulaire, nous savons qu'il existait un *episcopus Visicensis* [1]. Comme les lettres B et V permutent souvent l'une pour l'autre, il est permis, je pense, d'identifier Bisica avec Visica.

Avant de quitter Testour, j'en visite les principaux jardins; ils sont assez bien cultivés et se trouvent presque tous au delà de la Medjerdah, sur la rive gauche. A l'époque des pluies, quand le fleuve est gros et rapide, les communications entre ces jardins et la ville deviennent quelquefois très-difficiles. Sous les Romains, un pont reliait, sur ce point, les les deux rives du Bagradas. Il en subsiste encore de nombreux débris et notamment les bases de plusieurs piles.

CHAPITRE DIX-NEUVIÈME.

Départ de Testour. — Halte au village de Slouguïa, regardé à tort comme l'ancienne Chidibbela; découverte d'une inscription qui prouve qu'il s'appelait jadis civitas Cilibbiensis ou Cilibbia.

29 juin.

A quatre heures du matin, le soleil est à peine levé et déjà la chaleur est accablante, car le vent vient de tourner au midi. Heureusement l'étape que nous avons à faire pour atteindre Slouguïa est fort courte. Nous côtoyons, au sortir de Testour, la rive droite de la Medjerdah, dans la direction de l'est-nord-est. Chemin faisant, nous rencontrons plusieurs petits affluents qui, à l'époque des pluies, apportent à ce

---

[1] Morcelli, *Africa christiana*, t. I, p. 357.

fleuve le tribut de leurs eaux. En ce moment, ils sont tous à sec; leurs rives sont bordées de beaux lauriers-roses en fleur.

A cinq heures quinze minutes, nous parvenons à Slouguïa. C'est un petit village de quatre cents habitants environ, situé sur une colline au pied de laquelle, à l'ouest, coule la Medjerdah. Les pentes de cette colline jusqu'au fleuve, et le plateau qui la couronne étaient jadis occupés par une ville dont les débris ont servi à bâtir le village actuel.

Plusieurs citernes, quelques pans de vieux murs et de nombreux blocs antiques encastrés soit dans le revêtement extérieur de la mosquée de Slouguïa, soit dans la maçonnerie de la plupart des maisons particulières, voilà tout ce qui reste de cette ancienne cité.

Shaw[1] d'après deux inscriptions qu'il rapporte et que je n'ai pu retrouver, prétend qu'elle s'appelait municipium Chidibbelensium; mais je crois que ce savant voyageur a mal lu; car voici une inscription que j'ai découverte dans ce village, qui, quoique mutilée et incomplète, ne laisse aucun doute sur le nom véritable de la ville à laquelle il a succédé :

404.

N O ⌀ A
VI HADRIANI·F
.....CILIBBIENS
CIVES·MAC
OS SINGVLOS

(*Estampage.*)

Comme il est facile de s'en assurer par l'estampage que j'ai pris de cette inscription, il est impossible de lire autrement que je ne l'ai fait, à la troisième ligne, le mot CILIBBIENS[ES], qui nous révèle la dénomination antique de cette localité.

[1] Shaw, t. I, p. 217.

Une autre inscription que j'ai copiée à Slouguïa, après M. Berbrugger, conduit d'ailleurs au même résultat.

405[1].

Sur un bloc rectangulaire très-dégradé, ayant jadis servi d'autel, et encastré dans le mur extérieur de la mosquée :

```
     H . . . . . . . A V G · S A C R ·
     PRO S . . . . . . . MP · CAES ·
     D I . . . . . . . . . N I  F · D I V I
     AN . . . . . . . . . HADR · PRO
  5. NEP·DIV . . . . . . . AB NEP·
     DIVI . . . . . . . . AVRELI
     COMM . . . . . . AVG·PII·SAR
     MA . . . . . . . . . . . . . . P·P
     CIVITAS . . . . BBIEN
 10. SIS
```

(*Estampage.*)

A la fin de cette inscription, le nom de la ville se restitue ainsi très-aisément de lui-même : CIVITAS [CILI]B-BIENSIS : il est impossible, au contraire, de lire CHIDIB-BELENSIS.

D'ailleurs, parmi les évêques de la province Proconsulaire, nous connaissons un *episcopus Cilibiensis*[2], tandis qu'il n'est nulle part fait mention d'un *episcopus Chidibbelensis*.

Il faut bien se garder de confondre cette ville de Cilibbia avec celle de Sicilibba, marquée dans l'Itinéraire d'Antonin et dans la Table de Peutinger comme étant plus rapprochée de Carthage, et qui par conséquent ne peut être en aucune manière identifiée avec Slouguïa. Du reste, nous savons

---

[1] Berbrugger, *Rev. afric.*, t. I, p. 388.
[2] Morcelli, *Africa christiana*, t. I, p. 139.

CHAPITRE DIX-NEUVIÈME.

très-positivement qu'au nombre des évêques de la province Proconsulaire, il y avait à la fois un *episcopus Cilibiensis*[1] et un *episcopus Sicilibbensis*, ce qui prouve que Sicilibba et Cilibia, ou plutôt Cilibbia, car telle est l'orthographe qui résulte des deux inscriptions précédentes, formaient deux villes distinctes possédant chacune un siége épiscopal différent.

J'ai recueilli à Slouguïa huit autres inscriptions :

406[2].

Sur une colonne :

IMP·CAES·
M·AVRELIO
PROBO
PIO
FELICE
AVG·

(*Estampage.*)

407.

Sur un autel antique :

MARTI AVG·
SACR·
L·AEMILIVS L·F·
QVIR·HONORA
TVS VFII⟩VOTO
S·P·F·

Cet autel m'a été montré par le scheik dans la maison d'un des habitants du village, maison qui paraît avoir été construite sur l'emplacement d'un édifice antique de quelque étendue, peut-être d'un temple.

[1] Morcelli, *Africa christiana*, p. 139; id., p. 278.
[2] Peyssonnel, p. 145. — Maffei, *Mus. Ver.*; 459, 4. — Pellissier, *Rev. archéol.*, t. IV, p. 402.

408[1].

Sur un bloc encastré dans le mur d'enceinte de la mosquée :

PRO SALVTE IMP CAES . . . .
M·M . . . SIVS DONATVS FL·PP·CONTIC

409.

Sur un bloc mutilé encastré dans le même mur :

COS
NIS ET ∂IATONIBVS ET

(*Estampage.*)

410[2].

Sur un bloc mutilé engagé à l'un des angles d'un vieux pan de mur :

. . PERPETVA ID
IIII EX RESIDV
RIS PIGMEN
OCVM OMNIVM

(*Estampage.*)

411[3].

Sur un bloc dont le haut est mutilé :

. . AXIMVM·ORIS
CREVIT·IDQVE·DECI
S·OPERIS·FACIEM
G·A SE·CIVIVM·SV

(*Estampage.*)

---

[1] Peyssonnel, p. 144.
[2] Berbrugger, *Rev. afric.*, t. I, p. 388.
[3] Pellissier, *Description de la Régence de Tunis*, p. 412. — Berbrugger, *Rev. afric.*, t. I, p. 388.

412.

Sur une pierre tumulaire gisante à terre :

```
    D · M · S
    P O M P O
   N I V S  A R
   B I L E N S I S
      C A T V S
    V I X I T  A N N I S
       L X X I I I
```

(*Estampage.*)

413[1].

Sur une pierre tumulaire encastrée dans le mur d'enceinte de la mosquée :

```
   L V R I A  C · F ·
     P O S I L L A
    V I C T O R I S  P I A
    · A N · X X · H · S · E
```

(*Estampage.*)

CHAPITRE VINGTIÈME.

De Slouguïa à Medjez-el-Bab. — Henchir Cheboud-el-Batal. — Arrivée à Medjez-el-Bab; un mot sur cette ville; c'est peut-être l'ancienne Membressa.

A quatre heures de l'après-midi, nous redescendons la colline dont Slouguïa occupe le sommet, et à quatre heures quinze minutes, nous franchissons à gué la Medjerdah. Notre direction est celle du nord, puis du nord-est.

---

[1] Maffei, *Mus. Ver.*, p. 464, n° 2. — Berbrugger, *Rev. afric.*, t. I, p. 388.

A cinq heures trente minutes, nous rencontrons quelques ruines peu étendues dans un endroit appelé Chehoud-el-Batal (les faux témoignages). Cette dénomination provient d'une légende singulière des Arabes au sujet de cet henchir. A les en croire, les gros blocs qui jonchent le sol sur ce point seraient autant d'hommes, de femmes et d'enfants pétrifiés sur place pour avoir porté faux témoignage.

A six heures trente minutes, nous traversons de nouveau la Medjerdah sur un beau pont qui date d'environ cent quarante ans, et nous entrons bientôt après à Medjez-el-Bab, où nous passons la nuit.

30 juin.

Cette petite ville s'élève sur la rive droite de la Medjerdah. Fort mal bâtie et renfermant un assez grand nombre de maisons à moitié renversées, elle possède à peine quinze à seize cents habitants. Aucune muraille d'enceinte ne l'environne. Elle a succédé à une ville antique dont les matériaux ont servi à sa propre construction; il ne subsiste plus de celle-ci qu'une dizaine de citernes, plusieurs pans de gros murs en pierres de taille le long de la Medjerdah, les vestiges d'un pont et une porte triomphale.

Le développement de ce dernier édifice est de neuf mètres quatre-vingt-cinq centimètres; l'ouverture de l'arcade est de quatre mètres quatre-vingts centimètres, et la hauteur sous clef de voûte, de six mètres. Construite dans un style très-simple, cette porte n'est ornée ni de pilastres ni de colonnes; seulement, sur les deux faces, on remarque à la clef de voûte un buste en haut relief très-mutilé. L'inscription qui autrefois se lisait sur la frise, et qui existait encore à l'époque où Peyssonnel et Shaw visitèrent cette localité, a aujourd'hui disparu avec les blocs qui formaient l'entablement. Elle contenait une dédicace à Gratien, à Valentinien et à Théodose.

Cet arc-triomphal attenait jadis au pont antique, et il fallait le franchir nécessairement pour pénétrer dans la ville ; c'est ce qui fait que les Arabes avaient donné à celle-ci le nom de Medjez-el-Bab (le passage de la porte), nom qui n'a plus de sens depuis que le pont romain est détruit et que l'on ne passe plus par là pour entrer dans la ville.

De ce pont, qui était dans l'axe même de la porte, on ne distingue plus que de faibles vestiges au milieu de l'ancien lit du fleuve, qui depuis longtemps l'a abandonné pour s'en creuser un second que traverse le pont moderne.

Ce dernier a huit arches, et est justement regardé comme l'un des ouvrages les plus considérables qui aient été exécutés en Tunisie depuis un siècle et demi. Sa longueur est de deux cents pas. Malheureusement, pour le construire, on s'est servi des plus beaux matériaux qui subsistaient de la ville antique, et l'on a achevé d'en faire disparaître les débris les plus intéressants.

Sous l'une des arches on distingue un cippe qui y a été encastré. Ce cippe est orné de la figure d'un personnage revêtu de la toge ; au bas est l'épitaphe suivante :

414[1].

D ⦵ M ⦵ S ⦵
ANNAEVS · SA
TVRNINVS · APPEL
LIANVS · VIX · AN
NIS · XXXI · H · S · E

(*Estampage.*)

Sous une autre arche, j'ai découvert une inscription plus importante, en faisant pratiquer quelques fouilles pour débarrasser l'une des dernières assises de la quatrième pile. Cette pile était à sec, les eaux du fleuve étant alors fort

---

[1] Peyssonnel, p. 142. — S. Grenv. Temple, t. II, p. 307, n° 16. — Pellissier, *Rev. archéol.*, t. IV, p. 401. — Berbrugger, *Rev. afric.*, t. I, p. 389.

basses. En l'examinant, j'avais remarqué à l'un de ses angles un magnifique bloc enfoui dans le limon, et dont la partie visible ne laissait apercevoir que deux mots. L'ayant dégagé tout entier, je lus les cinq lignes que voici, gravées en gros caractères :

415.

O SALVTE IMP·CAES·M·ANTON
HERMARVM CERTATIM SINGVLO
ITNAE APODYTERIVM ET SERV
STRVXIT MARMORIBVS COLVMNI
RVM RERVM DEDICATIONEM

Ce fragment épigraphique, tout incomplet qu'il est, nous apprend néanmoins que dans la ville qui nous occupe en ce moment les Romains avaient construit des thermes décorés de marbres et de colonnes, et cette simple donnée nous révèle quelque chose de l'antique magnificence de cette cité, actuellement si délabrée et si misérable.

A quelques pas de ce même pont, sur la rive gauche du fleuve, un superbe bloc, étendu à terre comme une dalle, présente les caractères suivants :

416.

INTER EXOR . . MO PER S . . . ERECTV
ORATO ET CAELIO SPERANTIO FLAMINE

Hauteur des caractères à la première ligne, seize centimètres, et à la seconde, onze centimètres.

Dans l'intérieur de la ville, je n'ai trouvé qu'une seule inscription ; elle couvre un gros bloc servant actuellement de banc dans une rue, et dont la surface a été usée par le frottement ; aussi, sur les vingt et une lignes dont cette inscription se compose, il en est plusieurs qui sont presque totalement effacées ; d'autres sont très-difficiles à déchiffrer ; le commencement seul se lit aisément :

CHAPITRE VINGTIÈME.

417.

```
   SALVIS AC PROPITIIS DDD NNN
   GRATIANO VALENTINIANO ET THEODOSIO
   INVICTISSIMIS PRINCIPIBVS
   DVPLICI EX MORE CONDITO DECRETO
5. DICATIONEM STATVAE MAIORAT..
   CONFIRMARVNT PRIMO DATO DM
   T·CASSIO VETVRIO PROCONS·ET NVNC
   . . . . . . . . . . . . . . . AEMILIANO V·C·
   . . . PROCONS . . . . . . . . . MAGNIFIC.
10. . . . . . . . . . . . . . . . . . . CRIS DIG
    NISSIMVM. . . . . . . . . . . . TORIA EA
    . . . . . . . . . . . . . . . . . . . RVM . .
    . . . . . . . . . . . . . . . . . . . . . . . .
    . . . . . . . . . . . . . . . . . . . . . . . .
15. . . . . . . . . . . . . . . . . . . . . . . .
    . . . . . . . . . . . . . . . . . . . . . . . .
    PATRONO CALICIO HONORATIANO
    . . . . . . . MARMOR . . . STATVAM
    . . . . . . . EMVS QVAE . . . . . . . .
20. . . . . . . . . . . . . . . . . . . . . . . .
    . . . . . . . . . . . . . . . . . . . . . . . .
```

(*Estampage.*)

Cette inscription doit très-probablement contenir vers la fin, à l'une des lignes que je n'ai pu déchiffrer, le nom antique de Medjez-el-Bab, qui paraît avoir été la Membressa de l'Itinéraire d'Antonin, écrite Membrissa dans la Table de Peutinger. A l'époque chrétienne[1], cette ville était la résidence d'un évêque, et fut illustrée par de nombreux mar-

---

[1] Morcelli, *Africa christiana*, t. I, p. 223.

tyrs. Procope[1] nous apprend que Bélisaire défit sous ses murs le rebelle Stozas. Cet historien la place sur le Bagradas et à trois cent cinquante stades de Carthage, ce qui s'accorde bien avec la position de Medjez-el-Bab et son éloignement des ruines de cette capitale.

CHAPITRE VINGT ET UNIÈME.

Henchir Sidi-Median, jadis colonia Vallis.

1er juillet.

A trois heures quinze minutes du matin, nous prenons la route de l'henchir Sidi-Median; notre direction, à partir de Medjez-el-Bab, est celle de l'est-nord-est.

A cinq heures vingt minutes, après avoir traversé une grande khanga hérissée de broussailles, de petits pins, de genévriers, de thuyas, de cyprès et de lentisques, nous faisons halte sous un vieil olivier, près de la zaouïa de Sidi-Median. Cette zaouïa, entourée de quelques cabanes, s'élève sur un plateau couvert de ruines. Les pentes en sont plantées de cactus gigantesques qui ont pris racine au milieu de débris de toute sorte. Ces débris sont ceux d'une ville assez étendue, dont le plateau, occupé actuellement par la zaouïa et par le misérable hameau qui y est attenant, constituait jadis l'acropole. Celle-ci était protégée par une citadelle, laquelle semble avoir été soit construite, soit seulement réparée, à l'époque byzantine. Dans l'enceinte en grosses pierres de taille qui l'enfermait, était comprise primitivement une seconde enceinte plus petite, qui, d'après une inscription mutilée que j'ai trouvée en cet endroit, était pro-

---

[1] Procop., *Bell. Vandal.*, II, 15.

bablement la cella d'un sanctuaire consacré à Diane. En effet, sur un long et beau bloc on lit :

418.

PORT . . . . . IANAE

Hauteur des caractères, douze centimètres.

Plusieurs tronçons de colonnes et trois ou quatre chapiteaux corinthiens élégamment façonnés gisent à terre près de la porte de la zaouïa, et ont peut-être appartenu à ce temple. A côté de ces chapiteaux, un magnifique bloc, malheureusement très-endommagé, offre la représentation en haut relief d'un aigle enlevant un serpent dans ses puissantes serres. A quelques pas de là, je copie sur une colonne en marbre blanc renversée sur le sol, et dont la partie inférieure est brisée, l'inscription suivante :

419[1].

BONO OP . . .
NATO
IMP·CAES·C·FLA
VIO VALERIO
CONSTANTIN
O PIO FELICI IN
VICTO AVG·PO
NTIFICI MAXI
MO GERMANIC
O MAXIMO S
ARMATICO MAXI
-MO TRIBVNICIAE
POTESTATIS VIII·C
ONS VII·CON . .

La fin manque.

(*Estampage.*)

---

[1] Tissot, *Annuaire de la Société de Constantine*, 1854-1855, pl. 19, n° 9.

Plus loin, sur une autre colonne également en marbre blanc et très-mutilée, je lis :

420.

IMP·CAES·AVG·
M·ANTONINO . . . . .
NOBILISSIMO CAES·
COLONIA . . . .
NVMINI EIVS DEVOTA

A la quatrième ligne, après le mot COLONIA, une brisure a fait disparaître le nom de la colonie; mais nous savons par un autre fragment d'inscription découvert à Sidi-Médian par M. Tissot qu'il faut restituer ainsi cette quatrième ligne :

COLONIA VALLIS NV

En outre, j'ai trouvé moi-même sur un piédestal, dont je parlerai tout à l'heure, une inscription qui renferme le mot ethnique VALLITANI, nouvelle preuve à l'appui de cette restitution.

En parcourant, autant que je le puis, en sens divers les plantations de cactus dont j'ai parlé, j'y rencontre de nombreuses citernes qui alimentaient jadis autant de maisons complétement détruites; j'y heurte aussi les vestiges de deux édifices publics renversés de fond en comble, auxquels appartenaient sans doute les fragments épigraphiques qui suivent, sur sept blocs différents, dispersés çà et là et plus ou moins mutilés :

421.

OT·DIVI A
IS CVM STATV

Hauteur des caractères, vingt et un centimètres à la première ligne, seize centimètres à la seconde.

422.

NTONINI PII
IS DOMINI NO

Hauteur des caractères, vingt et un centimètres à la première ligne, seize centimètres à la seconde.

423.

S DIVI SEPTIMI
LEGEM SACRA

Hauteur des caractères, vingt et un centimètres à la première ligne, seize centimètres à la seconde.

424.

AGILAE·F
S·OPTATO

Hauteur des caractères, vingt et un centimètres à la première ligne, seize centimètres à la seconde.

425.

TRAIA
. . . . .

Hauteur des caractères, vingt et un centimètres à la première ligne.

426[1].

IMP·CAES·M·AVRELI
L·GRILLVS·C

Hauteur des caractères, treize centimètres à la première ligne, douze centimètres à la seconde.

---

[1] Tissot, *Annuaire*, pl. 19, n° 7.

427 [1].

MAX·BRITAN
LEGEM SACRA

Hauteur des caractères, treize centimètres à la première ligne, douze centimètres à la seconde.

A l'extrémité sud-est de l'emplacement qu'occupait la ville, les ruines d'un monument plus considérable attirent mon attention sur un monticule dont il couvrait le sommet tout entier. Il est maintenant démoli, sauf trois énormes piliers construits avec de gros blocs rectangulaires qui surgissent au milieu d'un fourré de cactus. Parmi les débris qui jonchent le sol en cet endroit, je remarque plusieurs morceaux d'entablement élégamment sculptés.

Au bas de ce monticule coule un oued dont les berges étaient bordées de constructions diverses. Il s'appelle oued el-Hamar; les eaux en sont un peu saumâtres. Un pont avait été autrefois jeté sur ce torrent; les piles, maintenant renversées, étaient bâties avec de belles pierres de taille. Près de ce pont, je lis sur un bloc brisé :

428.

ATIONEM LVDO
SIS CONDECVRIO

Hauteur des caractères, onze centimètres.

Au delà de l'oued, qui séparait la ville proprement dite d'une sorte de faubourg, on observe, entre autres ruines, celles d'une grande enceinte divisée en plusieurs compartiments. J'y trouve sur un piédestal mutilé l'inscription incomplète que voici :

---

[1] Tissot, *Annuaire*, pl. 19, n° 6.

CHAPITRE VINGT ET UNIÈME.

429.

```
. . . . . . . . . . . . . IM .
PATRONI · MVNIC · SVI
VALLITANI · AD · REMVNE
RANDAM · ADFECTIONEM
EIVSDEM · C · VIATI · QVAM
ET · PATRIAE · ET · CIVIBVS · MV
NIFICE · PRAEBVIT · ORDO · DEC ·
DECRETO . . . . . . . . . .
```

(*Estampage.*)

Le mot VALLITANI confirme la découverte de M. Tissot; seulement ici la ville dont ce mot est la forme ethnique est désignée sous le nom de municipe, et non plus de colonie.

A une faible distance de ce piédestal, un long bloc renversé à terre appartenait à un ancien mausolée, comme l'indique l'inscription qu'on y lit :

430[1].

1° L · CAELIVS · L · FIL · PAT · AVRELIANVS · FIL · PIVS . . . .
    VIXIT · ANNIS · LX
2° ALFIDIA · L · FILIA · QVARTINA · PIA · VIXIT · ANNIS XLVIII
    M . . . . . .

J'ai recueilli ailleurs, dans cette même localité, les trois autres inscriptions qui suivent :

431[2].

Sur un gros bloc mutilé :

```
DA VERA CAR . . . . . .
R EORVM LARGITATE
M SE AC DEDICANT .
XIII S H ET P P . .
```

---

[1] Tissot, *Annuaire*, pl. 19, n° 8.
[2] Tissot, *Annuaire*, pl. 19, n° 5.

432[1].

Sur une pierre tumulaire brisée :

```
    D · M · S
   ANCVRIA
   VICTORIA
   PIA VIXIT
   AN . . . . .
```

433.

Sur une pierre tumulaire :

```
    MODIVS
   IANVARIVS
   PRIMI · FIL ·
   PIVS VIXIT
  ANNIS LXV · M · III
   D · VI · H · S · E
```

Il est plusieurs fois question de Vallis dans l'Itinéraire d'Antonin; cette ville est également mentionnée dans la Table de Peutinger. A l'époque chrétienne, elle était le siège d'un évêché [2]. L'un de ses évêques, nommé Boniface, appartenant à la secte des donatistes, fut promu par eux à la chaire de saint Pierre, pour succéder à l'antipape Victor, vers l'an 330 de l'ère chrétienne.

[1] Tissot, *Annuaire*, pl. 18, n° 4.
[2] Morcelli, *Africa christiana*, t. I, p. 345.

CHAPITRE VINGT-DEUXIÈME.

Krich-el-Oued, jadis peut-être Chisiduo.

A trois heures de l'après-midi, disant adieu aux ruines de Sidi-Median, nous nous dirigeons vers l'ouest-nord-ouest.

A cinq heures, nous atteignons Krich-el-Oued, bourg autrefois assez considérable, et qui maintenant n'a qu'une très-faible population; la moitié au moins des maisons qu'il contient sont démolies. Les habitants attribuent cette décadence, qui, loin de diminuer, augmente toujours, aux exactions qui les accablent.

Ce bourg est situé sur la rive droite de la Medjerdah. Il a succédé à une petite ville antique dont les matériaux ont servi à le bâtir lui-même. De tous côtés, dans des constructions modernes, on distingue de beaux blocs enlevés à d'anciens édifices; on remarque aussi çà et là en plusieurs endroits un certain nombre de tronçons de colonnes, les uns en pierre, les autres en marbre blanc.

Sur l'un de ces tronçons j'ai lu :

434.

IMP·CAES·C...
VIO VALERIO
CONSTANT..PIO
FELICI INVICTO
AVG·PONT·MAXI
MO TRIB·POTESTA-
TIS XVIIII COS...
P·P·PROCOS..

Le reste manque.

Un autre tronçon de colonne engagé dans un pilier m'a offert un fragment épigraphique analogue au précédent, mais beaucoup plus incomplet :

435[1].

```
CAESARI
FLAVIO
VALERIO
CONSTAN
```

A l'angle d'une maison, un bloc rectangulaire encastré dans la bâtisse à l'assise inférieure, laissait apercevoir quelques lettres à travers l'épaisse couche de chaux qui le recouvrait. Le propriétaire m'ayant permis de la gratter, je lus l'inscription que voici, très-bien conservée :

436.

```
PRO SALVTE IMP·
CAES·M·AVRELI
ANTONINI AVGVSTI
GERMANICI SARMAT·
LIBERORVM DOMVSQ·
EIVS DIVINAE
L·MEMMIVS FELIX FLAMEN
TEMPLI DOMINI AESCV
LAPI HANC ARAM ET
OLLAM AER·CALDAR·ET VR
CEVM ET LVCERNAM AER·
S·P·F·IDEMQ·DEDICAVIT
```

(*Estampage.*)

---

[1] S. Grenv. Temple, t. II, p. 307, n° 14.

CHAPITRE VINGT-DEUXIÈME.

Cette inscription intéressante nous apprend que ce bloc était jadis un autel érigé en l'honneur d'Esculape, sans doute dans le temple de ce dieu, par L. Memmius Félix, flamine de ce temple.

L'existence dans cette localité d'un autre sanctuaire consacré à Bacchus nous est révélée par le fragment qui suit, lequel est gravé en magnifiques caractères sur un long bloc placé horizontalement, en guise de linteau, au-dessus de la porte d'une maison :

437 [1].

ICI·MAX·FIL·DIVI·M·ANTONINI·PII·GERMANICI·SARM·
M·AMPLIVS·PORT . . . EMPLI·LIBERI·PATRIS·INTVS

Ce bloc est lui-même surmonté d'un cippe sur lequel on lit :

438 [2].

D · M · S ·
LVSI FORTVNATIANI
AEDILES ET MVNE
RARARI ITEM DVO VI
RV ET MVNERA
RIVS
AGENS VICES CVRATO
RVM REIPVBLICAE PIVS
VIXIT ANNIS
X X X X V I
HIS SEMPER IN PACE

A la fin de la seconde ligne et au commencement de la troisième, le mot MVNERARARI a été ainsi gravé par erreur, au lieu de MVNERARI.

---

[1] S. Grenv. Temple, t. II, p. 306, n° 12.
[2] S. Grenv. Temple, t. II, p. 306 et 307, n° 13.

A la dernière ligne, peut-être à la place de HIS faut-il lire HES (*hic est situs*).

Enfin, dans le mur d'une mosquée, j'ai remarqué sur un piédestal engagé au milieu de la construction une inscription très-mutilée dont je n'ai pu déchiffrer que les premières lignes :

439.

T·FLAVIO·T·FIL
QVIR·GALLICO
PROC·AVG·PRO
AFRIC . . . . . .

Les quatre autres lignes sont effacées.

Quel était le nom antique de cette localité? Aucune inscription ne l'a jusqu'à présent fait connaître. Mais si je ne me suis point trompé en fixant Membressa à Medjez-el-Bab, j'incline à placer à Krich-el-Oued la petite ville de Chisiduo que mentionne la Table de Peutinger. Néanmoins, pour que cette identification soit juste, il faut admettre que la route qui de Membressa gagnait Chisiduo faisait un assez grand détour, car l'intervalle qui, en ligne directe, sépare Medjez-el-Bab de Krich-el-Oued est de cinq à six milles au plus, et non de huit, comme le marque la Table de Peutinger.

CHAPITRE VINGT-TROISIÈME.

De Krich-el-Oued à Tunis. — Henchir Smidia. — Henchir-el-Hamira. — Henchir Sidi-Ahmed. — Henchir Tungar. — Arrivée à Tebourba; description de cette ville, l'ancienne Thuburbo Minus. — Henchir Bou-Djadi, jadis Ucris. — Retour à Tunis; fin de ma deuxième exploration.

2 juillet.

Nous quittons Krich-el-Oued à dix heures trente minutes du matin pour gagner Tebourba, en suivant la rive gauche de la Medjerdah, le long de laquelle plusieurs ruines méritaient mon attention. Traversant le fleuve à gué, nous nous dirigeons d'abord vers l'ouest.

A onze heures trente minutes, nous atteignons l'henchir Smidia. On y remarque une dizaine de citernes, un puits antique, et çà et là quelques amas de gros blocs; on y distingue aussi les vestiges d'une voie romaine.

A onze heures quarante-cinq minutes, nous nous remettons en marche dans la direction du nord.

A midi quarante-cinq minutes, nous foulons les débris de l'Henchir-el-Hamira. C'est un village musulman, aujourd'hui détruit et abandonné, mais qui paraît avoir été bâti sur l'emplacement et avec les matériaux d'un petit bourg antique. Pour la distance, cet endroit correspond à l'ancienne Cluacaria mentionnée dans l'Itinéraire d'Antonin comme se trouvant à XV milles avant d'arriver à Tuburbo Minus, sur l'une des routes qui conduisaient d'Hippo-Regius à Carthage. La Table de Peutinger signale la même localité sous le nom de Clucar, et la place à XVI milles de Thuburbi Minus.

A une heure trente minutes, nous laissons à notre droite Bordj-Toumi, ferme solitaire au milieu de beaux champs de blé.

A notre gauche s'élève une chaîne de montagnes qui m'est

désignée sous la dénomination de Djebel-Ansarin, et qui succède au Djebel-Haïdous.

A deux heures, nous rencontrons l'henchir Sidi-Ahmed; là existait un village antique, complétement rasé.

A trois heures, nous faisons halte sur les ruines d'un henchir plus considérable, appelé Tungar ou Tangar. Elles couvrent le sommet et les pentes d'une colline non loin de la Medjerdah. L'emplacement qu'elles occupent est maintenant cultivé ou envahi par des broussailles et par un épais fourré de cactus. De vastes citernes, les vestiges d'une enceinte demi-circulaire qui semble avoir été un théâtre, un gros pan de mur encore debout appartenant à un grand édifice démoli, de nombreux blocs épars çà et là, tels sont les seuls restes qui aient survécu à cette petite ville, où je n'ai trouvé aucune inscription qui m'en ait révélé le nom primitif.

A quatre heures, nous continuons à côtoyer la Medjerdah.

A cinq heures vingt minutes, nous entrons dans un bois de magnifiques oliviers plantés très-régulièrement, auxquels se mêlent des figuiers et des tamariniers.

A six heures, nous parvenons à Tebourba. Le khalife nous offre l'hospitalité à Dar-el-Bey.

3 juillet.

Tebourba est une petite ville un peu moins délabrée que la plupart de celles de la Tunisie. Elle renferme trois mosquées et plusieurs zaouïas. Sa population est de deux mille cinq cents habitants. Bâtie sur la rive gauche de la Medjerdah, elle a remplacé la ville appelée Thuburbi Minus dans la Table de Peutinger, et Tuburbo Minus dans l'Itinéraire d'Antonin; elle a donc conservé presque intact son nom primitif, mais tous ses anciens monuments sont détruits. Il ne subsiste plus que la forme encore reconnaissable de son amphithéâtre, dont tous les gradins ont été enlevés, et dont l'arène est actuellement hérissée de broussailles et de cactus.

La seule inscription que j'aie recueillie à Tebourba est la suivante : elle revêt un gros bloc qui sert aujourd'hui de banc près de la porte d'une maison :

440 [1].

C·PORCIO......
QVIR·SATVRNINO
IVNIORI TRIB....
LEG·XIII·C·F....
TRIB·LEG·XIIII...
OB ADSIDVA IN
REMPVBLICAM
MERITA D D·P P

Beaucoup plus grande que la ville moderne, la ville antique s'étendait en dehors de la première, sur une colline que couronne une zaouïa vénérée sous le nom de Sidi-Rhars-Allah ; elle comprenait aussi la dachera Rhars-Allah, petit village ainsi appelé à cause du voisinage de la zaouïa précédente, et où l'on remarque quelques débris antiques, et, entre autres, les fragments d'un pavé en mosaïque.

A l'époque chrétienne, il est fait mention d'un *episcopus Tuburbitanorum Minorum* [2].

Les habitants actuels descendent pour la plupart de Maures andalous. Ils cultivent autour de Tebourba de fertiles vergers, dont les fruits contribuent à alimenter les marchés de Tunis.

En rentrant à Dar-el-Bey, je vois bientôt se presser en foule, dans l'après-midi, sous le vestibule de cette maison, de nombreux auditeurs qu'attirent les accents d'un chanteur, simple trabelsi ou paysan originaire de Tripoli, qui entonne une espèce de poëme d'une quarantaine de couplets en l'hon-

[1] Pellissier, p. 412.
[2] Morcelli, *Africa christiana*, t. I, p. 333.

neur du fameux Rhouma, le chef de la dernière insurrection du Nefzaoua. La voix de ce trabelsi est forte et vibrante; elle a je ne sais quoi de sauvage et d'harmonieux à la fois qui saisit et qui charme en même temps. Dès les premiers couplets, le barde rustique est maître de son auditoire. A mesure qu'il chante, l'enthousiasme général qu'il excite de plus en plus le transporte et l'enivre lui-même, et ses accents ont tout le feu et toute l'animation d'un chant de guerre. Chaque couplet ramène le nom de Rhouma, et le héros de Kebilli est exalté jusqu'aux cieux. Quand la dernière strophe est achevée et que les derniers sons de cette voix mâle et puissante ont cessé de retentir, les applaudissements les plus sympathiques font écho de toutes parts.

Ce petit poëme est très-populaire dans la contrée du Nefzaoua. C'est là sans doute ou parmi les tribus de la Tripolitaine qu'il aura été composé.

4 juillet.

A deux heures quinze minutes du matin, nous nous mettons en marche, éclairés par les rayons de la lune. Nous commençons par traverser, l'espace de plusieurs kilomètres, de belles plantations d'oliviers.

A quatre heures, nous arrivons à Djédéïda. C'est un petit village situé près de la Medjerdah, que l'on franchit en cet endroit sur un pont en pierre bien construit. Laissant ce pont à notre droite, nous poursuivons notre route le long de la rive gauche du fleuve. Je remarque de nombreux puits échelonnés de distance en distance. Ils ont été pratiqués sur les berges mêmes de la Medjerdah, dont l'eau est élevée par le mode de puisage usité dans le pays au niveau des terres voisines, afin de pouvoir les arroser.

A quatre heures vingt minutes, nous voyons fuir presque sous les pas de nos chevaux un serpent dont la longueur égale au moins deux mètres. Il traverse la route avec la rapidité d'un trait, et disparaît au milieu des joncs et des hautes herbes. En général, les serpents ne sont pas rares dans toute la vallée de la Medjerdah; mais, malgré leur grosseur, il faut avouer qu'ils ne sont rien en comparaison du monstrueux reptile qui, au dire des anciens, arrêta quelque temps l'armée entière de Régulus sur les bords du même fleuve.

A quatre heures trente minutes, nous franchissons à gué la Medjerdah. Nos chevaux ont de l'eau jusqu'au poitrail.

A quatre heures trente-sept minutes, j'observe au milieu d'un oued actuellement à sec, et qui est l'un des affluents du fleuve dont nous venons de quitter les rives, les débris d'un pont romain écroulé.

A cinq heures trente minutes, nous faisons halte à l'henchir Bou-Djadi. Cet henchir occupe un plateau qui domine légèrement la plaine. C'était jadis une petite ville, aujourd'hui rasée de fond en comble, et sur l'emplacement de laquelle la charrue passe depuis longtemps. Les seuls vestiges qui en subsistent encore se réduisent à plusieurs pans de murs, à cinq ou six citernes et à quelques tas de gros blocs qui jonchent le sol en divers endroits. J'ai remarqué aussi trois ou quatre fûts de colonnes dans un verger. Le nom antique de cette localité était Ucris, comme le prouve l'inscription suivante recueillie par Falbe[1], et que je n'ai pu retrouver :

```
. . . . . . . . . . . . . . I V I
. . . . . . . . . . . INACI  AVG
. . . . . . . . IF · MAX · TRIB
. . . . . . . EST·COS·DES·P P·
. . . . VITAS  VCRIS  D · D ·
P P·FECIT ET DEDIC·ANN . . IO
CORNELI  ANNVLINI  PROCOS
CVIT VALERI FESTI LEG·EIVS
```

[1] Falbe, *Excursions dans l'Afrique septentrionale*, append., p. 35.

A l'époque chrétienne, Ucris était la résidence d'un évêque. Il est question, en effet, d'un *episcopus Ucrensis* assistant comme donatiste à la célèbre conférence de Carthage tenue l'an 411 de notre ère, et ce dernier mot a été parfaitement écrit, bien que le savant Morcelli[1] pense qu'il faille le remplacer par celui de *Verensis*.

A sept heures, nous nous remettons en marche.

A sept heures trente-cinq minutes, nous atteignons le superbe tronçon d'aqueduc connu sous le nom d'aqueduc de la Manouba, parce qu'il traverse la plaine ainsi appelée. Ce tronçon, qui fait partie du grand aqueduc de Carthage, court du nord au sud entre deux montagnes. Il se compose d'une suite très-étendue de gigantesques arcades, dont les pieds-droits ont été presque tous dépouillés des belles pierres de taille qui les revêtaient jadis : les unes sont encore debout, les autres, au contraire, sont renversées. Depuis une trentaine d'années principalement, on en a détruit pièce à pièce un assez grand nombre pour en transporter ailleurs les débris, destinés à servir de matériaux de construction.

A huit heures trente minutes, nous laissons à notre droite les villas de la Manouba, où les plus riches habitants de Tunis viennent chaque année goûter pendant l'été les charmes de la campagne, et à neuf heures trente minutes nous rentrons dans la capitale de la Régence, heureux d'avoir terminé sans encombre cette seconde exploration.

[1] Morcelli, *Africa christiana*, t. I, p. 351.

TROISIÈME PARTIE.

CHAPITRE PREMIER.

Troisième départ de Tunis. — Radès, autrefois probablement Adis. — Hammam-el-Lif, jadis Maxula. — Halte à Soliman, peut-être l'ancienne Megalopolis.

13 juillet.

La grande presqu'île du cap Bon méritait de ma part un examen tout particulier. Aussi, après quelques jours de repos passés à Tunis, je ne tardai pas à me remettre en route pour explorer cette péninsule. Les indigènes la désignent sous le nom de Dakhelat-el-Maouin. A l'époque d'El-Bekri, comme nous l'apprend ce géographe [1], elle était connue sous celui de Cherik-el-Abci, qui en avait été gouverneur lorsqu'elle eut été conquise par les Arabes.

Le 13 juillet donc, à sept heures du matin, nous quittons pour la troisième fois Tunis; notre direction est d'abord celle de l'est-sud-est.

A sept heures trente-sept minutes, nous laissons à notre droite la zaouïa et le village de Sidi-Fetalla.

A huit heures trente minutes, nous atteignons Radès. Ce village, de huit cents habitants au plus, est situé sur une colline qui s'élève entre le lac de Tunis d'un côté, et la mer de l'autre. Nous rencontrons quelques citernes antiques au milieu des plantations d'oliviers qui environnent la colline. Quant au village, s'il ne renferme aucune ruine, il paraît bâti en partie avec des matériaux provenant d'anciennes constructions. Aussi la position importante qu'il occupe au point de vue stratégique, son voisinage de Tunis, le nom même qu'il porte, tout confirme la conjecture de Shaw [2], qui l'identifie avec la ville d'Adis [3], assiégée et prise par Régulus, et où

---

[1] El-Bekri, *Descript. de l'Afrique septentrionale*, p. 109.
[2] Shaw, t. I, p. 197.
[3] Polyb., *Hist.*, I, 30.

ce général défit l'armée carthaginoise, qui s'était postée là pour arrêter sa marche sur Carthage, et d'abord sur Tunis.

Dans El-Bekri[1], le lac de Tunis est appelé également lac de Radès.

A neuf heures, nous franchissons l'oued Melian sur un beau pont en pierre; cet oued, comme je crois l'avoir déjà dit, est évidemment le fleuve Catada, dont les embouchures sont placées par Ptolémée entre la ville de Carthage et celle de Mazula, la Maxula des Itinéraires.

A neuf heures quinze minutes, nous passons près d'un petit pont musulman en très-mauvais état; il a été jeté sur un oued appelé Oued-el-Maïzat (oued des chèvres), et qui actuellement est à sec.

A dix heures, sortant de la plaine et nous rapprochant des montagnes, nous regagnons la grande route qui de Tunis conduit à Sousa. Cette plaine est extrêmement fangeuse à l'époque des pluies; pendant l'été, elle est profondément crevassée par la chaleur, et dans les deux cas elle oppose à la marche de nombreuses difficultés.

A dix heures trois minutes, nous passons devant l'entaille connue parmi les indigènes sous le nom de Darbet-m'ta-Sidna-Aly. J'en ai déjà parlé précédemment.

A dix heures quinze minutes, nous faisons halte à Hammam-el-Lif ou Hammam-el-Enf, localité que j'ai décrite en racontant ma première exploration, et qui m'a paru devoir être identifiée avec la Mazula de Ptolémée, la Maxula Prates de l'Itinéraire d'Antonin, la Maxula de la Table de Peutinger, et la Maxulla de Pline.

A trois heures, poursuivant notre route, nous dépassons bientôt le Djebel-bou-Korneïn, couronné de ses deux cimes comme de deux cornes qui ornent sa tête altière.

A quatre heures trente-six minutes, nous laissons derrière

---

[1] El-Bekri, *Descript. de l'Afrique septentrionale*, p. 91.

nous une grande sebbala ou fontaine, qui m'est désignée sous le nom de Sebbala-Soultan. La route est bordée en cet endroit d'un bois d'oliviers.

Quelques pas plus loin, nous traversons un pont à trois arches jeté sur l'Oued-Soultan, petit torrent dont le lit est à sec en été.

A cinq heures quarante-cinq minutes, nous parvenons à Soliman.

14 juillet.

Le khalife me fait lui-même très-courtoisement les honneurs de cette ville, dont il me montre tous les quartiers. Elle n'est plus maintenant que l'ombre d'elle-même. Fondée ou plutôt rebâtie en 1611 par des Maures chassés d'Andalousie sur l'emplacement d'une cité antique, elle a compté une population d'au moins dix mille habitants. Aujourd'hui, par suite d'une grande peste qui l'a ravagée, et aussi des exactions, autre fléau dont elle a plus d'une fois ressenti les effets désastreux, elle est réduite au chiffre de sept cents musulmans, auxquels il faut joindre quelques juifs et sept ou huit chrétiens. Les trois quarts des maisons sont détruites, et presque toutes les rues offrent le triste spectacle de la ruine et de la désolation.

Trois mosquées sont encore debout. Surmontées de minarets élancés, elles renferment, dit-on, intérieurement d'assez belles colonnes enlevées à d'anciens monuments. Du reste, dans un bon nombre de constructions modernes, la plupart renversées, les matériaux antiques apparaissent de toutes parts. Je n'y ai découvert néanmoins qu'une seule inscription; elle est gravée sur un beau bloc de marbre long de deux mètres treize centimètres et large de trente-trois centimètres, qui gît sur le sol parmi d'autres débris, dans la cour d'une maison abandonnée.

441.

1. AEDEM QVAM CASSIA MAXIMVLA FLAMINICA DIVAE
   PLOTINAE CAELESTI DEAE VOVERAT SEXTILI
   MARTIALIS MARI
2. TVS SACERDOS PVBLICVS OMNIBVS HONORIBVS
   FVNCTVS ET MARTIALIS FILIVS FLAMEN PER-
   PETVS AEDILIS SVO
3. SVMTV A SOLO AEDIFICATAM D D MARMORIBVS
   ET MVSEIS ET STATVA PVDICITIAE AVG · ET
   THORACE CAELESTIS
4. AVGVSTAE ORNAVERVNT ET DIE DEDICATIONIS
   DECVRIONIBVS SPORTVLAS DEDERVNT

(*Estampage.*)

Cette inscription, qui, comme on le voit, est loin de manquer d'intérêt, nous apprend qu'un temple en l'honneur de la déesse Céleste (Junon) existait dans la ville que remplaça plus tard celle de Soliman. Ce temple avait été voué par Cassia Maximula, flamine de la divine Plotine, et élevé aux frais de son mari, Sextilius Martialis, prêtre public, et de son fils Sextilius Martialis, flamine perpétuel et édile. Construit avec autorisation des décurions, il avait été orné de marbres, de mosaïques, d'une statue de la Pudeur et d'un buste de la déesse Céleste. Le jour de la dédicace, les Martialis père et fils avaient donné aux décurions les sportules d'usage.

Quel était le nom antique de la ville dont ce temple, actuellement détruit, était peut-être l'un des principaux monuments? Aucune inscription ne nous l'a jusqu'à présent révélé, aucune distance indiquée par les itinéraires ne nous met également sur la voie pour le découvrir; mais comme cette ville, par l'avantage de sa position dans une plaine vaste et fertile, a dû être dans l'antiquité l'une des plus grandes et des plus populeuses de la presqu'île du cap Bon, je ne serais pas fort éloigné de penser qu'elle n'est autre que l'ancienne Megalopolis mentionnée par Diodore de Sicile[1], et qui tomba au pouvoir d'Agathocle dans sa marche du cap Bon, près duquel il débarqua, à Tunis, et de là à Carthage. La proximité de Megalopolis et de Tunis est l'une des raisons qui justifient le mieux, suivant moi, l'identification que je propose. En effet, Soliman, qui me semble avoir succédé à la première de ces deux villes, n'est qu'à XX milles au plus de la seconde.

Diodore de Sicile ajoute, il est vrai, que la blanche Tunis (Λευκὸς Τύνης), dont Agathocle s'empara aussitôt après avoir pris et saccagé Megalopolis, est à deux mille stades de Carthage.

« Εὐθὺς δὲ καὶ πρὸς τὸν Λευκὸν Τύνητα καλούμενον ἀναζεύξας, ἐχειρώσατο τὴν πόλιν ἀπέχουσαν Καρχηδόνος δισχιλίους σταδίους. »

Mais c'est là une faute évidente dans le texte de cet historien, et il me parait inutile, pour justifier ce chiffre, de supposer l'existence d'une seconde Tunis complètement imaginaire, et distante de Carthage d'un intervalle aussi considérable.

Quoi qu'il en soit, la Megalopolis carthaginoise ne nous est connue que par ce passage de Diodore et par la Notice des évêchés de l'Afrique; car parmi les évêques de la province Proconsulaire, il y est fait mention d'un *episcopus Meglapolitanus*[2].

A l'inscription que j'ai reproduite plus haut, je joindrai ici, seulement par acquit de conscience, un fragment épigraphique insignifiant qui m'a été montré à Soliman; il consiste uniquement dans les lettres :

---

[1] Diod. Sic., XX, 8.
[2] Morcelli, *Africa christiana*, t. I, p. 222.

442[1].

RVM

Ce fragment, gravé sur un beau bloc qui est en partie masqué actuellement par de la maçonnerie, ce qui empêche d'apercevoir les cinq ou six autres lettres qui suivent, appartient à une inscription monumentale qui a disparu; les caractères, en effet, ont une hauteur de vingt centimètres.

J'ai dit que dans cette petite ville quelques chrétiens sont fixés au milieu des musulmans. Deux d'entre eux, Génois d'origine, les frères Marcenaro, possèdent en commun un précieux camée qu'ils m'ont fait voir, et qui a été trouvé il y a une quinzaine d'années à El-Djem. Ils en ont déjà, m'ont-ils affirmé, refusé des sommes considérables qui leur ont été offertes par plusieurs voyageurs européens, et entre autres par deux Anglais. Le fait est que ce camée m'a paru un véritable chef-d'œuvre. Avec une loupe puissante, on distingue dans ce petit bijou une foule de détails merveilleusement exécutés que l'œil nu peut à peine saisir, tant ils sont fins, délicats et multipliés.

Le sujet représenté est un Neptune armé de son trident et debout sur son char. Il est traîné par quatre coursiers marins, moitié chevaux et moitié poissons. La tête du dieu, dans son extrême petitesse, a une expression et une beauté singulières. Pleine à la fois de grâce et de majesté, elle rappelle la perfection incomparable des types grecs les plus vantés. Quant aux chevaux, ils sont, si je puis dire, vivants. Malgré leur fougue et leur impétuosité, leur divin conducteur paraît les maîtriser sans effort au milieu des vagues agitées. L'écume sort de leur bouche, leurs naseaux fument; on voit briller leurs dents à travers leurs lèvres entr'ouvertes.

[1] S. Grenv. Temple, t. II, p. 202, n° 2.

Près d'eux une nymphe élève sa jolie tête au-dessus des eaux, et des dauphins, se jouant à l'entour du dieu des mers, semblent reconnaître et saluer en lui le dominateur de l'Océan.

CHAPITRE DEUXIÈME.

De Soliman à l'henchir Aïn-Tebournok. — Henchir Kasr-el-Maltais. — Henchir Semmacher. — Henchir Khanguet-el-Hadjadj. — Henchir Kelbia. Arrivée à l'henchir Aïn-Tebournok, jadis oppidum Tuburnicense. — Bordj-el-Foguera. — Henchir Kasr-el-Louz. — Retour à Soliman.

15 juillet.

A cinq heures trente minutes du matin, nous nous dirigeons vers les grandes ruines de l'henchir Aïn-Tebournok. Nous commençons par traverser de vastes cimetières qui, à eux seuls, témoignent de l'importance qu'avait autrefois Soliman. Au delà de ces cimetières, de belles plantations d'oliviers forment dans la plaine, sur trois points différents, trois bois distincts.

A six heures, je rencontre dans un champ, à deux kilomètres et demi au sud-ouest de la ville, un bloc mutilé, revêtu de l'inscription suivante :

443.

PRO SALVTE
C·BELLICVS APTHON
IMP··CAESARE TR

(Estampagé.)

Ce bloc a dû être apporté là de Soliman. Les caractères en sont parfaitement gravés.

A sept heures, nous arrivons à l'henchir Kasr-el-Maltais. On y observe quelques débris de constructions, les unes romaines, les autres plus modernes et attribuées aux Maltais, d'où dérive le nom donné à cet henchir.

Un peu plus loin, sur un monticule, un second henchir, qui m'est désigné de la même manière, est actuellement occupé par un douar arabe. J'y remarque plusieurs citernes, un puits et les vestiges d'une dizaine d'habitations détruites, restes d'un petit village antique dont la dénomination première s'est perdue.

A huit heures trente minutes, nous faisons halte au milieu d'un henchir plus important; on l'appelle henchir Semmacher. Les ruines d'un poste militaire attirent d'abord mon attention. Situé sur une colline, il forme une enceinte rectangulaire d'environ cent pas de long sur cinquante de large. Il était flanqué d'une tour à chacun de ses angles. Datant probablement de l'époque byzantine, il a été construit avec des blocs antiques, dont quelques-uns sont de très-grandes dimensions. Intérieurement, il était divisé en plusieurs compartiments, dont les murs de refend sont aujourd'hui renversés.

Sur un monticule voisin, une ruine moins étendue, mais plus intéressante, m'a paru être la cella d'un temple. Cette cella, construite en belles pierres de taille, mesure onze mètres vingt centimètres de long sur neuf mètres quatre-vingts centimètres de large; le toit était orné de deux frontons triangulaires. La face principale du monument a été détruite et remplacée par un mur moderne. L'inscription qui devait régner au-dessus de la porte a disparu. Si elle eût subsisté encore, elle nous aurait révélé la nature et la destination véritables de cet édifice, qui n'a pu être ou qu'un grand mausolée ou qu'un temple. J'incline vers cette dernière opinion.

D'autres ruines, plus indistinctes et moins dignes d'être signalées, jonchent l'emplacement de cet henchir, dont le nom antique est inconnu. Une source qui coule au bas des deux collines dont j'ai parlé, avait sans doute déterminé en ce lieu la fondation d'un petit bourg.

A dix heures, nous poursuivons notre marche; notre direction est celle du sud.

A dix heures quinze minutes, nous côtoyons l'oued Defla, ainsi nommé à cause des lauriers-roses qui bordent ses rives.

A dix heures trente-cinq minutes, tournant vers l'ouest, nous entrons dans la Khanguet-el-Hadjadj. Cette vallée est d'abord assez étroite, ensuite elle s'élargit et forme un bassin oblong environné de montagnes; la plus haute est le Djebel-Ressas, l'un des massifs les plus élevés de cette partie de la Régence.

Au milieu des épaisses broussailles, des lentisques et des petits pins qui hérissent la khanga, sont éparses les ruines d'un ancien bourg. Un douar s'y est installé près d'un puits antique, à côté duquel un sarcophage romain a été placé comme une sorte d'auge où l'on abreuve les animaux.

A midi, nous nous remettons en route; notre direction est alors celle du sud-est, puis du sud.

A une heure trente minutes, nous rencontrons les vestiges d'un aqueduc romain.

A une heure quarante-cinq minutes, nous nous arrêtons un instant à l'henchir Kelbia. Il est situé dans une région montagneuse, au centre d'un vieux bois d'oliviers. Les ruines que l'on y voit sont celles d'un château byzantin construit avec des blocs antiques, sur l'un desquels j'ai copié le fragment épigraphique que voici :

444.

VAQVE P . . . .
VS HONORATVS C

Ce château était flanqué aux quatre angles d'autant de tours carrées; une seule est encore en partie debout; les trois autres sont complétement rasées; l'emplacement qu'elles occupaient est maintenant envahi par d'épaisses broussailles et des cactus gigantesques.

A quatre heures, nous atteignons les ruines beaucoup plus considérables de l'henchir Aïn-Tebournok; ce sont celles d'une ville aujourd'hui déserte, qui s'étendait principalement en longueur dans une vallée où coule une source abondante, dont un bassin antique recueille l'eau, qui de là se répand au dehors pour former un ruisseau.

Les débris de la ville présentent trois caractères différents, et, partant, témoignent de trois époques distinctes. Les uns sont évidemment antiques, et consistent en gros blocs parfaitement équarris, provenant de monuments romains complétement renversés; les autres accusent l'époque byzantine. C'est à cette époque, par exemple, qu'il faut rapporter une grande construction encore en partie debout, bâtie avec des matériaux d'un puissant appareil enlevés à des édifices plus anciens. D'autres enfin révèlent une époque plus récente encore, et sont musulmans. Les restes d'une mosquée et un certain nombre de maisons à moitié détruites appartiennent à cette dernière catégorie. J'ai appris en effet qu'une colonie de Maures andalous chassés d'Espagne vint s'établir dans cette localité, où elle fut plus tard décimée par une peste effroyable qui la moissonna presque tout entière.

Parmi les évêques de la province Proconsulaire, il est question plusieurs fois d'un *episcopus Tuburnicensis* [1].

Ptolémée signale aussi une colonia Thuburnica (l'oppidum Tuburnicense de Pline), mais il la place plus à l'ouest, dans la Nouvelle-Numidie.

A deux kilomètres environ au sud de l'henchir Aïn-Tebournok, après avoir traversé plusieurs ravins, nous rencontrons dans la montagne un henchir appelé Bordj-el-

---

[1] Morcelli, *Africa christiana*, t. I, p. 333.

Foguera. J'y observe les traces d'une enceinte en gros blocs qui semble avoir eu une destination militaire, et à côté un ancien mausolée romain de forme carrée, et mesurant quatre mètres soixante-sept centimètres sur chaque face. Les assises inférieures de ce monument sont encore en place et composées de pierres de taille d'un très-bel appareil. On l'a surmonté plus tard d'un second étage, pour le transformer sans doute en tour d'observation; mais cette construction plus récente est beaucoup plus grossière, et semble musulmane. L'inscription qui doit avoir été placée sur la face principale de ce mausolée n'existe plus. Intérieurement, plusieurs columbaria entourés de moulures élégantes ont été ménagés dans les parois des murs latéraux.

A vingt minutes du Bordj-el-Foguera, vers l'ouest-nord-ouest, un second poste militaire m'est désigné sous le nom de Kasr-el-Louz; il paraît dater des derniers temps de l'époque byzantine: peut-être même est-il musulman.

La nuit nous ayant surpris dans l'examen de ce dernier henchir, nous allons demander l'hospitalité à un douar qui avait dressé ses tentes non loin de là.

16 juillet.

A quatre heures du matin, nous montons à cheval et nous prenons la route directe de Soliman. De retour dans cette ville après quatre heures de marche, je remets au lendemain la continuation de mon voyage, car la chaleur était extrême, et je profite de cette halte nécessaire pour rédiger mes notes des jours précédents.

CHAPITRE TROISIÈME.

De Soliman à Hammam-Korbès. — Henchir Bir-el-Meroua. — Henchir Tahort-m'ta-Bir-el-Meroua. — Bridja. — Douela; découverte dans une maison de ce village d'une inscription qui m'apprend que c'était jadis le municipium Gitanum, ou plutôt Mizigitanum. — Ascension du Djebel-Korbès. — Arrivée à Hammam-Korbès.

17 juillet.

A cinq heures du matin, départ de Soliman. Notre direction est d'abord celle du nord-est. Peu de temps après être sortis de la ville, nous entrons dans un bois planté de magnifiques oliviers.

A cinq heures trente minutes, nous passons à côté d'un gros pan de mur, reste d'un bordj probablement byzantin, et connu sous le nom de bordj Sidi-Messaoud, à cause d'un marabout ainsi appelé qui l'avoisine.

A six heures, nous sortons du bois d'oliviers, et nous cheminons dans une plaine en partie seulement cultivée.

A six heures quinze minutes, nous franchissons à gué l'oued Bezirkh; de superbes lauriers-roses bordent ses rives. Pendant l'hiver, la plaine qu'il arrose doit être marécageuse. Celle-ci recèle dans les broussailles et les hautes herbes qui en couvrent les trois quarts de nombreux sangliers.

A sept heures cinquante minutes, nous parvenons à l'henchir Bir-el-Meroua, village antique renversé de fond en comble, où l'on voit aussi les débris de quelques constructions plus modernes.

A huit heures quinze minutes, à l'ouest de l'henchir précédent, nous en rencontrons un autre appelé Tahort-m'ta-Bir-el-Meroua. Il occupe les pentes et le sommet d'une colline. J'y remarque cinq citernes antiques et les vestiges de plusieurs constructions, les unes en blocage, les autres en pierres de taille.

Près de là, un vieux bois d'oliviers nous invite à faire halte quelque temps sous son ombre hospitalière.

A dix heures, nous traversons le village de Bridja; il renferme des débris antiques.

A dix heures quarante-cinq minutes, nous entrons à Douela, autre village situé à trois kilomètres au nord de Bridja. Il est entouré de jardins au milieu desquels j'observe partout des traces de constructions antiques. Quant aux maisons du village, elles présentent pour la plupart dans leur bâtisse grossière un certain nombre d'assez beaux matériaux qui datent également de l'antiquité. Le scheik, auquel je demande s'il n'a point connaissance qu'on ait trouvé quelque inscription dans cette localité, m'apprend qu'il y a peu d'années, en construisant sa demeure, il a enfoui dans les fondations un bloc revêtu d'anciens caractères; en même temps, cédant à mon désir, il consent à pratiquer une faible excavation pour me montrer cette pierre. Celle-ci une fois mise à découvert m'offre effectivement sur l'une de ses faces en partie brisée les mots suivants :

445.

FELICITA
CLEMEN
TORI DO
CONSTAN
IISSIMO
MVNICI
GITANI
SIM

(*Estampage.*)

Ce fragment épigraphique, tout mutilé et incomplet qu'il est, a cependant une importance dont il est facile de se convaincre en jetant un simple coup d'œil sur la sixième et la septième ligne :

        MVNICI
        GITANI

L'une nous apprend que nous sommes sur l'emplacement d'un municipe romain ; l'autre nous donne sous forme ethnique, soit dans son entier, soit plutôt seulement dans sa dernière partie, le nom de ce municipe. Dans le premier cas, si le mot GITANI n'est pas la fin d'un autre qui précède, ce municipe se serait appelé GITA. Dans le second, il faut probablement y voir la dernière partie du mot [MIZI]-GITANI, d'où résulterait pour le nom du municipe celui de Mizigita.

L'histoire de l'Église d'Afrique[1] nous révèle en effet l'existence dans la province Proconsulaire, d'un *episcopus Mizigitanus*, tandis que nous n'en connaissons aucun qui ait tiré de son siége épiscopal le surnom de *Gitanus*. Il est donc vraisemblable que dans l'inscription malheureusement tronquée que je viens de reproduire, il faut lire :

        MVNICIP . . MIZI
        GITANI . . . .

La ruine la plus intéressante de Douela est celle d'une petite mosquée qui, d'après la tradition, a été autrefois une église chrétienne. Plusieurs colonnes antiques y soutenaient une voûte, aujourd'hui écroulée.

A quatre heures quinze minutes du soir, abandonnant Douela, nous nous rapprochons, vers l'ouest, du Djebel-Korbès.

A quatre heures trente-cinq minutes, nous commençons l'ascension de cette montagne, ascension qui, du côté de

---

[1] Morcelli, *Africa christiana*, t. I, p. 231.

Douela surtout, est très-rude. Aussi sommes-nous obligés de mettre pied à terre et de soutenir nos chevaux par la bride, le sentier que nous gravissons étant à chaque instant obstrué par des blocs de rocher, et en certains endroits déchiré par des ravins. Parvenus, non sans de laborieux efforts, au sommet de la montagne, nous embrassons de là d'un même coup d'œil la plus grande partie de l'immense golfe de Tunis. La descente du Djebel-Korbès n'est pas moins pénible que la montée, et elle serait même à peu près impraticable avec des chevaux qui n'auraient pas le pied aussi sûr que le cheval arabe.

A six heures trente minutes enfin, nous atteignons le village de Hammam-Korbès, où nous cherchons un gîte pour la nuit.

CHAPITRE QUATRIÈME.

Description de Hammam-Korbès; ses eaux thermales; c'était jadis le bourg de Carpi, autrement dit Ad Aquas. — Éclipse de soleil; vive impression d'effroi qu'elle produit sur les habitants de ce village.

18 juillet.

Korbès, désigné plus ordinairement sous le nom de Hammam-Korbès, à cause de ses eaux thermales, est actuellement un simple village d'une centaine de petites maisons au plus, bâties dans une gorge de montagne, non loin de la mer. Plusieurs sources extrêmement chaudes sourdent en ce lieu, elles alimentent un certain nombre de bains assez mal entretenus; on s'en sert aussi comme boisson. Dans l'un comme dans l'autre cas, il faut laisser refroidir ces eaux pendant six à sept heures avant de pouvoir en faire usage, tant la température en est élevée. Elles passent pour renfermer une grande quantité d'alumine, et sont d'une énergie bien plus puissante, surtout pour les maladies cutanées, que celles de Hammam-el-Lif. En Europe, de pareilles sources feraient la fortune de la localité qui les possède. Tout prouve qu'elles ont été connues et exploitées dès l'antiquité. A cette époque, la petite ville qu'a remplacée le village moderne était au moins pour l'étendue le double de celui-ci, comme l'attestent les vestiges d'habitations qui sont épars sur les dernières pentes des deux montagnes, dont ce village n'occupe maintenant que la gorge étroite qui les divise. Toutefois, cette ville ne paraît avoir jamais eu qu'un développement assez médiocre, à cause de la nature même du terrain, qui ne se prêtait que difficilement à une extension plus considérable. Elle avait un petit port qui établissait entre elle et Carthage des relations très-promptes et très-commodes, la distance qui la séparait de la capitale étant beaucoup plus courte par mer que par terre.

Encore aujourd'hui, ceux qui de Tunis se rendent à Korbès pour y prendre les eaux, préfèrent d'ordinaire aller s'embarquer à la Goulette que de faire le long détour auquel on est forcément astreint par la route de terre, et surtout d'avoir à gravir avec des mulets ou des chameaux chargés de bagages les flancs escarpés du Djebel-Korbès. Cette facilité de communications maritimes entre ces deux points, qui, en ligne directe, ne sont éloignés l'un de l'autre que par un intervalle de vingt-cinq à vingt-six kilomètres, est même la cause principale qui a fait disparaître une bonne partie des débris antiques que l'on voyait à Hammam-Korbès. Une quarantaine de gros blocs rectangulaires provenant d'anciennes constructions attendent encore là, sur une sorte de quai, qu'on les embarque pour la Goulette, à la suite de tant d'autres qui y ont été déjà transportés précédemment.

Plusieurs citernes, les substructions de jour en jour moins reconnaissables de quelques bâtisses romaines, une grande carrière pratiquée le long du rivage, tels sont, avec les blocs dont j'ai parlé et de nombreux matériaux du même genre employés dans des maisons et des magasins modernes, les seuls restes de l'ancienne ville.

Une autre ruine, située à un kilomètre environ au sud-ouest du village actuel, est connue sous le nom de Kenisieh (l'église), et semble en effet avoir été jadis une chapelle chrétienne; elle avoisine la carrière que j'ai mentionnée.

On a depuis longtemps identifié Korbès avec la ville de Carpis, signalée par Ptolémée. Pline[1] écrit Carpi.

L'Itinéraire maritime compte cent cinquante stades de Carpi à Carthage, ce qui est précisément la distance qui sépare par mer Hammam-Korbès de l'ancien port de Carthage. Il n'y a donc pas de doute à conserver sur l'identité de Carpi et de Korbès. D'ailleurs, le nom antique de cette localité ne s'est-il pas maintenu dans le nom moderne, qui ne fait que traduire sous une forme arabe la dénomination grecque et latine?

Dans la Table de Peutinger, cette ville est désignée sous le nom de Ad Aquas et marquée comme étant à XXI milles de Maxula; c'est effectivement l'intervalle qui s'étend par terre entre Hammam-Korbès et Hammam-el-Lif, où j'ai placé Maxula.

Un passage de Tite-Live[2], déjà cité par Shaw, nous apprend que plusieurs des vaisseaux de la flotte d'Octavius firent naufrage en face de Carthage, près des Eaux-Chaudes.

« Ipse (Cn. Octavius) cum rostratis per adversos fluctus ingenti remigum labore enixus, Apollinis promontorium tenuit; onerariae pars maxima ad Aegimurum, aliae adversus urbem ipsam ad *Calidas Aquas* delatae sunt. »

Ces *Aquae Calidae* sont très-certainement les *Aquae* de la Table de Peutinger et les sources thermales de Hammam-Korbès. La dénomination qui leur est donnée dans ce passage convient d'autant mieux aux eaux de cette dernière

---

[1] Plin., V, 4.
[2] Tit.-Liv., l. XXX, c. XXIV.

localité, que celles-ci sont de beaucoup les plus chaudes de la Régence, et que, sous ce rapport, elles ne sont, je crois, égalées dans tout le nord de l'Afrique que par celles de Hammam-Meskhoutin, en Algérie, les Aquae Thibilitanae des anciens.

A l'époque chrétienne[1], Carpi était le siége d'un évêché. Lorsque l'empereur Julien monta sur le trône, cette petite ville devint le théâtre d'un affreux massacre de la part des donatistes, qui exercèrent de cruelles vengeances contre les catholiques.

Les habitants actuels de Hammam-Korbès sont tous musulmans; ils ne dépassent guère quatre cent cinquante âmes, et sont d'une ignorance superstitieuse fort singulière, témoin le fait suivant qui s'est passé sous mes yeux.

Vers trois heures quinze minutes de l'après-midi, le soleil, un instant auparavant splendide et radieux, commença tout à coup à pâlir. (On se rappelle la belle éclipse qui eut lieu le 18 juillet 1860.) A la vue de l'affaiblissement progressif et assez rapide de la lumière éclatante de cet astre, l'étonnement, la crainte, et bientôt la consternation la plus profonde règnent à Korbès. Je fais expliquer en vain par Malaspina au scheik la cause toute naturelle de ce phénomène; il reste incrédule à ces explications. Cependant l'obscurité augmente, et avec elle la terreur dans le village. Tous les habitants s'imaginent que cette espèce de nuit soudaine qui se fait autour d'eux présage quelque grande catastrophe; en même temps, comme pour réveiller l'astre du jour de sa léthargie et de son évanouissement, chacun s'ingénie à produire le vacarme le plus étrange et le plus étourdissant qui se puisse concevoir; les uns agitent des sonnettes, les autres frappent à coups redoublés sur des chaudrons, ceux-ci poussent des cris discordants, ceux-là éclatent en lamentations

---

[1] Morcelli, *Africa christiana*, t. I, p. 121.

et en sanglots, tous, en un mot, me rappellent par ces diverses manifestations de leur trouble et de leur effroi ce que l'on raconte dans de pareilles circonstances de plusieurs peuples anciens.

A mesure que la lumière éclipsée du soleil commence à reprendre plus d'éclat, le bruit diminue, et il cesse tout à fait quand l'astre illuminateur, un moment obscurci, a reparu dans toute sa gloire en recouvrant sa splendeur première.

Je ne dois pas oublier de signaler ici une particularité curieuse. La veille au soir, un vieillard de l'endroit, attaché à une zaouïa, n'avait pas manqué de dire à deux riches Arabes atteints de rhumatismes, qui arrivaient presque en même temps que moi à Körbès avec l'intention d'y prendre les eaux : « Vous survenez sous de mauvais auspices, et je crains bien que les bains ne vous soient pas aussi salutaires qu'ils auraient dû l'être, car voici un chrétien dont l'arrivée, qui coïncide avec la vôtre, pourra vous être préjudiciable. »

Le même vieillard, lorsque eut lieu l'éclipse de soleil, ajouta : « Je ne m'étais pas trompé, la présence des chrétiens nous est toujours funeste. »

Ces propos, qui me furent rapportés, me firent sourire de pitié pour l'aveuglement fanatique de ce vieux musulman; je ne me serais jamais cru, en effet, tant de puissance ni sur les eaux ni sur les astres, et il fallait que je vinsse à Körbès pour être transformé tout à coup en un sorcier aussi redoutable.

CHAPITRE CINQUIÈME.

Départ de Hammam-Korbès. — Ruines de Meraïssa. — Henchir-el-Bey. — Henchir Kraïb. — Henchir-el-Mornakia. — Oued Zarzour. — Henchir Sidi-Aly-el-Meregni. — Henchir-el-Haïrech. — Henchir Bir-Djedi. — Arrivée à Sidi-Daoud-en-Noubi.

A quatre heures de l'après-midi, nous quittons Hammam-Korbès, et longeant, dans la direction du sud, par un sentier étroit et difficile, mais beaucoup moins pénible toutefois que le précédent, les pentes abruptes du Djebel-Korbès, nous atteignons à six heures du soir le marabout Sidi-Aly-Reiss, petite coupole qui s'élève solitaire sur une colline au pied méridional de la montagne. A l'entour de ce sanctuaire, on remarque quelques tombes musulmanes et plusieurs débris antiques. De là jusqu'à la mer, l'espace de plus d'un mille de longueur, gisent les ruines d'une ancienne ville entièrement détruite et abandonnée; elle est connue parmi les indigènes sous la dénomination de Meraïssa (le petit port). Les vestiges de cette petite cité maritime disparaissent tous les jours de plus en plus, les blocs les plus considérables qui y jonchent le sol étant incessamment transportés par mer à la Goulette, et de là à Tunis. L'emplacement qu'elle occupait est aujourd'hui tout parsemé de fosses qui ont été pratiquées dans le but d'extraire des maisons et des édifices renversés jusqu'aux pierres des assises inférieures et des fondations. Néanmoins, les restes de plusieurs constructions importantes sont encore reconnaissables; je citerai surtout :

1° Les débris d'un aqueduc; on en suit encore les traces l'espace de trois cents mètres.

2° Une grande citerne divisée en plusieurs compartiments; elle est assez bien conservée. C'est là qu'aboutissait, comme à un réservoir central, l'aqueduc dont je viens de parler.

3° Un amphithéâtre. Creusé dans les flancs d'une colline,

il est, sauf quelques pans de murs, complétement démoli. L'arène mesurait environ quarante pas de long sur vingt-deux de large.

4° Une petite citadelle avoisinant la mer et bâtie sur un monticule. On n'y voit plus que les restes informes d'une puissante construction en blocage, le revêtement extérieur en pierres de taille ayant été enlevé.

Quant au port, il est à moitié ensablé.

Quelques voyageurs ont identifié cette ville avec celle de Maxula; mais cette opinion me paraît inadmissible, contredite qu'elle est par les mesures que donnent les itinéraires.

A sept heures quinze minutes, nous allons demander l'hospitalité pour la nuit à un douar campé près des ruines de Meraïssa.

19 juillet.

A quatre heures trente minutes du matin, nous nous mettons en marche; notre direction est d'abord celle du nord, puis du nord-est.

A quatre heures cinquante minutes, je remarque quelques ruines dans un endroit appelé Henchir-el-Bey, et entre autres, les fragments de deux sarcophages brisés.

A cinq heures quarante-cinq minutes, nous passons non loin du village de Bridja, dont j'ai déjà parlé.

A six heures quinze minutes, j'observe sur l'emplacement de l'henchir Kraïb les vestiges d'un petit nombre de constructions romaines.

A sept heures, un henchir plus considérable arrête un instant mon attention; il se nomme El-Mornakia. On y distingue au milieu d'épaisses broussailles plusieurs citernes et de vieux pans de murs.

La contrée que nous traversons est presque entièrement inculte et déserte; des joncs et des hautes herbes y servent de refuge à de nombreux sangliers.

A huit heures, nous franchissons l'oued Zarzour; les rives en sont bordées de lauriers-roses et de roseaux.

Nous nous rapprochons ensuite de la mer; avant d'atteindre le rivage, nous cheminons péniblement pendant cinquante minutes sur un sentier âpre et montagneux.

A neuf heures, nous faisons halte à l'henchir Sidi-Aly-el-Meregni; les restes d'un village antique y sont ensevelis sous des broussailles, et un bosquet de peupliers y ombrage une source excellente.

A onze heures, nous quittons avec regret cet abri verdoyant, et nous poursuivons notre route vers Sidi-Daoud-en-Noubi, en côtoyant le rivage. Pour moins fatiguer nos chevaux, que rebute et qu'épuise dans leur marche un sable fin et profond, nous tâchons autant que possible de ne pas nous écarter de l'extrême limite qu'arrosent et que durcissent les vagues. A chaque pas, d'innombrables crabes qui se chauffaient paisiblement au soleil fuient entre les pieds de nos montures. La mer étincelle comme un miroir ardent sous les rayons du soleil qui l'embrasent, et nos yeux ne peuvent en soutenir l'éclat. Au-dessus de nos têtes, le ciel est d'un bleu d'azur dont rien n'égale la pureté.

A une heure, nous rencontrons les ruines d'une petite ville antique; elles me sont désignées par deux Arabes sous le nom d'Henchir-el-Haïrech, et par un troisième sous celui d'henchir Zeggagh. Une anse naturelle a été jadis transformée en port. Ce port était dominé et défendu par un château assis sur un monticule, et dont il ne subsiste plus que deux ou trois gros pans de murs. La ville est elle-même totalement renversée; le plateau qu'elle occupait est seulement jonché d'une quantité de gros blocs rectangulaires, soit alignés encore dans un certain ordre, soit dispersés confusément; ils sont tous rongés par suite de la vétusté et en même temps du voisinage de la mer.

Un peu plus loin est un amas de blocs semblables autour

d'une petite crique. Le nom de ce dernier henchir s'est perdu, ou du moins on n'a pu me l'indiquer.

A une heure cinquante minutes, nous traversons un henchir plus étendu; il environne une anse, protégée jadis contre les vents par un môle aujourd'hui détruit. Cet henchir, dont les ruines couvrent une colline hérissée de broussailles, est appelé par les Arabes Bir-Djedi.

Nous continuons à suivre le rivage jusqu'à Sidi-Daoud-en-Noubi, où nous ne parvenons qu'à quatre heures de l'après-midi. Chemin faisant, nous avions aperçu tout le long de la côte des débris de barques et de bâtiments naufragés, tristes témoignages des nombreuses tempêtes qui ont sévi sur ces parages, parmi lesquelles il ne faut point oublier celles de 1858.

CHAPITRE SIXIÈME.

Description de l'henchir Sidi-Daoud-en-Noubi. — Zaouïa consacrée à ce santon; légende qui s'y rattache. — Découverte d'une inscription confirmant la supposition des voyageurs qui avaient placé en ce lieu la ville de Missua.

L'henchir Sidi-Daoud-en-Noubi offre les ruines, d'année en année moins considérables, d'une ville antique assez étendue. L'emplacement qu'elle occupait est aujourd'hui inhabité, à l'exception d'une zaouïa et de quelques bâtiments attenants. Non-seulement les maisons particulières, mais encore les édifices publics ont disparu du sol, et sont actuellement remplacés, comme à Meraïssa, par une multitude de fosses plus ou moins profondes creusées dans le même but. Toutefois, près du rivage, on remarque encore sur un monticule les débris d'une puissante construction qui semble avoir eu une destination militaire, et qui, par les couches épaisses de cendres qu'on y trouve, atteste qu'elle a subi l'action d'un violent incendie. Je signalerai aussi les restes d'une belle mosaïque qui ornait un monument entièrement détruit, et une quinzaine de puits bâtis en pierres de taille. Les colons attachés à la zaouïa continuent à s'en servir, et y puisent l'eau dont ils ont besoin pour arroser leurs champs. Une partie, en effet, de l'enceinte de cette cité a été débarrassée des décombres qui la recouvraient et livrée ensuite à la culture. J'y ai admiré de superbes plantations de dourra ou maïs, et de droh, espèce de millet blanc avec lequel les Arabes engraissent leurs troupeaux. Pour le dire en passant, ce droh, qui prospère très-bien en Tunisie, et notamment dans la presqu'île du cap Bon, est également employé pour une autre fin par les Maures, par les Arabes et par les Juifs. On n'ignore pas que les musulmans et les enfants d'Israël font consister la beauté de la femme dans un embonpoint excessif. Lors donc qu'une jeune fille, musulmane ou juive, est à marier, ses parents, croyant par là relever et accroître ses attraits, la condamnent pendant quelque temps à un repos presque absolu et à une nourriture propre à atteindre le but qu'ils se proposent. Or, le droh, à ce qu'il paraît, mangé sous forme d'une semoule épaisse, joue le principal rôle dans ce singulier régime d'alimentation.

Pour en revenir à l'henchir Sidi-Daoud-en-Noubi, il tire ce nom moderne de la zaouïa dont j'ai déjà fait mention. L'oukil de cette zaouïa m'apprend qu'elle fut fondée il y a huit cent trente-trois ans, et que le corps de Sidi-Daoud y fut alors déposé. Ce santon était originaire d'un petit village voisin nommé Boukrim. Sur le point de rendre le dernier soupir, il ordonna à ses fils de placer après sa mort son corps sur sa mule, et de l'enterrer là où celle-ci, abandonnée à elle-même, suspendrait sa marche. Ses dernières volontés furent fidèlement exécutées, et la mule du vieux serviteur d'Allah, chargée du cadavre de son ancien maître, s'étant

CHAPITRE SIXIÈME.

arrêtée à l'endroit où s'élève la zaouïa actuelle, on ensevelit la dépouille mortelle du santon en ce lieu, et bientôt une coupole y recouvrit son tombeau. Depuis lors, sa mémoire y a toujours été en grande vénération. A son nom de Sidi-Daoud on ajouta celui d'en-Noubi, parce que l'endroit où fut construite cette zaouïa s'appelait Nouba. Telle est du moins la légende qui m'a été racontée par l'oukil. Il nous offre pour la nuit l'hospitalité dans l'une des dépendances de la zaouïa.

20 juillet.

J'avais remarqué la veille au soir un piédestal antique, dont l'une des faces était revêtue d'une inscription, et que des Arabes avaient extrait peu de temps auparavant des décombres d'un monument complétement démoli. En me reportant le lendemain matin auprès de ce piédestal, j'y lis ce qui suit :

446.

FL · ARPACII · VC ·
FL · ARPACIO · FL · PP · HVIVSCE
CIVITATIS EXAGENTE IN
REBVS VC · EXAIVT · INL ·
VIRI MAG · OFFICIORV̄
SPECTAB · TRIB · ET NOT ·
OB INSIGNIA EIVS ERGA
REMP · MERITA ET PRAECIPVE
OB PAT · BENEF · STATVAM AD
AETERNITATEM MERI
TORVM EIVS MISS · CIVES
CONLOCAVERVNT

(*Estampage.*)

La statue qui couronnait jadis ce piédestal gisait, m'a-t-on dit, à côté; les bras seuls manquaient; du reste, elle était complète et d'une grandeur qui dépassait un peu celle de la stature humaine. Elle venait d'être transportée par mer à la Goulette; ce piédestal devait l'être aussi prochainement.

Cette inscription date du Bas-Empire, ainsi que le prouvent les divers titres qui y sont contenus. Le nom qu'elle renferme à l'avant-dernière ligne, MISS CIVES (Missuenses cives), lui donne surtout de l'importance. On s'était accordé depuis longtemps, il est vrai, à fixer à Sidi-Daoud-en-Noubi la ville de Missua, d'après les mesures indiquées par les itinéraires; mais jusqu'à présent la découverte d'aucun monument épigraphique aussi explicite que celui-ci n'avait confirmé d'une manière péremptoire cette supposition.

Une autre inscription provenant de Missua se trouve actuellement à la Goulette, dans la maison de M. le vice-consul de France; elle recouvre un bloc mutilé encastré dans un mur et à demi caché par les marches d'un escalier, ce qui empêche de la lire en entier. Voici les seuls mots qui soient visibles.

447.

P·CAESARI
VI·HADRIANI·F·
I·PAR
I·NER
POTI
A   N

Cette ville est mentionnée par Pline[1] sous le nom de Misua. Ptolémée la cite par erreur sous celui de Nisua (Νίσουα). Dans l'Itinéraire maritime, elle est écrite avec sa

---

[1] Plin., V, 4.

véritable orthographe, Missua, et marquée comme étant à trois cents stades de Carpi, chiffre trop fort d'un bon tiers. L'intervalle qu'indique la Table de Peutinger entre Misua et Clypea est de XII milles, autre erreur résultant peut-être d'une faute de copiste, car cette distance est en réalité de XX milles.

Procope [1] signale Missua et la place à trois cents stades de Carthage, ce qui est exact par mer; par la voie de terre, en effet, il y a environ cinquante stades de plus.

A l'époque chrétienne [2], cette ville comptait parmi les siéges épiscopaux de la province Proconsulaire.

CHAPITRE SEPTIÈME.

Départ de Sidi-Daoud-en-Noubi. — Baie et îlot de la Tonnara;
cette baie est peut-être celle d'Aquilaria.

A dix heures du matin, ayant achevé de parcourir en tous sens l'emplacement de l'ancienne Missua, je donne le signal du départ, et nous poursuivons notre route vers le nord-est.

A dix heures dix minutes, nous laissons à notre gauche un petit promontoire qui détermine une crique de peu d'étendue.

A dix heures quinze minutes, nous rencontrons un promontoire plus large que le précédent et qui s'avance aussi plus loin dans la mer. Il constitue une presqu'île oblongue qui a été jadis habitée, comme l'attestent les vestiges des antiques constructions qu'on y remarque.

Était-ce là une sorte de faubourg de Missua ou un établissement maritime distinct? je l'ignore. Toujours est-il que ce

[1] Procop., *Bell. Vand.*, II, 14.
[2] Morcelli, *Africa christiana*, t. I, p. 231.

promontoire, tel qu'une sorte de môle naturel se projetant assez avant dans la mer, s'allonge entre deux anses, qui autrefois, comme maintenant, servaient de ports. Celle du nord, de beaucoup la plus considérable, s'appelle aujourd'hui la baie de Tonnara et doit ce nom à un petit îlot connu sous cette désignation.

Nous contournons cette dernière baie. Une particularité à observer, c'est que plusieurs sources d'eau douce y sourdent près de ses bords orientaux et au sein même des eaux salées qui les entourent. Une petite construction circulaire, en forme de puits, les protége contre l'invasion et le mélange de ces eaux, qui, autrement, leur communiqueraient leur propre amertume.

A onze heures vingt-cinq minutes, nous apercevons, à notre droite, quelques ruines éparses au milieu des broussailles, et nous entrons bientôt après avec nos montures dans la baie en suivant une espèce de gué où elles n'ont de l'eau que jusqu'au poitrail; avant midi, nous parvenons à l'îlot de la Tonnara.

Cet îlot était inhabité il y a une quarantaine d'années. A cette époque, on y construisit des magasins et plusieurs autres bâtiments destinés à loger un certain nombre de matelots employés à la pêche du thon, poisson qui abonde sur ces parages. L'établissement est actuellement dirigé par l'un des parents de M. Raffo, l'un des ministres du bey. Les matelots engagés dans cette entreprise sont tous Européens et originaires, pour la plupart, de la Sicile, de Gênes et de Livourne. Chaque année, au mois d'avril, ils abordent en Tunisie, et, vers le 15 juillet, ils s'en retournent dans leur pays. La pêche dure ordinairement trois mois. Cette année, elle a été très-productive, et le nombre des thons pris a dépassé le chiffre de dix mille. C'est entre Djamour-el-Kebir et le continent africain que sont établies en mer les madragues, espèces de chambres construites avec des câbles, des filets et de gros roseaux entrelacés. Les thons y sont conduits par les courants et s'y entassent jusqu'à ce qu'ils deviennent la proie des pêcheurs.

Djamour-el-Kebir, dont je viens de parler, s'élève à quatorze kilomètres environ au nord-ouest de la Tonnara. C'est une île inhabitée, au centre de laquelle se dresse une montagne qui domine au loin les flots et dont le massif constitue l'île presque tout entière. Celle-ci renferme une quantité innombrable de lapins. Dans l'antiquité, elle s'appelait Aegimurus ou Aegimorus, dénomination qui se retrouve avec une légère altération dans celle que lui donnent maintenant les Arabes; elle est également connue sous la désignation de Zembra et aussi de Simbolo, que les Italiens lui appliquent.

Plus près de la Tonnara est une seconde île beaucoup plus petite; elle est appelée, pour cette raison, par les Arabes Djamour-es-Shrir et par les Italiens Zembretta ou Simboletto. C'est un simple rocher dont Pline[1] a pu dire avec plus de vérité encore que de Djamour-el-Kebir :

« At contra Carthaginis sinum duae Aegimori arae, scopuli verius quam insulae. »

Mannert, dans sa Géographie ancienne des États barbaresques, a déjà rapproché avec raison le terme de *arae* donné par Pline à ces deux îles, de la même expression qu'on retrouve dans le vers suivant de Virgile[2] :

Saxa vocant Itali, mediis quæ in fluctibus, Aras.

A en croire le scoliaste du poëte latin, ce serait sur ces autels que les Romains et les Carthaginois auraient scellé un traité par la foi du serment.

La baie de la Tonnara est très-probablement la même que celle d'Aquilaria, où Curion débarqua avec ses troupes.

« C. Curio[3], in Africam profectus ex Sicilia .... ap-

---

[1] Plin., V, 7.
[2] Virg., Æneid., I, v. 113.
[3] Cæsar, *De bello civili*, II, 23.

pellit ad eum locum, qui appellatur Aquilaria. Hic locus abest a Clupeis passuum XXII millia, habetque non incommodam aestate stationem, et duobus eminentibus promontoriis continetur. »

La distance qui sépare la baie de la Tonnara de la ville de Kelibia, l'ancienne Clypea, située sur la côte opposée de la presqu'île du cap Bon, répond en effet assez exactement à celle de XXII milles indiquée ici comme comprise entre Aquilaria et Clupea. Quant aux ruines d'Aquilaria, ce sont peut-être celles que j'avais rencontrées près de cette baie, avant d'atteindre l'îlot de la Tonnara.

CHAPITRE HUITIÈME.

Zaouïa Sidi-Abd-el-Kader, henchir Talfert. — Henchir Sidi-Mayar. — Vastes carrières. — Village d'El-Haouria, peut-être jadis la ville d'Hermaeum. — Autres carrières, plus remarquables encore que les précédentes, sur le bord de la mer. — Ras-Addar, l'ancien cap Bon, autrement dit cap Mercure.

A trois heures de l'après-midi, franchissant de nouveau le gué que j'ai signalé, nous retournons sur la terre ferme.

A quatre heures, nous passons à côté de la zaouïa Sidi-Abd-el-Kader; un petit village s'est groupé autour de la koubba du marabout. En cet endroit, quelques débris romains portent le nom d'henchir Talfert.

A quatre heures quinze minutes, continuant à nous diriger vers le nord-est, nous arrivons à l'henchir Sidi-Mayar. On y observe un certain nombre de gros blocs épars, restes d'un village antique. Un santon ainsi appelé y est vénéré sous une koubba et a communiqué à l'henchir le nom qu'on lui donne.

A quatre heures trente minutes, nous traversons, chemin

CHAPITRE HUITIÈME.

faisant, de grandes et magnifiques carrières à ciel ouvert. Pratiquées dans les flancs d'un vaste plateau rocheux, elles doivent certainement remonter à la plus haute antiquité.

A cinq heures, nous faisons halte au village d'El-Haouria. Entouré de jardins, il s'élève sur une colline dont il couvre les pentes et le sommet : plusieurs maisons ont été bâties avec des matériaux antiques. La position de ce village près du Ras-Addar, l'ancien cap Bon, ou cap Mercure, m'incline à penser qu'il a succédé à la ville d'Hermaeum, mentionnée par Scylax[1] et par Procope[2] comme voisine du cap Hermès, le cap Mercure des Latins. Cette identification, proposée déjà par M. Pellissier[3], est, à mon avis, plus vraisemblable que celle de Shaw, qui y place Aquilaria, laquelle devait être située sur le bord de la mer, puisque Curion y débarqua ses troupes.

21 juillet.

Après avoir passé la nuit à El-Haouria, nous quittons ce village à cinq heures trente minutes du matin, pour aller visiter les immenses carrières désignées par les indigènes sous la dénomination de Rhar-el-Kebir (la grande caverne); elles sont distantes de deux kilomètres au moins d'El-Haouria vers l'ouest et avoisinent le rivage.

A six heures, nous y arrivons. Elles constituent un ensemble de gigantesques excavations qui s'étendent sous un plateau rocheux, percé de distance en distance par des espèces de puits qui laissent pénétrer l'air et la lumière dans de magnifiques salles souterraines. Ces salles, au nombre de dix-huit, affectent différentes formes ; les unes sont rondes, les autres elliptiques, celles-ci carrées, celles-là polygonales. Creusées dans des proportions colossales et soutenues, par intervalle,

---

[1] Scylax, p. 39.
[2] Procop., *Bell. Vandal.*, I, 17.
[3] Pellissier, p. 240.

T. II.

au moyen d'énormes piliers ménagés à dessein dans l'épaisseur du roc, elles communiquent les unes avec les autres et sont chacune éclairées à leur centre par un regard pratiqué en forme d'entonnoir, afin de permettre à une plus grande gerbe de rayons lumineux de descendre et, en quelque sorte, de s'épanouir au fond de ces sombres et mystérieuses galeries. Nous les parcourûmes successivement, munis chacun d'une bougie et tâchant de la protéger de notre mieux contre des nuées de chauves-souris qui, troublées dans leurs paisibles retraites, voltigeaient épouvantées autour de nous et semblaient s'efforcer, par le battement de leurs ailes, d'éteindre nos lumières vacillantes.

Ces carrières souterraines me rappelaient des excavations analogues et aussi remarquables que j'avais, en 1854, visitées en Palestine à Beit-Djibrin et qui sont peut-être l'ouvrage des anciens Chananéens. Celles d'El-Haouria remontent incontestablement aux Phéniciens et datent très-probablement de la première fondation d'Utique et de Carthage. Les blocs extraits de ces cavernes ainsi que des autres carrières à ciel ouvert, qui de là s'étendent jusqu'au rivage, étaient transportés par mer vers ces deux grandes cités et surtout vers la dernière, qui, par le nombre et la splendeur de ses monuments, aspirait à devenir l'une des plus belles et des plus vastes capitales du monde.

Il est question pour la première fois dans l'histoire de ces immenses excavations lors de l'invasion d'Agathocle en Afrique, l'an 309 de Jésus-Christ.

Diodore de Sicile [1], en effet, nous raconte qu'Agathocle aborda avec son armée près de l'endroit appelé Λατομίαι.

« Ὁ δ' Ἀγαθοκλῆς ἀποβιβάσας τὴν δύναμιν πρὸς τὰς καλουμένας Λατομίας. »

Ces latomies ou carrières sont également mentionnées

---

[1] Diodor., XX, 7.

plus tard par Strabon [1], au sud du promontoire d'Hermès; ce qui est précisément la position qu'elles occupent.

« Ἐν αὐτῷ δὲ τῷ κόλπῳ ἐν ᾧπερ καὶ ἡ Καρχηδὼν, Τύνις ἐστὶ πόλις, καὶ θερμὰ, καὶ λατομίαι τινὲς, εἶθ' ἡ Ἑρμαία ἄκρα τραχεῖα, καὶ ἐπ' αὐτὴν πόλις ὁμώνυμος. »

Ce passage positif ne peut laisser aucun doute sur l'identité des carrières que j'ai décrites tout à l'heure avec celles qui sont désignées ici, et, pour le dire en passant, ce même passage confirme aussi d'une manière qui me semble peu contestable la supposition en vertu de laquelle El-Haouria aurait remplacé l'ancienne ville d'Hermès.

Le débarquement d'Agathocle eut lieu dans l'une des anses qui avoisinent ces carrières. On sait qu'après avoir fait tirer à terre ses vaisseaux, il ordonna à ses soldats de les brûler, donnant lui-même le premier l'exemple une torche à la main. Il voulait ainsi enlever à ses troupes tout moyen de retraite et ne leur laisser d'autre alternative que la défaite avec ses suites inévitables, soit la captivité, soit la mort, ou que la victoire, et avec elle l'espérance certaine de retourner dans leurs foyers sur les propres vaisseaux de l'ennemi.

A huit heures, nous reprenons le chemin d'El-Haouria.

CHAPITRE NEUVIÈME.

D'El-Haouria à Kelibia. — Garaat-ech-Cherof. — Zaouïa Sidi-Mohammed-ech-Cherif. — Arrivée à Kelibia; description de cette ville, l'ancienne Aspis des Grecs, la Clypea des Latins.

A huit heures trente minutes, de retour à El-Haouria, nous abandonnons presque aussitôt ce village. Après avoir

---

[1] Strab., l. XVII, p. 834.

longé toute la côte occidentale de la presqu'île du cap Bon, nous allons maintenant en explorer la côte opposée.

La direction de notre marche est celle du sud-est.

A neuf heures, nous atteignons une espèce de grand bassin, à peu près circulaire, appelé Garaat-ech-Cherof. Ce bassin est une sorte de sebkha non salée, où l'eau des pluies se rassemble pendant l'hiver et séjourne encore, mais plus basse, pendant l'été. A cette époque, les miasmes qui s'exhalent de ce marais répandent les fièvres dans tous les environs. Nous le côtoyons jusqu'à neuf heures vingt-cinq minutes.

A neuf heures trente-cinq minutes, la chaleur devient tellement accablante, qu'ayant aperçu un bouquet de vieux oliviers près de la zaouïa de Sidi-Mohammed-ech-Cherif, nous ne pouvons résister à la tentation de nous reposer quelque temps sous leur ombrage. Cette zaouïa est située sur une colline dont elle couronne le sommet. De là, nous distinguons fort bien à quatre-vingts kilomètres en mer, vers l'est, l'île Pantellaria, de forme oblongue, que les Arabes désignent encore aujourd'hui sous le nom de Cossura, identique à celui qu'elle portait autrefois. Sa circonférence est d'environ cinquante-cinq kilomètres; elle est presque entièrement stérile et fort peu habitée.

A midi trente minutes, nous poursuivons notre marche dans la même direction. La contrée que nous traversons est tantôt inculte et hérissée de broussailles, tantôt couverte de belles plantations de dourra et de droh.

De deux à trois heures, nous franchissons péniblement une grande plaine de sable qui a ses dunes mouvantes et qui forme dans l'intérieur des terres une zone de plusieurs milles d'étendue : nous sommes, en effet, à trois ou quatre kilomètres de la mer.

A trois heures quarante-cinq minutes, nous rencontrons quelques ruines éparses au milieu d'épaisses broussailles.

A quatre heures quinze minutes, nous arrivons à Kelibia.

Cette petite ville contient douze cents habitants. Elle est située à deux kilomètres de la mer; la ville antique qu'elle a remplacée bordait, au contraire, le rivage.

Pendant que nous commençons à nous installer dans une chambre que le khalife nous offre, je reçois la visite d'un jeune Européen fort obligeant. M. Conversano, c'est le nom de mon aimable visiteur, m'apprend que son père, Napolitain d'origine, est agent sanitaire de Kelibia et en même temps agent consulaire de toutes les principales puissances chrétiennes. Il se met lui-même complétement à ma disposition pour me montrer, le lendemain, les restes qui subsistent encore de l'ancienne cité. Je passe la soirée chez son père, vieillard de soixante-dix-sept ans et atteint d'une infirmité incurable qui, jointe au poids des ans, a affaibli singulièrement son corps, mais sans rien enlever à la vivacité de son imagination.

22 juillet.

A huit heures du matin, M. Conversano fils vient me prendre, et nous tournons d'abord nos pas vers l'acropole de la ville antique. Cette acropole occupait un plateau rocheux, peu éloigné de la mer et ayant un kilomètre de pourtour. L'élévation de ce plateau est d'environ cent cinquante à cent soixante mètres. Il est actuellement couronné par une citadelle, que les uns attribuent aux Espagnols et les autres aux musulmans. Celle-ci est à peu près carrée; trois tours défendent chaque face. Ayant obtenu de l'ious-bachi la permission d'y pénétrer, nous la visitons en tous sens. Une faible garnison d'une vingtaine de soldats y est logée. Parmi les pièces de canon qui arment les plates-formes des tours, je remarque sur l'une d'entre elles, de fabrique espagnole, la légende qui suit :

448.

PHILIPPUS REX HISPANIARUM FIDEI
DEFENSOR
ANNO DCLXXXXV

Ailleurs, sur une pierre tumulaire brisée, encastrée à plat dans le sol comme une dalle, je déchiffre l'inscription mutilée que voici :

449.

B M
PAVLVS
IN PACE BIXIT
. . . . REQ

(*Estampage.*)

L'intérieur de la citadelle est rempli de décombres. Vers le centre du vaste espace qu'elle circonscrit et au milieu d'un fourré épais de figuiers, de cactus et de broussailles, surgissent les ruines d'un château antique, de forme rectangulaire, flanqué jadis à chacun des quatre angles d'une tour carrée, et construit avec de magnifiques pierres de taille. Les murs d'enceinte en sont aujourd'hui écroulés ou démolis, à l'exception des assises inférieures. L'une des tours est encore presque intacte et donne une idée suffisante de celles qui n'existent plus. La cour que délimite cette enceinte mesure trente-cinq pas de long sur vingt de large. Pavée avec de larges dalles, elle recouvre de belles et profondes citernes, divisées en plusieurs compartiments et soutenues par des piliers. Elles sont remplies d'eau; mais cette eau n'est pas potable, polluée qu'elle est par de nombreuses chauves-souris qui ont élu domicile dans ces antiques réservoirs abandonnés.

Il ne serait pas difficile de nettoyer ces citernes, d'en chasser les oiseaux immondes qui les souillent et d'alimenter ainsi la citadelle par une eau pure et abondante qui lui manque complétement. Il faut en effet que les soldats qui y tiennent garnison descendent tous les jours chercher ailleurs la provision dont ils ont besoin. Mais on connaît l'incurie musulmane, qui, sans détruire beaucoup, laisse tout tomber en ruines et ne répare rien. C'est ainsi, par exemple, que plusieurs parties de cette même citadelle, l'une des plus avantageusement situées néanmoins de la Tunisie, se délabrent et se lézardent de plus en plus. Deux tours, entre autres, sont très-dégradées dans leurs assises supérieures.

Nous parcourons ensuite l'emplacement de la ville, aujourd'hui presque entièrement rasée et détruite, qui s'étendait au pied de cette colline, le long du rivage. Un mur d'enceinte, dont on ne retrouve plus çà et là que de faibles vestiges, l'enfermait de toutes parts. Il était percé de plusieurs portes, dont l'une était encore debout il y a sept ans. Construite en belles pierres de taille, elle a été démolie alors, et ses débris ont été transportés à Kelibia pour servir de matériaux de construction.

La ville avait deux ports, l'un marchand, au sud, l'autre militaire au nord. Celui-ci, auquel j'attribue cette dernière destination parce qu'il était commandé de plus près par la citadelle, était divisé lui-même en deux bassins par un promontoire appelé actuellement Ras-Sidi-Mustapha, à cause d'un santon de ce nom dont la koubba l'avoisine. Une batterie basse en défend l'extrémité. Non loin de là, quelques rochers gardent l'empreinte de plusieurs boulets qui les ont atteints. Ces deux ports sont depuis longtemps à moitié ensablés; ils étaient jadis protégés contre les vagues du large et contre les vents qui balayent d'ordinaire cette côte par des môles dont on aperçoit encore maintenant les débris.

Quant aux divers monuments et à toutes les constructions

de la ville proprement dite, il n'en subsiste plus que des restes peu importants et qui d'année en année disparaissent toujours davantage, l'emplacement qu'elle occupait étant en partie livré à la culture et déblayé de plus en plus des décombres et des gros blocs épars sur le sol.

Au nord des limites qui l'enfermaient s'étend un marais salé, et le promontoire qui en est proche s'appelle, pour cette raison, Ras-el-Melah. Près de là sont d'anciennes carrières qui ont servi à bâtir la ville.

Quel était le nom primitif et phénicien de cette cité? Nous l'ignorons. Il est à croire que les Carthaginois ont de bonne heure reconnu l'importance d'une semblable position, et qu'ils y ont fondé un comptoir maritime. Mais sa dénomination première a été complétement effacée ou peut-être seulement traduite par celle d'Aspis (ἀσπίς, bouclier), qui fut donnée à cette place par Agathocle, lorsqu'il la fortifia, l'an 309 avant Jésus-Christ, et en devint comme le second fondateur. Celle-ci fut ainsi appelée à cause de la ressemblance qu'offrait avec un bouclier la colline de son acropole. Strabon [1], qui nous apprend ce fait, nous révèle en même temps le nom antique du promontoire auquel aboutissait cette colline.

« Εἶτ' ἄκρα Ταφῖτις, καὶ ἐπ' αὐτῇ λόφος Ἀσπὶς καλούμενος ἀπὸ τῆς ὁμοιότητος· ὅνπερ συνῴκισεν ὁ τῆς Σικελίας τύραννος Ἀγαθοκλῆς καθ' ὃν καιρὸν ἐπέπλευσε τοῖς Καρχηδονίοις. »

Ce promontoire, ἄκρα Ταφῖτις, est celui que j'ai signalé comme étant actuellement appelé par les Arabes Ras-Sidi-Mustapha.

Aspis, qui, chez les auteurs latins devient, par une simple traduction du mot grec, Clupea ou Clypea, fut plus tard la première ville dont Regulus s'empara (256 av. J.-C.) quand il eut débarqué en Afrique. Il en fit sa place d'armes, y laissa

---

[1] Strab., l. XVII, p. 1191.

une garnison et la prit d'abord pour base de ses opérations. Dans la troisième guerre punique, les consuls Calpurnius, Pison et Lucius Mancinus (148 av. J.-C.) l'assiégèrent vainement par mer et par terre. Sous les empereurs, c'était une ville libre, au témoignage de Pline.

A l'époque chrétienne, elle était la résidence d'un évêque[1].

Un passage de Bekri[2] nous apprend qu'elle fut la dernière ville occupée en Afrique par les chrétiens.

« Lors de l'invasion du Maghreb par Abd-Allah-ibn-Saad-ibn-Abi-Sarh, les Roum, dit cet écrivain, se réunirent dans la péninsule de Cherik et se dirigèrent en toute hâte vers Iclibya et les lieux voisins. S'étant alors embarqués, ils allèrent à Cossura, île située entre la Sicile et l'Afrique. »

Avant de terminer ce que j'ai à dire de cette ville, j'ajouterai ici en finissant que, bien que le mot latin Clupea ou Clypea ne soit que la traduction du mot grec Aspis et que ces deux noms soient indifféremment employés par les anciens pour désigner la même cité, Ptolémée néanmoins distingue très-nettement deux villes, l'une nommée Clypea au nord de Nisua (lisez Missua) et au sud-ouest du promontoire Hermès, l'autre du nom d'Aspis au sud-est de ce même promontoire, sur la côte opposée de la presqu'île. Mais cette distinction repose ou sur une méprise de ce savant géographe, ou sur une erreur due à l'un de ses commentateurs, qui aura, par ignorance, intercalé dans le texte le nom de Clypea là où il ne doit point être. La Clypea des Latins, dont le nom d'ailleurs s'est conservé dans celui de Kelibia, occupe précisément la position que Ptolémée assigne à Aspis, et par conséquent doit être identifiée avec elle.

[1] Morcelli, t. I, p. 144.
[2] El-Bekri, p. 110.

CHAPITRE DIXIÈME.

Henchir Kherba. — Ras Lanachir. — Henchir Tarfa. — Retour à Kelibia. — Fantazia à l'occasion d'une noce arabe; elle se termine par la mort du fiancé.

23 juillet.

J'étais venu d'El-Haouria à Kelibia sans longer immédiatement la côte, dans l'ignorance où j'étais des ruines qui la bordent en certains points. M. Conversano fils m'en ayant révélé l'existence et s'étant offert de m'y conduire, j'avais accepté cette proposition avec reconnaissance.

A cinq heures trente minutes du matin, nous nous mettons donc en marche pour explorer ces divers henchirs. Notre direction est d'abord celle du nord, puis du nord-ouest.

A six heures, nous jetons en passant un coup d'œil sur l'henchir Ouezdrah; il consiste en quelques débris d'époque romaine qui couvrent un monticule.

Nous laissons à notre droite le promontoire dit Ras-el-Melah et le marais salé qui lui a fait donner ce nom. Près de ce marais est un petit village appelé Hammam-er-Rezas.

A notre gauche s'élève le Djebel-Ouezdrah.

A six heures vingt-cinq minutes, nous passons non loin d'un autre village qu'on me désigne sous le nom d'Hammam-Djebli.

A six heures quarante-cinq minutes, nous franchissons l'Oued-el-Hasi; il est à sec; sur l'une de ses berges est un puits antique.

A sept heures, nous atteignons l'henchir Kherba. Il occupe le long du rivage une étendue de cinq à six cents mètres. J'y remarque plusieurs tombeaux antiques aux trois quarts ensevelis sous le sable ou sous des broussailles.

A huit heures, près du ras Lanachir, j'observe des traces

d'anciennes constructions autour d'une petite crique. Les fragments d'une mosaïque y attirent surtout mon attention.

A huit heures trente minutes, nous laissons à notre droite le Ras-el-Asoud, ainsi nommé à cause des rochers noirs qui constituent ce cap.

A neuf heures, nous faisons halte au milieu de l'henchir Tarfa. On distingue là, près du rivage, les restes d'une nécropole antique à moitié recouverte par des dunes de sable et qui porte le nom de Djebbanet-Tarfa, à cause des tamariscs (tarfa), mêlés de genévriers, qui croissent en touffes épaisses autour d'un marais voisin. Les tombeaux de cette nécropole sont tous construits en blocage. Les uns sont oblongs, bombés en dos d'âne, et reposent sur un soubassement; d'autres sont plats : six offrent la forme d'un pilier à peu près carré, se terminant en pyramide et s'élevant sur un ou deux gradins. Sur la principale face de ces piliers, hauts de un mètre cinquante centimètres à deux mètres, est une petite niche pratiquée dans l'épaisseur de la construction. Ces tombeaux sont revêtus extérieurement d'un ciment très-puissant, dans lequel sont engagés de nombreux fragments de poterie concassée.

A midi trente minutes, nous reprenons la route de Kelibia, où nous rentrons à trois heures cinquante minutes.

Vers cinq heures, cette petite ville retentit de coups de fusil multipliés. Une jeune fiancée est promenée triomphalement sur un chameau paré pour la circonstance. Des cris joyeux la suivent partout; à ces cris se mêlent d'incessantes détonations d'armes à feu. Le fiancé, avec ses amis, exécute à cheval plusieurs charges brillantes; il semble se complaire à déployer dans cette fantazia, aux yeux de celle qu'il aime, sa force et son adresse. Mais trop souvent, hélas! le malheur marche de près sur les pas du bonheur, et les cris d'allégresse se changent vite en cris de désespoir et en gémissements funèbres. Pendant que le futur époux, enivré par l'amour, cherche à surpasser les plus habiles cavaliers en déchargeant en même temps tantôt son long fusil orné de nacre, tantôt ses pistolets, une amorce enflammée met le feu à sa cartouchière entr'ouverte, et bientôt une horrible explosion se fait entendre. Il tombe comme foudroyé de cheval, couvert d'affreuses blessures, mais respirant encore. A cette vue, sa fiancée pousse un cri déchirant, et elle est ramenée évanouie dans la maison paternelle. Quant à l'infortuné jeune homme, ses brûlures étaient trop profondes pour qu'il y eût espoir de le sauver, et la cérémonie de ses noces devait pour lui être remplacée par celle de ses funérailles.

A sept heures du soir, je me rends chez M. Conversano père et je fais mes adieux à ce respectable vieillard; je remercie aussi son fils de l'extrême obligeance avec laquelle, depuis deux jours, il m'a servi de guide tant au dedans qu'au dehors de Kelibia.

CHAPITRE ONZIÈME.

Henchir Aïn-el-Harouri. — Bourg de Menzel-Temine. — Oued et Kasr-Lebna. — Kasr-es-Sâd. — Village de Gourchine. — Oued Beliess. — Henchir-el-Karrouba. — Arrivée à Kourba.

2% juillet.

Partis de Kelibia à cinq heures du matin, et après une marche d'une heure dans la direction du sud-ouest, nous parvenons à la source de l'oued El-Harouri. A côté de cette source est un réservoir antique plein d'eau, dans lequel se jouent de nombreuses tortues. A quelques pas de là, sur les bords de l'oued, gît renversé au milieu des broussailles un sarcophage de marbre blanc; il mesure deux mètres vingt centimètres de long sur soixante-treize centimètres de large. Au centre de sa face principale, dans une sorte de cadre entouré de moulures, on lit l'inscription suivante, dont les deux premières lignes sont complétement effacées :

450.

. . . .
. . . .
ISSIMVS·VIXIT
ANNIS·LXXXVI·M
VI·D·VIIII·I (sic) S·E

(*Estampage.*)

Les flancs rocheux du même oued sont percés de plusieurs grottes sépulcrales, identiques pour la forme et pour la disposition intérieure à celles de la Palestine et de la Phénicie, et que je regarde, par conséquent, comme ayant une origine punique. J'examine sept ou huit de ces chambres funéraires taillées dans le roc; elles sont presque toutes précédées d'un vestibule et divisées en deux ou trois compartiments. La porte en est basse et étroite. Le plafond de quelques-unes est plat ou presque plat; dans d'autres il affecte la forme d'une sorte de fronton creux surbaissé.

Au delà de l'oued, sur un plateau qui le domine, sont épars les restes confus d'un bourg antique dont le nom primitif a disparu; on le désigne maintenant sous celui d'Henchir-el-Harouri. Parmi les blocs qui jonchent le sol, je distingue un piédestal sur l'une des faces duquel est figurée une croix grecque.

A sept heures quarante-cinq minutes, nous nous remettons en marche.

A huit heures quinze minutes, nous rencontrons sur une colline des ruines indistinctes et peu étendues, connues sous le nom d'Henchir-ben-Keneis.

Quinze minutes plus loin, en continuant à nous avancer

vers le sud-ouest, nous traversons les vestiges d'un village antique dont le nom actuel est Menzel-Jahia.

A neuf heures trente minutes, nous arrivons à Menzel-Temine.

C'est un bourg de quinze cents habitants. Les rues en sont fort mal tenues. J'observe çà et là un certain nombre de gros blocs antiques et même plusieurs tronçons de colonnes engagés dans des constructions modernes.

Autour de Menzel-Temine s'étendent des jardins plantés surtout d'oliviers, de figuiers et de mûriers. Le terrain est très-fertile, mais l'eau est peu abondante et généralement saumâtre, sauf celle d'un puits.

Nous nous arrêtons dans ce bourg jusqu'au lendemain matin. Comme c'est le jour du marché, la population a plus que triplé. De tous les villages et douars environnants, une foule d'Arabes s'y sont rendus. Chacun est armé de son fusil; quelques-uns portent de petits tromblons. La place du Souk retentit de cris tumultueux; ce sont partout entre les acheteurs et les vendeurs des discussions vives et animées, mais qui, comme des débats d'enfants, s'apaisent ensuite avec la même facilité qu'elles ont éclaté.

25 juillet.

A quatre heures trente minutes du matin, nous sommes à cheval. Nous commençons par traverser de belles plantations d'oliviers entremêlés de figuiers et de mûriers.

A cinq heures quinze minutes, sortant de cette zone cultivée, nous marchons au milieu d'épaisses broussailles.

A notre gauche, le long de la mer, s'étend une sebkha.

A six heures quatorze minutes, nous apercevons sur une colline hérissée d'arbustes épineux les restes d'un établissement antique. Il y avait là jadis un petit poste militaire et quelques habitations à l'entour. Cet endroit m'est désigné sous le nom de Menzel-Horra.

A six heures seize minutes, nous franchissons l'oued Lebna; il est presque complétement à sec. Son lit est large et assez profond. Les Arabes d'un douar voisin m'apprennent qu'en hiver, à l'époque des grandes pluies, il est quelquefois dangereux de le traverser, tant les eaux en sont hautes et le courant rapide. C'est le même oued qui, dans la carte du dépôt de la guerre, est marqué sous la dénomination d'Oued-el-Oudien.

A quelques centaines de pas au delà de ce torrent, s'élèvent près d'un marabout, non loin de la mer, les ruines d'un château fort appelé Kasr-Lebna. Il me paraît d'origine byzantine. D'énormes pans de murs gisent renversés au milieu des broussailles; une tour seule est encore aux trois quarts debout. Je consacre une demi-heure à l'examen de cet henchir, sans y trouver aucune trace d'inscription antique.

A huit heures cinquante minutes, les ruines d'un autre château, appelé Kasr-es-Sâd, fixent un instant mon attention. Il est situé sur une colline rocheuse, du haut de laquelle le regard plonge au loin sur les plaines environnantes. La forme de cette construction byzantine est celle d'un rectangle; les murs d'enceinte sont encore en partie debout. Dans l'intérieur, deux colonnes mutilées gisent sur le sol.

De neuf heures à neuf heures cinq minutes, nous longeons l'oued Sidi-Othman.

A neuf heures vingt minutes, nous rencontrons sur un monticule un amas de gros blocs, restes d'une construction romaine. Cet henchir se nomme El-Lefah; d'autres prononcent Belfah.

A neuf heures trente-cinq minutes, un autre henchir analogue au précédent m'est signalé sous la désignation d'El-Haouria.

A dix heures quinze minutes, nous faisons halte au village de Gourchine. Il est situé sur un plateau et se compose d'une trentaine de maisons. Près de la petite mosquée de ce village, je copie sur un bloc brisé, renversé à terre, le fragment qui suit :

451[1].

. . I N . . . .
RENNI ECL . . . . .
. VCCHI PATAV .
ET SEPTIMIAE ODO
ET FILIORVM .

(*Estampage.*)

Un château considérable, aux trois quarts détruit, avait été bâti en ce lieu soit par les Byzantins, soit même par les Romains. Il n'en subsiste plus actuellement qu'une grande salle accompagnée de deux petites chambres latérales. La construction consiste en un blocage intérieur revêtu de gros blocs régulièrement appareillés.

A deux heures quarante-cinq minutes, nous nous remettons en marche.

A trois heures, nous franchissons l'oued Beliess; un petit village du même nom l'avoisine.

A trois heures quarante-cinq minutes, je remarque à l'henchir El-Karronba les ruines d'un cimetière antique isolé. La plupart des tombeaux y affectent la forme de piliers carrés, hauts d'un mètre soixante centimètres à un mètre soixante-dix centimètres et reposant sur un soubassement. Le sommet aujourd'hui démoli de ces piliers devait se terminer probablement en une petite pyramide. D'autres tombes sont moins élevées au-dessus du sol et recouvertes d'une espèce de toit en dos d'âne.

Nous traversons ensuite des champs de dourra et de droh, et à cinq heures nous arrivons à Kourba.

---

[1] Pellissier, p. 411.

CHAPITRE DOUZIÈME.

Description de Kourba, l'ancienne colonia Julia Curubis, où fut exilé saint Cyprien.

Kourba est une petite ville de deux mille habitants. Elle occupe une colline en partie rocheuse, à quinze minutes environ de la mer, dont elle est séparée par des jardins et par une sebkha peu étendue que les chaleurs de l'été dessèchent ordinairement. Plusieurs citernes et puits antiques sont, avec les ruines d'un aqueduc, les seuls restes de la ville ancienne à laquelle elle a succédé.

Cet aqueduc est aujourd'hui aux trois quarts détruit; néanmoins on peut encore en suivre la trace pendant plusieurs kilomètres. Il traversait l'oued, large d'environ quatre-vingt-dix mètres, qui forme la limite de la ville au sud. Cet oued est à sec durant l'été. Au milieu de son lit on aperçoit les débris d'une pile appartenant à l'aqueduc dont je viens de parler, et qui, sur ce point, devait être à la fois et un canal et un pont destiné à faciliter le passage de ce torrent, lorsqu'il était grossi par les pluies d'hiver. Au delà de l'oued, en s'avançant dans la direction de l'ouest, on rencontre, chemin faisant, les soubassements de nombreux pieds-droits démolis, qui soutenaient des arcades depuis longtemps écroulées. Un seul est encore debout, à la distance d'environ vingt minutes de Kourba; il est construit en blocage. Le canal qui amenait l'eau mesure trente-cinq centimètres de large sur vingt-deux centimètres de profondeur. Un intervalle de deux mètres six centimètres séparait chaque pied-droit de son voisin.

Près du pilier demeuré intact, je découvre au milieu des broussailles un bloc mutilé et gisant à terre, sur lequel je lis :

452.

```
C·CAESARE·IMP·COS·II
L·POMPONIVS·L·L·MAL[
DVO·VIR·V
MVRVM·OPPIDI·TOTVM·EX·SAX[
QVADRATO·AEDIFIC·COER[
```

(Estampage.)

Cette inscription, comme on le voit par la date qui se trouve contenue dans la première ligne, est la plus ancienne de toutes celles que j'ai recueillies dans la Régence de Tunis. A ce titre, elle a une grande importance. Elle nous apprend aussi que L. Pomponius, affranchi du personnage du même nom et duumvir quinquennal, avait fait entourer la ville d'un mur construit en pierres de taille.

Cette enceinte est aujourd'hui complétement détruite, et je n'en ai distingué aucune trace autour de Kourba.

Le port, qui existait jadis près de l'embouchure de l'oued, n'est également plus reconnaissable, et les deux petits caps qui le délimitaient sont à peine sensibles. Le sable l'a envahi et comblé peu à peu, et une seule barque de pêcheur, à moitié pourrie sur la grève, est l'unique marine de la ville actuelle.

Le nom qu'elle portait dans l'antiquité est celui de Curubis, ainsi que cela résulte d'une inscription déjà copiée par Shaw et que j'ai retrouvée, après ce voyageur, au village de Baïchoun, situé à dix-huit minutes au sud-ouest de Kourba. Cette inscription couvre la face principale d'un piédestal.

453 [1].

```
        PONTI
   C·HELVIO·C·F·ARN·HONORA
   TO·AEDIL·IIVIR·IIVIR·QQV..
   ET·CVRAT·ALIMENT·DIS...
   OB·INSIGNES·LIBERALITA
   TES·IN·REMPVB·ET·CIVES
   AMOREM·VIRO·BONO
   COL·IVL·CVRVBIS·D·D·P·P
```

(*Estampage.*)

Remarquez à la dernière ligne les mots COL·IVL·CVRVBIS (*Colonia Julia Curubis*).

Pline[2] cite Curubis parmi les villes libres. Ptolémée écrit Κουροβίς. Dans l'Itinéraire d'Antonin, elle est mentionnée sous le nom de Curubi. A l'époque chrétienne[3], elle était le siége d'un évêché, et elle devint célèbre dans les annales de l'Église d'Afrique comme ayant servi de lieu d'exil à saint Cyprien, l'an 257 de notre ère. Ce fut là que ce grand évêque de Carthage eut, dès la première nuit de son arrivée,

---

[1] Shaw, t. I, p. 203. — Maffei, *Mus. Ver.*, p. 463, 3.
[2] Plin., V. 4.
[3] Morcelli, *Africa christiana*, t. I, p. 149.

cette vision prophétique rapportée par le diacre Pontius, son compagnon fidèle et plus tard son biographe, vision par laquelle il pressentit que la couronne du martyre lui était bientôt réservée.

Les carrières où ont été puisés les matériaux qui ont servi à bâtir Curubis se trouvent au sud de l'oued Kourba, sur une colline appelée Makta-Hasin-bou-Maza. On y vénère sous une coupole les cendres du santon Sidi-Sedadi. Ces carrières sont considérables et ont été exploitées à ciel ouvert. Toute la surface de la colline a été assez profondément excavée ; mais ce qui mérite plus particulièrement l'attention, ce sont les débris de plusieurs chambres voûtées, creusées dans le roc, et qui semblent avoir eu une destination funéraire. Ici, en effet, comme dans beaucoup d'autres carrières antiques, on paraît avoir voulu profiter des excavations déjà faites pour y pratiquer çà et là quelques grottes sépulcrales.

CHAPITRE TREIZIÈME.

De Kourba à Nabel. — Bourg de Beni-Kriar. — Henchir Maamoura. Retour à Beni-Kriar. — Arrivée à Nabel.

27 juillet.

A cinq heures vingt minutes du matin, nous quittons Kourba, où nous avions passé la nuit. Notre direction est celle du sud-sud-ouest.

De six heures à six heures trente-cinq minutes, nous longeons, à notre gauche, une sebkha.

A six heures quarante-cinq minutes, nous apercevons dans le lointain, à notre droite, au pied d'une montagne, le village de Soma ; des bosquets d'oliviers l'environnent.

A huit heures, nous arrivons à Beni-Kriar. Ce bourg est mieux bâti et mieux entretenu que la plupart de ceux de la

Tunisie. Il renferme quinze cents habitants. Situé dans une contrée fertile, il est entouré de superbes plantations d'oliviers et de vergers délicieux. Le scheik, d'une taille athlétique, d'une figure noble et expressive, passe pour être l'un des plus beaux hommes de la Régence. J'apprends de sa bouche qu'à vingt minutes à peine de distance, près du petit village de Maamoura, se trouvent des cavernes fort intéressantes. Je m'y rends aussitôt avec un guide.

Ces cavernes ne sont autre chose que d'anciennes carrières. Les premières que je visite portent dans le pays le nom de Rhiran-el-Kessab; elles sont à ciel ouvert et creusées dans un tuf assez tendre.

Non loin de là, d'autres excavations plus curieuses me sont désignées sous la dénomination de Rhiran-bou-Salah. En descendant dans l'espèce de vaste bassin qu'elles forment, je remarque à droite et à gauche de nombreuses grottes sépulcrales, pratiquées ultérieurement, mais à une époque encore fort reculée, dans les flancs de cette antique carrière. Ce sont autant de tombeaux de famille. Ils se composent, pour la plupart, d'un vestibule, d'une chambre principale et de deux cabinets ou couloirs latéraux. Les parois intérieures de ces grottes gardent encore en beaucoup d'endroits les traces très-visibles de l'enduit rougeâtre dont on les avait revêtues.

Ces carrières et cette nécropole appartenaient à une petite ville qui s'étendait jusqu'à la mer, et dont les débris très-confus jonchent plusieurs champs cultivés. Une crique peu étendue servait de port naturel à cet établissement maritime, fondé sans doute par les Carthaginois, et dont le nom primitif s'est perdu. Les ruines qui en subsistent s'appellent actuellement Henchir-Maamoura, du nom du village le plus rapproché.

De retour à Beni-Kriar, nous y faisons halte jusqu'à trois heures de l'après-midi.

Nous poursuivons alors notre marche vers Nabel. Nous cheminons entre de riches jardins qui dépendent de Beni-Kriar et sont cultivés avec soin. Le sol en est sablonneux ; mais, au moyen d'irrigations fréquentes, il devient extrêmement productif.

A trois heures quinze minutes, nous franchissons un oued très-large et peu profond. Il est actuellement sans eau et s'appelle Oued-Nabel. Au delà de ce torrent commencent les jardins de la ville de ce nom. On y admire de magnifiques oliviers, un grand nombre de figuiers et divers autres arbres fruitiers d'une belle venue.

A quatre heures, nous atteignons la cité que ces vergers précèdent.

CHAPITRE QUATORZIÈME.

Description de Nabel. — Ses fabriques de poterie. — Sa verdoyante ceinture de jardins. — Ruines de Nabel-Kédim, l'antique colonia Julia Neapolis.

Nabel a un développement assez considérable, et l'étendue du terrain qu'elle occupe pourrait faire croire d'abord qu'elle renferme une population de dix mille habitants ; mais je doute qu'elle en compte maintenant cinq mille : un grand nombre de maisons sont en effet détruites et attestent par leurs ruines la décadence de cette ville.

Elle possède cinq ou six mosquées, plusieurs zaouïas, des bazars voûtés et une grande place entourée de cafés. Les matériaux antiques qu'on remarque dans la plupart des constructions prouvent qu'elle a été bâtie presque entièrement avec les débris de la cité à laquelle elle a succédé. L'air qu'on y respire est renommé pour sa pureté et sa douceur, et est par conséquent très-favorable aux maladies de poitrine. Ce motif a amené dans cette ville, il y a deux ans, un Européen qui s'y est fixé avec sa famille pour y rétablir la santé d'un de ses fils, gravement altérée et à laquelle le climat de Nabel a été extrêmement salutaire. M. J. Shéridan Lusco, c'est le nom de ce médecin européen, me rencontre dans une rue et m'offre obligeamment de faire avec moi le tour de la ville. Nous visitons ensemble plusieurs fabriques de poterie. Cette industrie y est effectivement florissante, et cela probablement de temps immémorial; car l'emplacement de la ville antique est semé d'une si grande quantité de fragments de poterie, qu'on peut supposer, non sans raison, qu'à Neapolis comme dans la moderne Nabel, ce métier était en honneur et formait l'une des principales ressources des habitants.

On façonne également dans cette localité de belles étoffes de laine et des couvertures estimées.

Les jardins environnants abondent en fruits de toutes sortes. On y cultive aussi des jasmins et des roses dont les parfums, se mêlant à ceux des orangers, embaument l'air de leurs suaves émanations.

28 juillet.

Je pars à cinq heures du matin avec Malaspina et l'un des chaouchs du khalife de Nabel pour aller visiter les ruines de Nabel-Kedim, situées à vingt minutes au sud de la ville actuelle.

A cinq heures quinze minutes, nous traversons un oued fort large appelé Oued-Sohir. Son lit est peu profond, et, à cause de la faible élévation des berges, ce torrent, à sec pendant l'été, exerce souvent en hiver de grands ravages dans les jardins qui bordent son cours, en déversant un sable stérile sur le sol fécond qu'il envahit.

Bientôt après, nous sommes sur l'emplacement de Neapolis. Cet emplacement a retenu parmi les habitants le nom de Nabel-Kedim ou Nabel l'Ancienne. Il est inutile de faire observer l'identité des deux mots Nabel et Neapolis, le premier n'étant qu'une simple altération du second, altération due au génie même de la langue arabe.

Les ruines de la cité antique ont presque entièrement disparu; ou du moins les meilleurs matériaux des constructions carthaginoises et romaines ont été transportés à l'endroit où s'est élevée la cité musulmane. C'est ainsi que la trace de ses édifices s'est de plus en plus effacée; puis, l'enceinte qu'elle occupait a été livrée à la charrue, et, à la place de ses maisons démolies et de ses monuments arrachés jusque dans leurs fondements, croissent de magnifiques vergers ou s'étendent de beaux champs de blé, de maïs et de millet. Seulement d'innombrables débris de poterie concassée jonchent partout le sol. Son port est comblé; et les quais qui le bordaient sont ensevelis sous des dunes de sable.

En explorant néanmoins avec soin le terrain qu'elle couvrait, j'ai recueilli les inscriptions suivantes, les unes déjà connues, les autres inédites.

454[1].

Sur un piédestal brisé, près de la route qui conduit de Nabel à Nabel-Kedim :

```
SALVIS  DD·NN
PROCONSS·MARI....
VINDICI V·C·VSI....
ARIVS RVSTICV...
P·ET NAV·SECVNDO
```

Le reste manque.

(*Estampage.*)

---

[1] S. Grenv. Temple, t. II, p. 303, n° 4.

CHAPITRE QUATORZIÈME.

455.

Sur un piédestal enfoui dans un champ et que j'ai déterré :

```
     S A L V I S    D D N N
    ARCADIO ET HONORIO
    INCLYTIS·SEMPER·AVGG·
    ADMINISTRANTE·D·M
    GABINIO BARBARO
    POMPEIANO·V·C·PROC·
    P·A·V·S·I·COELIVS TITIANVS
    VI·T·EX·T·ET·NAV·EX·MVN·
    ET·EX CVRATORE R·P·
    CVM COELIO RES
    TITVTO·VI·FILIO·SVO
    SVMPTV PROPRIO
    . . . . . . . . . . S V A
```

Le bas du piédestal est brisé.

(*Estampage*.)

456.

Sur une pierre tumulaire :

```
    AEMILIAE ERVCIANAE
    POSTVMAE·LAVDA·
    TISSIMAE MEMORIA
         PVELLAE
     FABIA MAIANA
         FILIAE
       CARISSIMAE
```

(*Estampage*.)

457 [1].

Sur un piédestal servant actuellement de support à une arcade dans une ferme :

```
MEMORIAE M·NVMISI
CLODIANI DEC·AVGVR·
HOMINI BONO QVI DECE
DENS TESTAMENTO SVO
AD REMVNERANDOS CV
RIALES CVRIAE AELIAE SS·X
MIL·N·RELIQVIT OB HONO
REM EIVS HANC STATV
AM IDEM·CVR·SVA·PECVNI
A POSVER·
```

(*Estampage.*)

458.

Sur un bloc engagé dans le pilier d'une arcade voisine de la précédente :

```
M·CAELIVS SYLLAE F·
PACATVS ET
Q·COELIVS·LAETI·F·
LAETVS
SVPER QVANTITATEM
EX'MVLTIS REDACTAM ALTE·
RA TANTA DE SVO EROGATA
PECVNIA POSVERVNT
L·D·D·D·
```

---

[1] S. Grenv. Temple, t. II, p. 303, n° 6. — Pellissier, p. 421. — Berbrugger, *Rev. afric.*, t. II, p. 392.

CHAPITRE QUATORZIÈME.

459[1].

Sur un bloc identique au dernier et lui faisant vis-à-vis dans le pilier correspondant de la même arcade :

```
      Q · COELIVS LAETI Ø F ·
            LAETVS ET
       M · CAELIVS SYLLAE F ·
          PACATVS Ø AED ·
        SVPER · QVANTITATEM
      EX · MVLTIS · REDACTAM · ALTE
      RA · TANTA · DE · SVO · EROGATA
         PECVNIA POSVERVNT
              L · D · D · D
```

(*Estampage.*)

460[2].

Sur un piédestal encastré dans la construction de la voûte déjà citée :

```
         IMP · CAESARI
        M · AVRELIO KAR ·
         PIO FELICI AVG ·
        PONT · MAX · TRIB · P
        COS · PP · PROC · COL ·
         IVL · NEAP · DEVOT ·
           NVMINI EIVS
```

(*Estampage.*)

---

[1] S. Grenv. Temple, t. II, p. 303, n° 5. — Pellissier, p. 421. — Berbrugger, *Rev. afric.*, t. II, p. 391.

[2] S. Grenv. Temple, t. II, p. 303, n° 7.

Cette inscription importante, dont les deux premières lignes seules avaient été copiées par S. Grenville Temple, renferme, comme on le voit, à la fin le nom antique et complet de Nabel-Kedim. COL·IVL·NEAP· (colonia Julia Neapolis). Quand je dis le nom antique, je veux dire celui par lequel les Grecs, puis les Romains, ont désigné cette ville. Car, ayant été fondée primitivement par des Phéniciens, elle dut avoir, dans le principe, une dénomination phénicienne qui s'est ensuite perdue, et dont le nom grec Neapolis n'est peut-être qu'une simple traduction, à moins qu'on ne suppose que ce nom grec, qui signifie la *ville neuve*, indique une reconstruction, et qu'ayant d'être rebâtie, cette cité portait une dénomination phénicienne toute différente, dont le terme grec Neapolis ne serait nullement la reproduction.

Quoi qu'il en soit, il est déjà question de Neapolis dans le Périple de Scylax [1]. Nous la voyons plus tard mentionnée par Diodore de Sicile [2], à propos de l'expédition d'Agathocle dans l'Afrique carthaginoise. Ce prince s'empara de cette ville l'an 309 avant Jésus-Christ. Strabon [3], par une erreur qui a été déjà plusieurs fois relevée, la rapproche trop du promontoire Mercure, en la plaçant au nord d'Aspis, tandis qu'au contraire elle était bien au sud de celle-ci. Pline la cite, immédiatement après Curubis, parmi les villes libres. Dans Ptolémée, elle a le titre de colonie, qualification que confirme l'inscription précédente. A l'époque chrétienne [4], elle devint le siége d'un évêché. Détruite par les Arabes, probablement, elle fut ensuite rebâtie par eux à deux kilomètres environ de la mer et de l'emplacement qu'elle occupait auparavant.

De retour à Nabel, j'obtiens du khalife la permission de

---

[1] Scylax, p. 49.
[2] Diod., XX, 17.
[3] Strab., XVII, p. 1191.
[4] Morcelli, *Africa christiana*, t. I, p. 241.

faire déterrer un piédestal antique qui m'avait été signalé par M. Sheridan Lusco comme enfoui assez profondément sous un amas de décombres, à l'un des angles de la grande place. La face antérieure de ce piédestal est revêtue de l'inscription suivante, déjà copiée, du reste, par S. Grenville Temple avant que le bloc qui la porte eût été ainsi enterré :

461[1].

M·AVRELIO·M·FIL·ARNEN·
SERANO·C·V·AED·PLEBEI·DE
SIGNATO·Q·PROVINCI
AE CRETAE CIVI ET PA
TRONO D·D·P·P

(*Estampage.*)

CHAPITRE QUINZIÈME.

De Nabel à Hammamet. — Description de cette petite ville; malgré les inscriptions latines qu'on y trouve, elle ne paraît pas avoir succédé à une cité antique.

29 juillet.

A huit heures du matin, départ de Nabel.

A huit heures douze minutes, nous franchissons l'oued Sohir, puis bientôt après, vers huit heures vingt-sept minutes, l'oued Serhir : tous deux vont se perdre dans la mer. Ils coulent l'un au nord, l'autre au sud de l'emplacement qu'occupait jadis Neapolis.

A huit heures quarante minutes, nous rencontrons un troisième oued dont mon guide ignore le nom.

[1] S. Grenv. Temple, t. II, p. 302, n° 3.

La route que nous suivons alors est bordée de magnifiques oliviers, dont les plantations succèdent aux gracieux jardins de Nabel.

A huit heures cinquante minutes, nous traversons un quatrième oued; il est actuellement sans eau comme les précédents. Près de ses berges gisent à terre quelques débris antiques sans importance.

A neuf heures, d'autres ruines, également peu considérables, s'offrent à mes regards.

A neuf heures quinze minutes, nous traversons un cinquième oued; il serpente entre des touffes gigantesques de lauriers-roses; son lit est de même à sec.

A neuf heures trente minutes, j'aperçois près de la route les restes confus d'un petit établissement romain.

La contrée au milieu de laquelle nous cheminons depuis plus d'une heure est accidentée et presque entièrement couverte d'oliviers.

A neuf heures quarante-cinq minutes, nous commençons à marcher entre une double ligne de jardins; ce sont ceux de Hammamet. Autrefois bien entretenus et très-productifs, ils sont maintenant à peine cultivés, faute de bras; plusieurs semblent complétement abandonnés.

A dix heures, nous parvenons à cette petite ville.

Bâtie à l'extrémité d'une langue de terre qui s'avance dans la mer comme un cap, elle est entourée d'une enceinte murée qui forme une sorte de parallélogramme assez régulier. Les grands côtés mesurent environ trois cents pas de long et les petits cent quarante. Cette enceinte est percée de trois portes et flanquée, de distance en distance, par des tours carrées à demi engagées dans l'épaisseur des remparts. A l'angle sud-ouest, elle est en outre défendue par une kasbah. Le tout est construit assez grossièrement avec des matériaux d'un médiocre appareil et accuse un travail musulman. En effet, nous savons par Léon l'Africain [1] et par Marmol [2] que la fondation de cette ville ne remonte qu'au commencement du seizième siècle et qu'elle est due aux princes de Tunis.

Vers le nord et vers l'ouest s'étendent, extérieurement, de grands cimetières ombragés, çà et là, par de vieux caroubiers. Au sud, les vagues de la mer viennent battre le pied des remparts; au sud-est et à l'est, ils sont assiégés par des flots de sable que les vents poussent et accumulent incessamment de ce côté.

En pénétrant dans l'intérieur de la ville, j'observe que la plupart des rues et des ruelles qui y ont été tracées sont bordées de maisons en partie démolies, comme si elle avait été prise d'assaut et renversée par l'ennemi : aussi, je doute que la population totale y dépasse actuellement deux cents âmes.

En dehors de l'enceinte s'élèvent les coupoles de plusieurs santons. De beaux caroubiers les environnent et les protégent contre l'envahissement progressif du sable. Une zaouïa y est consacrée à Sidni-Aïssa. Le soir même de notre arrivée, la plupart des habitants s'y réunissent pour y célébrer, au son des tambourins et avec des chants bruyants, une fête religieuse dans laquelle ils s'animent peu à peu jusqu'au délire de la fureur.

Nous passons la nuit dans un fondouk peu éloigné des remparts. A quelque distance de ce fondouk en est un autre, aujourd'hui abandonné, à l'entrée duquel on lit, sur deux blocs encastrés dans les pieds-droits de la porte, les inscriptions qui suivent :

---

[1] Leo, p. 221.
[2] Marmol, l. VI, c. xxii.

462[1].

Sur un autel antique :

```
      VICTORIAE
    ARMENIACAE·PAR
    THICAE·MEDICAE
     AVGVSTORVM
        SACRVM
    CIVITAS·SIAGITA
     NA·D·D·P·P
```

(*Estampage.*)

463[2].

Sur un piédestal antique :

```
IMP·CAES·DIVI·SEPTIMI·SEV...
PII·ARABICI·ADIABENICI·PAR..
MAXIMI·BRIT·MAX·FIL·DIV·
M·ANTONINI·PII·GERMAN....
SARMAT·NEPOT·DIVI·ANTONIN·
PRONEPOT·DIVI·HADRIANI·ABN..
DIVI·TRAIANI·PART·ET·DIVI·NER....
          ADNEPOTI
M·AVRELIO·ANTONINO·PIO·F.....
PART·MAX·BRIT·MAX·GERM·MAX·..
XVIII·IMP III·COS IIII·PP·PROCOS·OP...
PRINC·CIVITAS·SIAGITANORVM·D·D·...
```

(*Estampage.*)

---

[1] Shaw, t. I, p. 205. — Desfontaines, *Voyage à Tunis*, p. 101. — Maffei, *Mus. Ver.*, p. 457, 2.

[2] Shaw, t. I, p. 206. — Desfontaines, *loco citato*. — Maffei, *Mus. Ver.*, p. 458, 8. — Donati, 142, 7.

A quinze pas de là, j'ai trouvé, le lendemain, les deux moitiés séparées d'un même bloc, presque entièrement ensevelies dans le sable. Après les avoir fait dégager, j'ai lu :

464.

Sur la première moitié :

FEL
A
CIVI
NORVM

Sur la seconde :

ITATI
G
AGITA
D·P·P

Rapprochés l'un de l'autre, ces deux fragments épigraphiques donnent, avec la restitution de quelques lettres qui ont disparu par suite de la brisure et de la mutilation de la pierre, l'inscription complète que voici :

FEL[IC]ITATI
A[V]G
CIVI[TAS SI]AGITA
NORVM[D·]D·P·P

Ces trois blocs ont été, à ce qu'il paraît, apportés en cet endroit de l'henchir Kasr-ez-Zit. C'est donc là qu'il faut placer la *civitas Siagitana* ou *civitas Siagitanorum*, dont il est question dans les trois inscriptions précédentes.

Les autres débris antiques que l'on remarque à Hammamet, soit dans le revêtement extérieur des remparts, soit au-dedans de la ville, soit surtout dans la construction de la jetée qui, vers le sud, protège le mur d'enceinte contre le choc des vagues, proviennent, à ce que m'ont appris les habitants, de trois endroits différents, tous assez voisins, à savoir : Kasr-ez-Zit, Souk-el-Abyâd et Kasr-el-Menarah.

Hammamet n'a donc pas été bâtie sur l'emplacement d'une ville antique, et il faut chercher ailleurs Putput, que S. Grenville Temple croit devoir identifier avec cette localité. Quant à l'erreur de ceux qui y voient l'ancienne Hadrumète, il est inutile, je pense, d'en entreprendre ici une réfutation nouvelle, après toutes celles qu'on en a déjà faites.

CHAPITRE SEIZIÈME.

Ruines de Kasr-ez-Zit, jadis civitas Siagitana. — Ruines de Souk-el-Abyâd, probablement l'ancienne Putput. — Retour à Hammamet.

30 juillet.

A cinq heures du matin, nous partons, sous la conduite d'un guide que j'ai pris à Hammamet, pour aller explorer les environs de cette ville, et plus particulièrement les ruines de Kasr-ez-Zit et celles de Souk-el-Abyâd, les premières étant les restes de l'ancienne civitas Siagitana, et les secondes, selon toute apparence, répondant à Putput.

A cinq heures dix minutes, nous franchissons, dans la direction de l'ouest, l'Oued-el-Hall; il est sans eau. J'y remarque les vestiges d'un petit pont antique.

A cinq heures quinze minutes, deux vieilles tours rondes, près desquelles nous passons, me sont signalées sous le nom de Bordj-er-Roula (le château de la Goule). On les appelle aussi Hammam-el-Kedimoun (les anciens bains). Cette double dénomination ne repose que sur des traditions sans aucun fondement.

La route que nous suivons depuis Hammamet est bordée

de verdoyants et fertiles jardins, plantés de figuiers, d'amandiers, d'orangers, de citronniers et de grenadiers.

A cinq heures dix-huit minutes, nous traversons l'Oued-el-Hadjar; puis, à cinq heures trente minutes, l'Oued-Grous-Djédid.

A cinq heures cinquante minutes, nous rencontrons un quatrième oued plus important que les précédents; il s'appelle Oued-Aïn-el-Faouera. Nous le remontons jusqu'à l'une de ses sources, en nous frayant un chemin à travers les touffes gigantesques de lauriers-roses qui croissent dans son lit. Du milieu de ce fourré épais se lèvent sans cesse et fuient devant nous de nombreuses compagnies de perdrix. Une eau abondante court et murmure en un limpide et frais ruisseau. Après une demi-heure de marche le long des rives sinueuses de l'oued, dont les berges, d'un aspect à la fois gracieux et sauvage, deviennent de plus en plus escarpées, nous atteignons la source principale. Ce torrent, en effet, à son origine, se partage en trois lits distincts où coulent séparément, pour se réunir ensuite, trois sources différentes. Chemin faisant, nous avions observé les débris d'un ancien aqueduc écroulé. Cet aqueduc conduisait jadis aux deux villes de Siagis et de Putput les eaux de l'Aïn-el-Faouera. Le canal voûté qui les amenait était large de soixante-dix centimètres et haut de un mètre trente-cinq centimètres : tantôt il était porté sur des arcades, tantôt, au contraire, il s'enfonçait sous terre pour reparaître plus loin sur d'autres arcades, selon les ondulations du sol.

Nous gagnons ensuite le plateau de Kasr-ez-Zit. A sept heures trente minutes, nous faisons halte au milieu de cet henchir. Nous y retrouvons les traces de l'aqueduc que je viens de signaler. Un vaste réservoir rectangulaire, long de soixante-trois pas et large de trente, y recevait une partie des eaux que le canal apportait. L'intérieur de ce bassin est aujourd'hui à moitié comblé et livré à la culture.

La ruine la plus considérable est celle d'un grand château encore en partie debout et auquel les Arabes, pour une raison que j'ignore, ont donné le nom de Kasr-ez-Zit (le château de l'huile). Ce château, qui date soit de la fin de l'époque byzantine, soit des premiers temps de l'époque arabe, a été bâti avec des matériaux plus anciens. J'y déchiffre péniblement sur un gros bloc mutilé une inscription incomplète et à moitié effacée ; la voici :

465.

```
. . . R I S T V D I . . . . . . . . . . . .
   O M N I B V S A N N I S D I S . . . . . .
. . . D A N T V R  O B  D E D I C A T . . .
. . . . . . L V D I  T R I D V O . . D A N T V R
. . . . . . . . . . O N  D E R O G A R I  V O T
. . . . . . . . . . . X . . O M N I B V S  Q V I
. . . . . . . . . . . . . . . . . . . . . .
```

(*Estampage.*)

D'autres constructions avoisinent ce château et semblent en avoir été une dépendance. On remarque surtout une salle hexagone assez bien conservée et les restes d'une mosaïque qui formait le revêtement des parois intérieures d'une chambre.

Quant à la cité antique qui couvrait ce même plateau, elle est entièrement détruite.

Dans Ptolémée, il est fait mention d'une ville de Siagul (Σιαγούλ), entre Neapolis et Aphrodisium. La Table de Peutinger en signale une, nommée Siagu, à III milles de Pudput, dans l'intérieur des terres. Siagul et Siagu sont évidemment la même ville, tant à cause de la ressemblance des noms, qu'en raison aussi de la position qui leur est assignée. La situation de Kasr-ez-Zit, entre Nebel et l'henchir Phradise, l'antique Aphrodisium, et son éloignement de III milles de l'henchir Souk-el-Abyâd que j'identifie avec Pudput, me paraissent répondre à la place marquée pour Siagul et pour Siagu; par conséquent ces deux dernières villes doivent être identifiées l'une avec l'autre et elles-mêmes avec l'henchir Kasr-ez-Zit. D'ailleurs, c'est à Kasr-ez-Zit qu'ont été, dit-on, trouvées les inscriptions qui se voient à Hammamet et dont l'une se termine par ces mots : CIVITAS SIAGITANA, et les deux autres par ceux-ci : CIVITAS SIAGITANORVM. Or qui ne reconnaît dans ces noms la Siagul de Ptolémée et la Siagu de la Table de Peutinger? Seulement, la lettre L dans Ptolémée parait une adjonction erronée au mot Siagul, et la véritable orthographe du nom de cette ville, comme le prouvent les trois inscriptions susdites, semble être soit Siagis, soit Siagu, d'où les Romains ont fait l'ethnique Siagitanus. L'histoire de cette petite ville est, du reste, complétement inconnue. A l'époque chrétienne, elle n'avait point d'évêché; du moins aucun évêque de ce nom n'est compris dans la liste des évêques de la province Proconsulaire.

A dix heures, nous abandonnons les ruines de Kasr-ez-Zit, pour nous diriger, au sud-sud-est, vers celles de Souk-el-Abyâd.

A dix heures dix minutes, nous traversons l'henchir El-Bir-m'ta-Kasr-ez-Zit. On y voit les vestiges d'un village antique; peut-être était-ce un faubourg de l'ancienne Siagu. Un puits antique y attire et y alimente les douars des environs.

A dix heures trente minutes, nous franchissons l'Oued-el-Batal; son lit, actuellement à sec, est bordé de beaux lauriers-roses.

Nous retrouvons près de là la continuation de l'aqueduc dont j'ai déjà parlé. Un peu plus loin, un henchir peu important m'est désigné sous le nom d'Henchir-Fôk-oued-el-Batal.

A onze heures, nous atteignons Souk-el-Abyâd. Cet henchir, d'une étendue assez considérable, couvre jusqu'au rivage les pentes doucement inclinées d'un plateau aujourd'hui en partie cultivé. Tous les gros blocs qui jonchaient le sol ont été depuis longtemps transportés ailleurs et notamment à Hammamet ; mais on heurte, à chaque pas, d'innombrables fragments de poterie brisée, et là où le terrain a été moins déblayé, on rencontre des amas de décombres épars, provenant de maisons et d'édifices publics renversés. Ces derniers, ainsi que les demeures plus frêles des particuliers, ont été détruits jusque dans leurs fondements. On reconnaît néanmoins les contours d'un amphithéâtre dont l'arène mesurait environ cinquante-cinq pas de long sur quarante-cinq de large. Qu'on ajoute à cela cinq ou six citernes et plusieurs puits antiques, et l'on aura le résumé des faibles vestiges qu'offre cet henchir, qui me paraît être la Putput de l'Itinéraire d'Antonin, la Pudput de la Table de Peutinger.

Cette ville, dans l'Itinéraire d'Antonin, est marquée comme étant à X milles de Vina, à XII milles de Neapolis et à XXX milles d'Horrea-Caelia. Or, la position de l'henchir Souk-el-Abyâd satisfait parfaitement à ces trois données. Cet henchir, en effet, est à X milles au sud-est de l'henchir El-Meden, où j'ai découvert les restes de Vina ; à XII milles au sud-ouest de Nabel-Kedim, l'ancienne Neapolis, et à XXX milles au nord d'Herglah, jadis Horrea-Caelia.

Dans la Table de Peutinger, la distance qui s'étend entre Pudput et Neapolis est également de XII milles, et un intervalle de III milles seulement est indiqué comme séparant la première ville de Siagu : c'est précisément celui qui existe entre l'henchir Kasr-ez-Zit ou Siagu et l'henchir Souk-el-Abyâd, où tout me porte à croire par conséquent qu'il faut placer Putput ou Pudput. Quelques éditions de la Table de Peutinger portent Pupput, ce qui est peut-être la véritable orthographe ; car, parmi les évêques de la province Proconsulaire, il est fait mention d'un *episcopus Puppitanus* [1].

---

[1] Ruinart, *Historia persec. Vandal.*, p. 225.

A midi, nous nous remettons en marche pour Hammamet, en côtoyant les bords du golfe auquel cette petite ville donne maintenant son nom et que les anciens désignaient sous celui de Neapolitanus sinus.

A une heure cinq minutes, nous sommes de retour au fondouk de Hammamet. Je visite une seconde fois avec plus de soin la ville et ses cimetières, cherchant en vain quelque inscription nouvelle. Partout le silence de la mort règne dans ses rues désertes; ses rares habitants sont accroupis à l'ombre dans deux ou trois cafés, où ils laissent nonchalamment s'écouler les heures sans les compter. La chaleur d'ailleurs est accablante, l'atmosphère est lourde et chargée d'électricité, et tout présage un orage prochain. Il éclate heureusement, vers le soir, et une pluie bienfaisante tombe, à larges gouttes, pour rafraîchir le ciel et la terre embrasés.

CHAPITRE DIX-SEPTIÈME.

Henchir-el-Khanga. — Henchir-el-Medeu, jadis municipium Aurelia Vina, comme me le révèle la découverte de deux inscriptions.

31 juillet.

Après avoir achevé, le long des côtes, le tour complet de la presqu'île du cap Bon, nous allons actuellement la traverser dans sa plus grande largeur et à la base de l'espèce de triangle qu'elle forme.

A cinq heures dix minutes du matin, nous prenons la route de Tunis; notre direction est celle de l'ouest-nord-ouest.

A cinq heures trente-deux minutes, nous franchissons l'oued Aïn-el-Faouera. Jusque-là, la route est bordée à droite et à gauche de fertiles vergers; mais bientôt après on entre dans une khanga, appelée Khanguet-el-Hammamet.

A cinq heures cinquante minutes, nous rencontrons quelques débris romains, mais peu importants, cachés au milieu des broussailles. On me désigne ce petit henchir sous le nom d'Oum-el-Atba.

A six heures quarante minutes, j'examine en passant un second henchir plus considérable qui couvre une colline à gauche de la route; il s'appelle Henchir-el-Khanga. Ce sont des ruines très-confuses, presque entièrement ensevelies sous un épais fourré de ronces et d'arbustes épineux.

A sept heures trente-six minutes, pendant que ma petite escorte continue à cheminer vers le puits d'El-Arbaïn, je me dirige vers une colline sur laquelle j'avais remarqué de loin les restes d'une antique construction. Après avoir jeté un coup d'œil sur cette ruine que je croyais isolée, j'allais regagner la route, lorsque, à dix pas de cet édifice renversé, un gros bloc, à moitié enfoui dans le sol et qui me paraît être un ancien piédestal, frappe mon attention. Je rappelle aussitôt mon escorte, et, aidé de Malaspina, je déterre complétement le bloc dont je viens de parler; puis, à ma grande satisfaction, je déchiffre sur la face principale l'inscription que voici :

466.

CORNELIAE SALONINAE
PIAE CONIVGI D · N
IMP · CAES · P · LICINI
EGNATI GALLIENI PII
FEL · AVG · MVNIC · AVREL ·
VINA · DEVOT · NVMINI
MAIESTATIQVE EIVS

(*Estampage.*)

Les mots MVNIC·AVREL·VINA (municipium Aurelia Vina) me révèlent aussitôt l'importance de cette inscription, attendu qu'ils donnent le nom et fixent la position d'une ville qu'on n'avait point encore retrouvée.

Encouragé par cette découverte et sachant alors que j'étais sur l'emplacement non pas d'un simple poste militaire, ainsi que je me l'étais imaginé, mais bien d'un municipe romain, je poursuis mes investigations, et à cent vingt pas du piédestal précédent, j'en rencontre un autre, en forme d'autel, également enterré en grande partie. Une fois qu'il a été mis à jour, j'y lis ce qui suit :

467.

1. NVMINI AVGVSTORVM SACRVM
2. C·AVRELIVS SATVRNINVS PAPIRIA CILONIANVS
3. IIVIR·INLATA·REIP·IIVIRATVS·HONORARIA· SVMMA
4. AMPLIVS·DE SVO·SIGNVM·LVPAE·CVM INSIGNIB·
5. SVIS POSVIT ET EXPOSTVLANTE POPVLO DIEM LVDO
6. RVM SCAENICORVM EDIDIT D·D.

(*Estampage.*)

La célébration de jeux scéniques dont il est question à la fin de cette dernière inscription, nous apprend qu'à Vina existait jadis un théâtre. En parcourant dans son entier le plateau qu'occupait ce municipe, je n'y ai trouvé les vestiges d'aucun monument de ce genre, mais seulement ceux d'un amphithéâtre. A part cet édifice et celui dont les ruines m'avaient d'abord attiré, tous les autres monuments de Vina ont disparu et sont comme effacés du sol. Néanmoins, avant d'abandonner l'emplacement de cette ville, je suis assez heureux pour y découvrir les deux autres inscriptions que je reproduis ici :

468.

Sur un piédestal mutilé :

```
A D M I N I . . . .
TIBVS D . . . . . .
VC·AMP·PR . . . .
E T  A L E X A N .
R O C A C V P P L .
NVS PPP XX'.
R  P A D . . . .
T H E R M A R V M
L  O V  S  V
```

469.

Sur un piédestal que j'ai fait déterrer :

```
D · N · F L A V I O
CONSTANTINO PI
ISSIMO CAESARI
MVNIC·AVRELIA
VINA DEVOTA
NVMINI MAIESTA
TIQVE EIVS
D · D · P · P ·
```

(*Estampage.*)

Dans cette dernière inscription, les mots MVNIC·AVRELIA VINA (municipium Aurelia Vina) sont identiques à ceux que renferme le n° 466 et confirment par conséquent les inductions qu'on en peut tirer.

L'Itinéraire d'Antonin et la Table de Peutinger mentionnent Vina, l'un sous le titre de civitas, l'autre sous celui de vicus.

A l'époque chrétienne [1], la province Proconsulaire comptait au nombre de ses évêques un *episcopus Vinensis*, appelé aussi quelquefois *Binensis*, par une prononciation différente de la première lettre de ce nom.

Aujourd'hui les faibles restes qui subsistent de Vina sont désignés sous la dénomination d'Henchir-el-Meden.

CHAPITRE DIX-HUITIÈME.

De l'Henchir-el-Meden à Tunis. — Henchir Dzira. — Belad-Belli. — Belad-Djedeïda. — Belad-Tourki. — Groumbélia. — Henchir Sebbalet-el-Bey. — Retour à Tunis; fin de ma troisième exploration.

A quatre heures trente minutes de l'après-midi, nous poursuivons notre route vers Bir-el-Arbaïn, et bientôt nous traversons ce cimetière vénéré des musulmans, comme renfermant les tombes de quarante martyrs de leur foi.

A cinq heures, nous rencontrons quelques ruines romaines appelées Henchir-Dzira. Sauf une porte en pierres de taille dont l'arcade est encore debout, tout le reste est détruit de fond en comble.

A six heures, nous arrivons à Belad-Belli, où nous passons la nuit. Ce village est éloigné d'un kilomètre au nord de la route qui conduit à Tunis. Il a succédé à un bourg antique, comme le prouvent les nombreux blocs rectangulaires que l'on y remarque; toutes les maisons sont bâties avec d'anciens matériaux, et la mosquée renferme, dit-on, une dizaine de colonnes provenant soit d'un temple païen, soit d'une église chrétienne.

---

[1] Ruinart, *Historia persec. Vandal.*, p. 368.

On me montre dans la cour d'une habitation particulière un fragment d'inscription.

470.

Sur une pierre tumulaire brisée :

VINCENTIA
VIXIT·A·LXXVIIII
... IN·PACE

1er août.

A six heures trente minutes du matin, nous nous dirigeons au sud-ouest vers Belad-Djedeïda, village aux trois quarts renversé et entièrement désert, bien que de fondation assez récente, comme son nom l'indique.

A sept heures quinze minutes, nous parvenons à un fourré épais de cactus mêlés à d'autres arbustes épineux qui environne les ruines d'une grande mosquée. Celle-ci s'élevait sur un monticule. Son minaret est encore debout, ainsi qu'une partie de ses murs d'enceinte. Les colonnes qui soutenaient les voûtes ont été enlevées, et celles-ci se sont écroulées sur le sol, qu'elles couvrent de leurs débris.

A côté de cette mosquée et sur la plate-forme qui la précède, gisent quelques tronçons de colonnes ayant appartenu probablement à ce monument, mais d'origine antique, ainsi que la plupart des matériaux qui ont servi à le construire. Les assises inférieures de la tour du minaret, par exemple, consistent toutes en beaux blocs rectangulaires.

Une macera ou pressoir à huile avoisine la mosquée. J'y copie sur un long bloc qui sert de linteau à la porte d'entrée le fragment suivant :

471.

AVIA INCHOAVIT·ALBIA M·F·
. . . .

La seconde ligne a été martelée.

Derrière ce pressoir, quelques maisons à moitiés démolies composaient un petit village qui est abandonné, m'a t-on dit, depuis soixante-dix ans, la peste en ayant alors décimé les habitants, et ceux qui avaient échappé au fléau étant allés porter leurs pénates ailleurs..

Néanmoins, le sol de cette localité est très-fertile, comme le prouve la végétation luxuriante et désordonnée qu'on y voit. A l'époque romaine, il devait y avoir un bourg en ce même endroit; car, en dehors du village moderne, on heurte à chaque pas des vestiges de constructions antiques au milieu de gigantesques plantations de cactus.

A neuf heures, nous nous remettons en marche; notre direction est celle du nord-ouest.

A neuf heures trente-cinq minutes, nous laissons à notre gauche le village de Belad-Tourki.

A dix heures cinq minutes, nous faisons halte à Groumbélia, village dont j'ai déjà parlé et qui, de même que le précédent, paraît avoir succédé à un bourg antique.

A onze heures, nous remontons à cheval.

A onze heures trente minutes, nous rencontrons quelques ruines sans nom.

A midi, d'autres ruines, également peu importantes, s'offrent à ma vue sur le bord de la route.

A deux heures, j'examine pendant vingt-cinq minutes un henchir plus considérable connu sous le nom d'Henchir-Sebbalet-el-Bey, à cause de son voisinage d'une fontaine ainsi appelée. Les débris qu'on y observe sont ceux d'un ancien bourg qui était adossé aux derniers contre-forts du Djebel-bou-Kourneïn. L'emplacement qu'il occupait est aujourd'hui envahi par un bois d'oliviers, au milieu duquel de nombreux tas de décombres jonchent çà et là le sol. J'y découvre sur un petit autel en marbre blanc l'inscription que voici :

472.

S · A · S
M · F · P · P
V · S

Cet autel votif, ainsi que cela résulte de l'inscription qu'il porte, était consacré à Saturne.

A une faible distance au nord-ouest de l'henchir Sebbalet-el-Bey est Hammam-el-Lif, célèbre, comme on le sait, par ses eaux thermales.

A cinq heures trente minutes du soir, nous franchissons les portes de Tunis, de retour de notre troisième exploration.

QUATRIÈME ET DERNIÈRE PARTIE.

CHAPITRE PREMIER.

Quatrième départ de Tunis. — Palais de la Mohammédia. — Pont de l'oued Melian. — Magnifique tronçon de l'aqueduc de Carthage; quelques détails sur cet aqueduc et sur la restauration qu'on en fait maintenant.

2 août.

A peine rentré dans la capitale du Beylik, je suis aussitôt informé des massacres épouvantables qui ont naguère ensanglanté la Syrie, et qui ont fait craindre un instant à l'Europe un soulèvement général des musulmans contre les chrétiens, partout où ceux-ci, dans les diverses parties de l'empire ottoman, sont en trop petit nombre pour pouvoir résister à leurs éternels ennemis. J'apprends en même temps les mesures adoptées par plusieurs puissances chrétiennes, et en particulier par la France, afin de prévenir de nouvelles explosions du fanatisme mahométan. Dans de pareilles circonstances, quelques personnes me conseillent de ne plus poursuivre mes explorations dans l'intérieur de la Régence et d'attendre à Tunis les événements. Mais diverses raisons allaient me rappeler bientôt en France, et je ne voulais pas y revenir avant d'avoir achevé la tâche que je m'étais moi-même imposée. D'ailleurs, la Tunisie était demeurée jusqu'à présent très-tranquille, et ce n'est qu'une dizaine de jours plus tard qu'un chérif, se prétendant issu de Mahomet, ourdit un complot contre les chrétiens et commença dans la Régence à agiter les esprits en y prêchant la guerre sainte; mais le bey, averti à temps, lui fit trancher la tête devant son palais, et par cet acte de fermeté, coupa court, dès le principe, à cette conjuration, qui, en prenant des proportions plus vastes et plus formidables, aurait pu attirer sur ses propres États les justes représailles de la France.

Plein de confiance dans la Providence, qui avait jusque-là aplani toutes les difficultés de mon voyage, je résolus donc de me remettre en route dès le lendemain, et, dans une quatrième et dernière exploration, de pousser mes recherches jusqu'au cœur même du Beylik, en pénétrant dans la ville de Kairouan, cette cité sainte des Tunisiens, dont un amar spécial du bey devait m'ouvrir les portes, fermées d'ordinaire aux chrétiens. Chemin faisant, j'avais l'intention d'étudier d'une manière plus particulière la région montagneuse du Zaghouan et du Djougar, et de ne laisser aucune ruine le long de ma route sans l'examiner avec soin.

3 août.

A trois heures trente minutes de l'après-midi, sortis de Tunis par la porte dite Bab-el-Dzirah, nous côtoyons bientôt, à notre droite, la vaste sebkha connue sous le nom de Sebkha-es-Sedjoumi. Elle s'étend au sud-ouest de la ville, dans une longueur d'au moins huit kilomètres et dans une largeur qui varie entre quatre et cinq. Dès le commencement d'avril, ses eaux commencent à se retirer; au mois de juin, elle est aux trois quarts desséchée; seulement le bassin peu profond qu'elle forme est recouvert alors çà et là d'une efflorescence saline.

A quatre heures, nous nous engageons dans le lit poudreux de cette sebkha, où nous continuons à marcher jusqu'à quatre heures cinquante minutes.

A notre gauche, vers l'est-sud-est, s'élèvent, à une distance que rapproche singulièrement l'extrême transparence de l'atmosphère, le Djebel-bou-Kourneïn et le Djebel-Ressas; devant nous, vers le sud, se dresse dans un lointain plus considérable la masse imposante du Djebel-Zaghouan.

A cinq heures trente minutes, nous arrivons à la Mohammédia, et nous mettons pied à terre près d'un fondouk où nous devons passer la nuit.

La Mohammédia était naguère encore une petite ville, quand le bey Ahmed habitait le palais qu'il y avait fait construire; aujourd'hui c'est un misérable village : la plupart des maisons sont désertes et commencent à tomber en ruines, et le sol alentour est à peine cultivé.

Je me rends dans la soirée chez M. Caillat, conducteur des ponts et chaussées, que j'avais connu à Tunis comme un homme aussi aimable qu'intelligent. Préposé aux travaux de restauration de l'aqueduc de Carthage jusqu'au pont de l'oued Melian inclusivement, il habite avec sa famille la partie du palais de la Mohammédia qu'occupait autrefois le khasnadar. Nous nous entretenons longtemps ensemble, et, avec son obligeance accoutumée, il me donne des détails pleins d'intérêt sur la grande et importante tâche dont il est chargé.

4 août.

A six heures du matin, je visite, accompagné d'un vieux chaouch gardien du palais abandonné, cette espèce de vaste caserne qui coûta tant de millions à construire et surtout à orner, et dont l'extérieur ne répond nullement à l'idée que l'on se fait en Europe d'un château princier. Ce palais, en effet, n'offre absolument rien de remarquable, considéré du dehors. L'architecture en est lourde et presque grossière. Intérieurement, il renferme un grand nombre d'appartements que le bey Ahmed avait décorés avec magnificence, mais qui, depuis sa mort, ont été dépouillés de tous leurs ornements. Ainsi, non-seulement les meubles, mais la plupart des dorures, les carreaux de faïence qui revêtaient les parois des murs, les plaques de marbre qui dallaient quelques pièces, les papiers même qui tapissaient les deux grands salons de réception, ont été enlevés successivement et transportés ailleurs pour embellir d'autres palais. C'est une sorte de gouffre où le prince que je viens de nommer avait englouti pendant plusieurs années une grande partie de ses revenus, c'est-à-dire du trésor du Beylik, et où ses successeurs ont été et vont encore sans cesse puiser comme dans une mine intarissable.

Ce palais est précédé de deux grandes cours, autour desquelles régnait une suite presque non interrompue de petites boutiques qui formaient de ces deux cours un souk et un bazar permanents. Là, de nombreux marchands, tant juifs que musulmans, vendaient, outre les choses nécessaires à la vie, tout ce qui peut irriter la convoitise et assouvir le luxe ou la volupté. Ahmed, en effet, avait amené avec lui à la Mohammédia tous les employés de sa maison, tous ses ministres et presque toutes ses troupes.

L'une de ces cours est traversée par l'aqueduc de Carthage. On y voit aussi un établissement de bains, actuellement en très-mauvais état. En y pénétrant, j'y ai trouvé, sur l'indication de M. Caillat, un sarcophage antique élégamment sculpté en beau marbre blanc et long d'un mètre quatre-vingts centimètres sur cinquante centimètres de large. On l'avait placé là pour contenir de l'eau. L'une de ses faces est encore revêtue de l'inscription suivante :

473.

```
     D  ·  M  ·  S
  IVLIA GADAIA MATER
  QVARTINA PVPENIA
  MANLIVS QVAR
  TINVS SORORII
  AMANTISSIMAE
      FECERVNT
```

(*Estampage.*)

Sur le sarcophage, cette épitaphe ne forme que deux lignes, divisées en trois compartiments différents, dont chacun est surmonté d'une guirlande.

CHAPITRE PREMIER.

En creusant les fondations d'une des ailes du palais, on avait découvert également, en 1850, les deux dalles tumulaires qui se voient maintenant sous l'une des galeries du couvent des Capucins à Tunis, et qui ont été données alors par le khasnadar à la paroisse catholique.

Voici les inscriptions dont ces dalles sont revêtues :

474.

ROMANVS EPISCO
EXITIOSVS EPCP⸱
IN PC⸱D P
ϚⅢ K ⸢ DϚ⸱ IN PACE ⱱD ⱱXI K
RVSTICVS EPISCOPVS IN PACE D⸱K⸱I

(*Estampage.*)

475.

COSTANTINVS

SVBD IN PACE VIXIT

AN ⱩX D XϚ K ℔

(*Estampage.*)

Ces deux inscriptions ont déjà été copiées plusieurs fois, car elles sautent en quelque sorte aux yeux de tous les voyageurs qui viennent à Tunis; mais comme les copies qu'on en a publiées n'ont pas été toujours prises avec assez de soin, j'ai essayé de reproduire ici plus fidèlement ces deux épitaphes intéressantes, en les faisant graver d'après les estampages que j'ai rapportés.

La première contient, comme on le voit, sur la même plaque de marbre, les noms de trois évêques, dont deux, ceux de Rusticus et d'Exitiosus, ont été ajoutés successivement à celui de Romanus. L'inscription, telle que nous l'avons, ne désigne pas le siége épiscopal sur lequel ils étaient assis.

A sept heures, nous nous mettons en marche pour le pont de l'oued Melian. De distance en distance, tous les quarante-cinq mètres environ, nous rencontrons un regard destiné jadis à introduire l'air et la lumière, et aussi à permettre de descendre, en cas de besoin, dans le canal souterrain de l'aqueduc. Ces regards, pratiqués en forme de puits, sont plus ou moins profonds, suivant que le canal, à cause des accidents du sol qu'il traverse, l'est lui-même plus ou moins, tout en gardant constamment le même niveau. De nombreux ouvriers sont occupés à désobstruer, à nettoyer et à réparer ces différents puits, dont les uns sont encore intacts, les autres, au contraire, sont aux trois quarts comblés ou détruits; puis ils rejettent par ces ouvertures une fois rétablies, tout ce qui encombre le canal. Quand on aura, au moyen de ces regards, curé, puis restauré toute la ligne de l'aqueduc dans sa partie souterraine, on en supprimera la moitié comme inutiles et trop rapprochés les uns des autres, et l'on se contentera d'entretenir avec soin ceux que l'on aura conservés.

Avant d'atteindre l'oued Melian, le sol baissant progressivement, nous voyons reparaître, d'abord à fleur de terre, et ensuite porté sur des arcades de plus en plus élevées, le canal du même aqueduc. Les plus hautes peuvent avoir vingt-cinq mètres d'élévation, y compris le canal qui les surmonte. Les unes sont encore debout, les autres, mais en petit nombre, sont renversées; elles sont toutes dépouillées, de même que celles qui traversent la vallée de la Manouba,

CHAPITRE PREMIER.

et dont il a été question précédemment, de l'espèce de chemise en beaux blocs taillés à facettes qui les revêtait primitivement.

A sept heures quarante-cinq minutes, nous parvenons à l'oued Melian et au petit camp qui a été établi sur ses bords. Ce camp renferme plusieurs centaines d'ouvriers français, italiens, maltais et arabes, qui travaillent, sous la direction de M. Caillat, à la destruction du pont antique dont on admirait naguère en cet endroit les restes gigantesques, et que doit remplacer un autre pont, simple et élégant, mais beaucoup moins monumental que celui auquel il est appelé à succéder. La hauteur de celui-ci était en effet de trente-trois mètres trente centimètres. Dans le lit de l'oued, profond d'environ huit mètres et large de cinquante, on comptait quatre arches à double étage, de cinq mètres cinquante centimètres d'ouverture; la largeur des piles était de six mètres vingt-cinq centimètres. Il y avait en outre, en dehors du lit de l'oued et sur ses berges, six autres voûtes à double étage, à savoir : cinq en amont et une seule en aval. Ceux qui ont pu contempler les ruines imposantes de ce pont, dont l'étage supérieur se reliait de la manière la plus grandiose aux autres arcades qui s'élèvent tant au delà qu'en deçà de l'oued, ont tous admiré l'effet surprenant qu'elles produisaient, et il est à regretter que l'ingénieur en chef, M. Colin, ait été obligé de les détruire, afin de pouvoir asseoir sur les bases inébranlables des piles les nouvelles arches qu'elles doivent porter. Peut-être aurait-on dû, par respect pour l'antiquité et pour des ruines si colossales qui attestaient toute la grandeur du peuple roi, épargner les restes du pont antique, et construire le pont moderne à quelque distance de ce dernier; mais on voulait, pour diminuer la dépense, profiter des bases et de toute la partie inférieure des piles du premier pont, et se servir en outre des excellents matériaux qu'on avait sous la main.

M. Colin, j'en suis sûr, a dû faire violence à sa propre admiration, et déplorer lui-même que l'entrepreneur se vît comme contraint de l'emporter en lui sur l'archéologue. Cet architecte, en effet, qui a pris à ses risques la grande entreprise de la réparation de l'aqueduc de Carthage, n'a pas la prétention, bien entendu, de le rétablir dans son ancienne magnificence. Une pareille restauration exigerait des sommes énormes qui seraient tout à fait disproportionnées avec les ressources très-restreintes de la Régence, dont le budget annuel atteint à peine vingt millions de francs ; elle serait donc impossible. D'un autre côté, elle serait inutile, car le système et l'avantage du siphon permettent de remplacer par de simples tuyaux emboités les uns dans les autres et disposés sous le sol, ces magnifiques arcades que les Romains, maîtres du monde et riches de toutes les richesses de l'univers conquis, ont semées çà et là avec tant de prodigalité et de splendeur sur la surface de leur vaste empire, mais qu'un petit bey de Tunis ne peut ni construire à leur exemple, ni même restaurer. Le rétablissement de l'aqueduc de Carthage a donc été conçu et est exécuté en ce moment d'après le plan suivant. Là où le canal de l'aqueduc s'enfonce sous le sol, il est presque partout assez bien conservé, et pour le restaurer, il ne s'agit que d'enlever les terres qui l'ont en partie comblé et d'en réparer les parois et les voûtes. Là, au contraire, où, les plaines et les vallées succédant aux collines, il sort lui-même du sol et apparait supporté dans les airs sur des arcades dont la hauteur est d'autant plus grande que les vallées sont plus profondes, on se contente de poser dans la terre d'énormes tuyaux en tôle bitumée où l'eau coulera pour remonter ensuite d'elle-même, en vertu d'une loi de physique bien connue, jusqu'au niveau du canal antique.

En examinant les piles du pont antique dont on achève de détruire la partie supérieure, j'observe sur deux blocs

qui me sont montrés par M. Husson, l'un des employés de
M. Caillat, les inscriptions que voici :

476.

CORRIAX
AB SIGNI
NV

(*Estampage*.)

477.

M
SASOLIAB LXX
VIII

(*Estampage*.)

Si les pieds-droits des arcades qui s'élèvent au nord de
l'oued Melian sont, comme je l'ai dit, dépouillés du revêtement en belles pierres de taille qui devait les orner dans le
principe, si même on croit y remarquer les traces d'une
restauration postérieure aux Romains, ceux que l'on voit au
sud de l'oued, et dont l'œil peut à peine suivre la longue et
majestueuse file dans la grande plaine qu'ils traversent, sont
au contraire revêtus presque tous de gros blocs, ou entièrement aplanis ou taillés en bossage. Sur plusieurs de ces
blocs, on distingue des lettres qui étaient probablement de
simples marques à l'usage des poseurs. Ces superbes piliers
mesurent quatre mètres cinquante centimètres sur chaque
face, et reposent un peu en retraite sur un soubassement
plus large; l'intervalle qui les sépare est de quatre mètres;
leur hauteur varie selon les ondulations du terrain, mais elle
peut-être estimée en moyenne à vingt mètres. Le canal qui
règne au-dessus des arcades qu'ils soutiennent est voûté et
percé de distance en distance par des ouvertures ou regards;
il est assez haut pour qu'un homme puisse s'y tenir debout.

CHAPITRE DEUXIÈME.

Excursion à Oudena. — Description des ruines de ce grand henchir, l'ancienne Uthina. — Retour au camp de l'oued Melian.

A dix heures trente minutes, franchissant l'oued Melian, nous nous dirigeons au sud-est, vers l'henchir Oudena. A onze heures quinze minutes, nous atteignons les ruines de cette antique cité. Elles couvrent un espace dont le pourtour est de quatre kilomètres; la ville occupait plusieurs collines et les vallons qui les séparent.

Les plus importantes constructions dont les débris y ont attiré mon attention sont les suivantes :

1° Sur une colline qui s'élève à peu près au centre de l'henchir et qui en est en même temps le point culminant, on aperçoit les traces d'une enceinte qui mesure soixante pas de long sur trente de large; plusieurs pans de murs très-épais y sont les restes d'une petite citadelle. Sous la plate-forme de cette enceinte règnent des magasins et des citernes, dont l'une a vingt-huit pas de long sur dix de large; les assises inférieures consistent en belles pierres de taille bien appareillées et jointoyées autrefois entre elles au moyen d'un mortier très-puissant. La partie supérieure et la voûte de cette même citerne avaient été construites en-blocage.

2° Sur une seconde colline gisent de même, confusément renversés, d'énormes pans de murs ayant appartenu à une autre enceinte au-dessous de laquelle s'étendent de grandes citernes en assez bon état de conservation.

3° Une troisième colline offre les débris d'un théâtre dont le diamètre mesurait cinquante-sept pas; une partie de la *summa cavea* existe encore.

4° Sur un autre point, je rencontre les ruines d'un amphithéâtre. L'arène avait soixante-douze pas de long sur cinquante de large. Quatre portes principales donnaient entrée dans ce vaste monument. On avait profité, pour le construire, d'un bassin naturel formé par un vallon elliptique, comme je l'ai déjà remarqué à propos de l'amphithéâtre d'Utique.

5° Ailleurs, je foule les vestiges d'un temple. La cella en est complétement démolie. Un certain nombre de tronçons de colonnes sont dispersés sur le sol. Ce temple, à l'époque chrétienne, a dû être transformé en église.

6° Sur un oued subsiste encore un pont de trois arches; il a été bâti avec des blocs de grandes dimensions.

7° Je dois citer aussi les restes d'un aqueduc qui amenait à la ville les eaux d'une montagne peu éloignée. Le canal était porté sur des arcades qui reposaient elles-mêmes sur des pieds-droits construits en pierres de taille et séparés les uns des autres par un intervalle de trois mètres. Quelques-uns de ces piliers sont encore debout; ils mesurent en largeur deux mètres trente centimètres dans un sens et deux mètres seulement dans un autre.

8° Près la ligne de cet aqueduc est un beau puits antique, revêtu intérieurement de superbes blocs rectangulaires. Les Arabes des douars environnants continuent à y venir puiser l'eau dont ils ont besoin.

9° Mais ce qui atteste surtout l'importance ancienne de la cité dont j'analyse en ce moment les ruines les plus apparentes, c'est le nombre, la grandeur et le caractère monumental des citernes qu'elle renfermait; j'en ai observé trois, entre autres, dont je vais dire quelques mots.

La première mesure trente-deux pas de long sur dix-huit de large; elle était divisée en trois compartiments, aujourd'hui en partie détruits : les voûtes qui la recouvraient se sont affaissées sur elles-mêmes.

La seconde est longue d'au moins soixante pas et large de vingt. Construite comme la précédente en belles pierres de taille, elle se composait de quatre compartiments, dont trois dans le sens de la longueur et le quatrième, en équerre, dans celui de la largeur. Les trois compartiments longitudinaux ne sont plus maintenant distincts, car les gros piliers qui les séparaient sont renversés et leur chute a amené celle des voûtes qu'ils soutenaient.

La troisième citerne enfin se compose de huit réservoirs, dont sept parallèles les uns aux autres et le huitième placé en équerre par rapport aux précédents. Cette citerne est à la fois la plus vaste et la mieux conservée de toutes. Dans son ensemble, elle forme une construction carrée mesurant quarante-huit pas sur chaque face; les voûtes sont en partie intactes : l'enduit dont les parois de chacun des réservoirs avaient été revêtues tient encore en beaucoup d'endroits.

Chose singulière, je n'ai pas découvert le moindre fragment d'inscription sur l'emplacement de cette antique cité. C'était néanmoins une ville considérable, comme le prouvent les divers monuments dont j'ai signalé les débris. Déserte et abandonnée depuis longtemps, elle n'est plus maintenant habitée que par un grand nombre de chacals qui ont creusé leurs terriers au milieu des ruines de ses citernes, de son théâtre, de son amphithéâtre et de ses autres édifices renversés. Son nom actuel de Oudena a fait supposer avec raison qu'il fallait l'identifier avec l'ancienne Uthina, qui nous est connue par Ptolémée et par Pline; ce dernier écrivain la mentionne parmi les colonies. Dans la Table de Peutinger, elle est marquée, par erreur, sous la dénomination d'Uthica.

Au nombre des évêques de la province Proconsulaire figure plusieurs fois dans les conciles un *episcopus Uthinensis vel Utinensis* [1].

Du reste, cette ville n'a laissé aucun souvenir dans l'histoire, et, malgré son étendue, elle n'est jamais sortie de l'obscurité qui a enveloppé sa naissance et son développe-

---

[1] Morcelli, *Africa christiana*, t. 1, p. 364.

ment, et qui, depuis bien des siècles, plane sur ses ruines solitaires.

A cinq heures du soir, nous reprenons la route du camp de l'oued Melian, où nous passons la nuit.

CHAPITRE TROISIÈME.

Du pont de l'oued Melian à la ville de Zaghouan. — Magnifique tronçon de l'aqueduc de Carthage. — Henchir Sidi-bou-Hadjeba. — Camp de M. Marcellin. — Henchir Bab-Khaled. — Camp de M. Gavoty. — Henchir Simindja, jadis Simingitanum oppidum. — Arrivée à la petite ville de Zaghouan.

5 août.

A six heures du matin, j'examine de nouveau le pont aqueduc que l'on bâtit; il aura quatre arches qui reposeront sur les piles antiques remaniées. Tandis que le pont romain n'avait été construit que pour porter à son étage supérieur le canal de l'aqueduc, le pont moderne, tout en renfermant dans l'intérieur de son tablier les tuyaux du siphon destiné à remplacer ce canal, servira en même temps pour les voitures et pour les piétons, et si sa noble simplicité est loin d'égaler les proportions gigantesques et la magnificence de celui auquel il succède, son utilité sera du moins plus grande, puisqu'il aura deux fins.

A sept heures, nous quittons le camp, et, franchissant l'oued, nous marchons presque en droite ligne vers le sud, dans la direction de l'henchir Sidi-bou-Hadjeba.

A notre droite, à une faible distance de la route que nous suivons, s'allonge, pendant l'espace d'au moins deux kilomètres et demi, l'un des plus beaux tronçons de l'aqueduc de Carthage, celui dont j'ai déjà parlé. Les pieds-droits des arcades sont presque tous debout, et à travers les hautes voûtes qu'ils supportent, l'horizon semble se découper et fuir dans un lointain indécis et vaporeux.

A sept heures trente minutes, par suite d'un exhaussement progressif du terrain, je remarque que les arcades, de plus en plus basses, disparaissent complétement, et que le canal de l'aqueduc s'enfonce de nouveau sous le sol. De distance en distance, nous retrouvons les regards antiques pratiqués pour éclairer ce canal.

A huit heures quarante-cinq minutes, nous parvenons à l'henchir Sidi-bou-Hadjeba.

Il est peu considérable, et consiste en un amas de gros blocs qui jonchent un monticule; à l'entour, quelques tas de menus matériaux sont épars sur divers points.

A neuf heures trente minutes, nous faisons halte dans un autre camp de travailleurs; il est sous la direction de M. Marcellin, conducteur des ponts et chaussées et collègue de M. Caillat. M. Marcellin, que j'avais connu également à Tunis, est en tournée en ce moment, et je n'ai pas le plaisir de lui serrer la main. Il est chargé de la restauration de l'aqueduc à partir du pont de l'oued Melian exclusivement, jusqu'au Zaghouan.

A onze heures trente minutes, nous remontons à cheval et nous nous dirigeons vers l'henchir Bab-Khaled, que nous atteignons à midi.

Cet henchir occupe les pentes et le sommet d'une colline peu élevée, au pied oriental du Djebel-el-Ouesth (la montagne du milieu). Parmi les ruines fort confuses qui y sont disséminées dans un fourré d'épaisses broussailles, on distingue principalement celle d'une petite porte de triomphe qui a fait donner à cet henchir le nom par lequel on le désigne. L'ouverture de l'arcade est de quatre mètres quarante-trois centimètres. Les pieds-droits, de même que le reste de ce monument, d'ailleurs fort simple, sont construits en belles pierres de taille. Je n'aperçois aucune trace d'inscription sur la partie encore en place de l'entablement.

CHAPITRE TROISIÈME.

A midi quarante-cinq minutes, nous poursuivons notre marche vers le Zaghouan.

A deux heures, nous parvenons à un troisième camp de travailleurs; il est commandé par M. Gavoty, conducteur des ponts et chaussées, qui lui-même a pour chef M. Marcellin. M. Gavoty insiste avec beaucoup d'obligeance pour que j'accepte jusqu'au lendemain l'hospitalité sous sa tente, dont il m'offre l'abri pour la nuit. En attendant, je l'accompagne dans une inspection qu'il fait des travaux qu'il dirige.

Une partie du canal de l'aqueduc que ses ouvriers réparent parait avoir déjà subi des réparations à une époque postérieure aux Romains; car ce canal, qui sur ce point est presque à fleur de terre, au lieu d'être, comme partout ailleurs, recouvert par un toit voûté, l'est seulement par des dalles en pierre ou même quelquefois en marbre, juxtaposées assez grossièrement les unes à côté des autres, pour la plupart aussi très-mutilées, qui proviennent de monuments plus anciens. Un grand nombre de ces dalles ayant été récemment retirées et placées sur les berges du canal qu'il s'agit d'abord de déblayer, puis de restaurer, je m'aperçois que plusieurs d'entre elles sont revêtues de fragments d'inscriptions.

Sur l'une je lis :

478.

O FILIVS D

Sur une seconde :

479.

CI PARTHICI

Sur une troisième :

480.

GVS D

Sur une quatrième :

481.

VITVMELIO

Sur une cinquième :

482.

S·ABB

Sur une sixième :

483.

IMIVS....AR

Sur une septième :

484.

RARVM COG....

Sur une huitième :

485.

CELLENS

Ces deux syllabes, gravées en magnifiques caractères de vingt-cinq centimètres de hauteur, ne seraient-elles que la fin du mot EXCELLENS, ou bien au contraire faut-il y voir la première partie du mot CELLENSIS? Dans ce cas, ce mot nous mettrait sur la trace de l'une des villes de la province Proconsulaire; nous connaissons en effet un *episcopus Cellensis*[1] appartenant à cette province.

Deux tronçons de colonnes brisées attirent également mon attention; j'y déchiffre ce qui suit :

Sur le premier :

486.

D·N·....
FLAVIO IV
LIO ANTO

---

[1] Morcelli, *Africa christiana*, t. I, p. 134.

Sur le second :

487.

```
. . . . . . CO . .
. . . . . . . . . .
. . . . . . . . . .
. . . . . . . . . .
. . . . . . . . . .
. . . X V I I I I
. . . V A L E R I O
. . . . . A N O Q
. . . . S S I M O
```

La plaine onduleuse que traverse cette portion de l'aqueduc s'appelle Bahirt-Simindja, et plusieurs henchirs qui y sont parsemés sur des monticules, à une assez faible distance les uns des autres, portent tous également le nom d'henchir Simindja.

Le plus considérable de beaucoup est situé à deux kilomètres à l'ouest du camp de M. Gavoty. Il occupe le sommet d'une colline escarpée, environnée de trois côtés par deux oueds qui forment autour d'elle des fossés larges et profonds; l'un est l'oued Simindja, l'autre est un affluent de l'oued Melian. Nous traversons le premier, puis, escaladant la colline qui le domine, nous parvenons à un plateau couvert de ruines : ce sont celles d'une ville antique. Elle était jadis enfermée dans un mur d'enceinte aujourd'hui détruit, mais dont les traces existent encore et dont il est facile de suivre le périmètre. Au centre à peu près, et sur le point culminant du plateau, je remarque les vestiges d'une puissante construction carrée qui semble dater de l'époque byzantine, et qui avait été bâtie avec de gros blocs provenant d'édifices romains. Ailleurs, je foule les débris d'un monument autrefois orné de colonnes, et qui paraît avoir été une ancienne église, laquelle avait peut-être succédé à un sanctuaire païen. En continuant à parcourir l'emplacement de cette petite cité anéantie et complétement déserte, je rencontre les vestiges de plusieurs autres édifices renversés de fond en comble, et çà et là des amas de gros blocs rectangulaires, restes de constructions entièrement démolies. Des broussailles, de hautes herbes et quelques vieux caroubiers ont pris racine au milieu des décombres.

Quel était le nom antique de cette ville? La dénomination moderne de Simindja donnée à cet henchir est une raison très-forte en faveur de l'opinion qui y place l'oppidum Simingitanum, dont l'existence nous est révélée par la Notice des évêchés de la province Proconsulaire[1].

Les autres henchirs du même nom de Simindja qui avoisinent le camp de M. Gavoty sont moins importants que le précédent. L'un semble avoir été un poste militaire, et les deux autres, soit des hameaux, soit de simples fermes.

A côté de l'un de ces henchirs est un beau puits antique appelé Bir-Simindja, construit en pierres de taille, et où viennent encore s'approvisionner d'eau plusieurs douars des environs.

6 août.

A huit heures du matin, je serre la main de M. Gavoty, que je remercie de sa cordiale hospitalité, et nous nous remettons en marche pour le Zaghouan. Nous longeons la ligne de l'ancien aqueduc. Le canal est presque constamment au niveau du sol.

A neuf heures trente minutes, le terrain venant à baisser, nous voyons reparaître les arcades; puis cette vallée faisant place à des collines, le canal s'enfonce de nouveau sous le sol. Notre direction est celle de l'est-sud-est.

---

[1] Morcelli, *Africa christiana*, t. I, p. 281.

A dix heures, nous rencontrons un henchir dont personne ne peut m'indiquer le nom. Quelques tronçons de colonnes brisées y gisent par terre, mêlés à des débris informes. La route ou plutôt le sentier que nous suivons est bordé à droite et à gauche de hautes broussailles et surtout d'épaisses touffes de lentisques.

A onze heures trente minutes, nous arrivons à la ville de Zaghouan.

CHAPITRE QUATRIÈME.

Description de la ville de Zaghouan. — Ses magnifiques jardins. — Belles ruines d'un ancien temple au-dessus de l'une des sources de l'aqueduc de Carthage.

La petite ville de Zaghouan, située sur une colline au pied septentrional de la montagne ainsi appelée, est mal construite et mal entretenue; mais sa position est fort agréable, et tandis que les trois quarts des villes de la Tunisie ne sont pendant l'été qu'insuffisamment pourvues d'eau, on entend sans cesse au milieu de celle-ci le doux murmure de frais et limpides ruisseaux qui descendent le long de ses principales rues dans d'étroits canaux.

Bâtie sur l'emplacement et avec les matériaux d'une ville antique renversée, elle ne renferme plus qu'un seul monument de l'époque romaine encore en partie debout. C'est une porte triomphale construite avec de belles pierres de taille. L'ouverture de l'arcade est de quatre mètres neuf centimètres; les piliers qui la supportent ont trois mètres douze centimètres de large. Elle était jadis ornée de deux statues, placées, l'une à droite et l'autre à gauche, dans deux niches latérales. Sur le bloc qui forme la clef de voûte, on remarque d'abord une figure triangulaire ressemblant à un A, puis au-dessous, une couronne de feuilles de chêne environnant le mot :

488.

AVXI
LI Ø

Ce mot AVXILI surmonte lui-même la représentation d'une tête de bélier ornée d'une superbe paire de cornes, d'où Shaw[1] a cru devoir inférer que la ville était sous la protection immédiate et particulière de Jupiter Hammon. On sait en effet que ce dieu était souvent figuré avec une tête de bélier.

Toute la partie supérieure du monument dont je parle est détruite, et l'inscription qui peut-être y avait été gravée a disparu avec le couronnement de l'édifice. Dans les temps modernes, on a fermé l'ouverture de son arcade par une porte plus petite construite en briques, ce qui est complètement inutile actuellement, puisque aucun mur d'enceinte n'environne aujourd'hui la ville.

En parcourant attentivement chaque rue, j'observe çà et là dans des constructions plus ou moins récentes, soit de beaux blocs rectangulaires, soit même des tronçons de colonnes ayant appartenu à des édifices antiques.

Dans la cour d'une maison, appelée Dar-el-Agha, et où il m'est permis de pénétrer, je lis sur un long bloc gisant à terre :

489.

TITVIT PERFECIT ET D

Hauteur des caractères, vingt centimètres.

Dans une autre maison, où le khalife m'offre l'hospitalité, je trouve une inscription beaucoup plus importante; elle est

---

[1] Shaw, t. I, p. 235.

CHAPITRE QUATRIÈME.   293

gravée sur un autel votif encastré dans l'un des murs de refend de la cuisine :

490.

MARTI·AVG·PROTECTORI·D·N
IMP·CAES·M·ANTONI·GORDIANI·PII·FELICIS
AVG·P·M·TR·POT·II·COS·P·P
Q·CALVIVS·RVFINVS·AEDILIS·SVMPTV
SVO ET·T·AELI·ANNI·LITOR (sic) I·QVONDAM
COLLEGAE·SVI·OB·HONOREM·AEDILITATIS
IN·COMPENSATIONE·MISSILIORVM·COMMV
NI·PECVNIA·FECERVNT·DEDICANTE
Q·CALVIO·RVFINO·AEDILI·OB·CVIVS·STATV..
DEDICATIONEM·IDEM RVFI (sic) NVS·DE·SV.
TEIM·SPECTACVLVM·PVGILVM·ET·GYMNASIVM
EXHIBVIT·L·D·D·D

(*Estampage.*)

A la cinquième ligne, l'I final du mot LITORI a été très-écarté de la lettre précédente, à cause d'un défaut de la pierre.

A la dixième ligne, un défaut analogue de la pierre a nécessité l'écartement semblable que l'on remarque au milieu du mot RVFINVS.

A la onzième ligne enfin, le mot TEIM est évidemment une faute pour ITEM, le graveur ayant par mégarde transposé l'I de place.

On ignore quel était le nom antique de la ville. Peut-être portait-elle, comme maintenant, le nom de la montagne au pied de laquelle elle s'élevait. Or, cette montagne s'appelait très-probablement mons Zeugitanus, dénomination qui se rapproche beaucoup de celle de Zaghouan. Un passage de

Solin [1], cité déjà par Shaw, nous apprend que la province d'Afrique, ou, en d'autres termes, la Zeugitane, commençait *a pede Zeugitano*, c'est-à-dire, comme le suppose le savant voyageur anglais, au pied de la montagne qu'on appelle aujourd'hui Zaghouan. Le Zaghouan, en effet, par sa masse imposante, présente une limite toute naturelle entre la Zeugitane, au nord, et la Byzacène, au sud. La Zeugitane aurait elle-même tiré son nom de la montagne au pied septentrional de laquelle elle commençait.

Shaw, après avoir émis cette conjecture qui paraît très-vraisemblable, ajoute avec non moins d'à-propos que les Zygantes (Ζύγαντες), mentionnés par Hérodote [2], semblent avoir habité dans cette contrée.

Quoi qu'il en soit et quelle qu'ait été l'époque où la ville antique qu'a remplacée celle de Zaghouan a été renversée, toujours est-il, au dire des habitants actuels, qu'elle a été rebâtie par une colonie d'Andalous chassés d'Espagne, et que cette colonie constitue encore le fond principal de sa population. Celle-ci est de deux mille cinq cents musulmans et de quatre cents juifs. Un assez grand nombre d'individus y sont occupés à la teinture en écarlate des bonnets rouges ou chechias, qui forment l'un des éléments essentiels et souvent même l'unique de la coiffure des mahométans. Les eaux du Zaghouan sont en effet très-renommées pour la propriété qu'elles ont de rendre brillante et tenace la couleur dont on veut se servir pour teindre; elles sont aussi excellentes pour le lavage des peaux. Une autre industrie pratiquée par quelques habitants consiste à fabriquer avec les magnifiques roseaux qui croissent en abondance près de la ville ces longs et légers tuyaux de pipes que les Tunisiens affectionnent particulièrement.

[1] Solin., c. xxvii.
[2] Hérod., IV, 194.

7 août.

Je consacre cette journée à visiter tous les alentours de la ville. Elle est environnée de frais et délicieux vergers où des arbres fruitiers de toute espèce sont cultivés avec soin. De tous côtés circule une eau vivifiante qui ne tarit jamais et qui dérive par de nombreuses rigoles d'un ruisseau considérable que bordent des touffes gigantesques de roseaux. Ce ruisseau, en répandant sur son passage la fécondité et l'abondance, met aussi en mouvement plusieurs moulins. C'est l'un des trois principaux qui descendent du Zaghouan. J'erre avec ravissement, dans cette saison brûlante, sous les épais ombrages que je rencontre partout. De superbes peupliers et de vieux noyers épars au milieu de bosquets odorants de citronniers, d'orangers et de grenadiers, me rappellent la France au sein même de l'Afrique, en même temps que le gémissement de la brise qui se joue dans la cime des arbres, le gazouillement des oiseaux qui voltigent dans leurs branches, et l'éternel murmure de l'eau qui court et serpente en sens divers sur le sol qu'elle fertilise, forment autour de moi un suave et mystérieux concert, qui me semble la voix de la nature elle-même, chantant son Créateur.

Après avoir promené longtemps mes pas, mes regards et mon admiration au milieu de la charmante vallée où s'épanouit la riche végétation de ces jardins, j'arrive aux ruines du temple antique qui s'élevait au-dessus de la source par laquelle était jadis alimenté l'aqueduc de Carthage; elle se perd actuellement en grande partie; mais bientôt elle coulera de nouveau dans le canal réparé, et ses eaux limpides, unies fraternellement, comme par le passé, à celles de la source du Djougar, procureront à Tunis et à la Goulette l'un des plus précieux bienfaits que ces villes puissent désirer.

Les débris pittoresques du temple que je viens de mentionner sont connus actuellement dans le pays sous le nom d'Henchir-Aïn-el-Kasbah (ruines de la source de la forteresse), les indigènes s'étant imaginé que cet édifice est un ancien château fort. Il est situé à deux kilomètres et demi au sud-ouest de la ville. Bâti sur une plate-forme, il est comme adossé au mont Zaghouan. Il se compose d'abord d'un sanctuaire, dont la cella rectangulaire est longue de sept mètres vingt centimètres et large de quatre mètres treize centimètres. Au-dessus de la porte de cette cella règne une architrave surmontée jadis d'un fronton triangulaire, aujourd'hui détruit. Il y avait là très-probablement une inscription qui a disparu avec la frise qui la portait. Au fond du sanctuaire, on distingue les restes d'un autel et d'une large niche où a dû être placée la statue de la divinité principale à laquelle le temple était consacré.

A droite et à gauche de ce même sanctuaire s'avance et s'arrondit en un vaste fer à cheval une double galerie latérale large de quatre mètres vingt-huit centimètres. Chacune de ces deux galeries reposait, d'un côté, sur un mur construit en belles pierres de taille et soutenu extérieurement par des contre-forts, lequel est encore intact, et, de l'autre, sur treize colonnes qui ont été enlevées et transportées, à ce qu'il paraît, dans la principale mosquée de Zaghouan. A chacune de ces colonnes correspondait un pilier à demi engagé dans l'épaisseur du mur. Le toit était formé de douze petites coupoles, dont une partie subsiste toujours, bien que, depuis l'enlèvement des colonnes qui les soutenaient, elles manquent de ce côté de tout appui.

Ces deux galeries réunies composaient donc un ensemble de vingt-quatre arcades supportées par vingt-six colonnes, qui faisaient face à autant de pilastres. De deux en deux arcades, une niche pratiquée dans le mur continu de ce fer à cheval renfermait une statue. Il y avait ainsi en avant et de chaque côté du sanctuaire que j'ai décrit six statues, soit de nymphes, soit d'autres divinités, en tout douze, groupées autour de la divinité principale, qui occupait le fond de la cella.

Entre ces deux galeries et le sanctuaire auquel elles aboutissaient s'étend dans l'espace intermédiaire laissé libre une grande area longue de vingt-huit mètres et large de vingt-six mètres soixante centimètres. Cette area ou terrasse découverte domine de deux mètres au moins un beau bassin construit en pierres de taille et affectant la forme de deux fers à cheval réunis. A droite et à gauche de ce bassin, un escalier de douze marches, aujourd'hui très-dégradé, permettait de monter sur la plate-forme de l'area et de pénétrer sous les galeries latérales, qui avaient, en outre, deux autres communications avec le dehors, au moyen de deux petites portes rectangulaires ménagées, à leur extrémité, dans le mur d'enceinte.

On descend par plusieurs degrés dans le bassin précédent. Un canal souterrain, qui traverse l'area et qui part peut-être du sanctuaire, amène encore à ce réservoir par quatre ouvertures les eaux d'une source intarissable. De là, par un conduit, elles s'écoulent dans les jardins environnants, en attendant qu'elles recommencent à alimenter, comme autrefois, l'aqueduc de Carthage.

Des diverses constructions que je viens de décrire résulte un monument complexe et harmonieux, de forme théâtrale, et dont l'élégance et l'originalité sont, en outre, singulièrement relevées par le site qu'il occupe, site à la fois sauvage et gracieux, sublime et ravissant. D'un côté, en effet, se dresse derrière le temple la masse gigantesque du Zaghouan avec ses flancs escarpés, ses ravins profonds et le majestueux chaos de ses blocs énormes de rochers entassés confusément les uns sur les autres. Du côté opposé, au contraire, et au bas de la plate-forme de l'area, le regard se repose avec délices sur la riante végétation et sur l'éternelle verdure des jardins voisins. Qu'on ajoute à cela le silence de la solitude, ce je ne sais quoi de sacré que le temps imprime aux ruines, le mystère même qui plane sur l'origine et sur l'histoire de ce temple dédié à des divinités restées inconnues, et l'on aura quelque idée de l'effet qu'il produit sur celui qui le contemple pour la première fois.

Tout ce que l'on peut dire au sujet de la date approximative de cet édifice, c'est qu'elle est la même probablement que celle de l'aqueduc, dont il contenait et consacrait la source. Or, d'après l'opinion généralement admise, cet aqueduc, l'un des travaux les plus grandioses que les Romains aient exécutés en Afrique, aurait été entrepris sous Adrien et terminé sous Septime Sévère.

Malheureusement, les renseignements manquent pour déterminer avec certitude ce fait important sur lequel l'histoire a gardé le silence. Nous savons seulement qu'à l'époque d'Adrien, l'Afrique eut à souffrir cruellement, pendant cinq ans consécutifs, d'une sécheresse affreuse, et que cet empereur, pour consoler cette province, vint lui-même à Carthage. Son arrivée, par une heureuse coïncidence, ramena la pluie et l'abondance et, avec elle, les bénédictions du peuple. Comme le biographe d'Adrien, Spartianus, nous apprend que ce prince fit construire sur toute la surface de l'empire un grand nombre d'aqueducs, on suppose que, pour prévenir le retour de la disette effroyable que Carthage avait subie par suite de cette sécheresse, Adrien résolut de doter à toujours cette ville des eaux lointaines du Zaghouan et des eaux plus lointaines encore du Djougar. On suppose aussi, d'après des médailles frappées à Carthage en l'honneur et à l'effigie de Septime Sévère, et dont le revers présente Astarté, le génie des Carthaginois, assise sur un lion et courant le long d'une source qui découle d'un rocher, que la gloire d'avoir achevé cette œuvre gigantesque est due à ce dernier empereur.

CHAPITRE CINQUIÈME.

Ascension du Djebel-Zaghouan, probablement le mons Zeugitanus des anciens.
Vue admirable dont on jouit de son sommet.

8 août.

Je ne pouvais pas m'éloigner du Zaghouan sans faire l'ascension de cette montagne, l'une des plus hautes de la Régence et la plus célèbre dans les traditions légendaires du pays.

Le 8 août donc, à quatre heures du matin, je me mets en marche avec Malaspina, Aly et un guide. Notre direction est d'abord celle de l'ouest, puis du sud. Nous commençons par laisser à notre droite, au sortir de la ville, une colline couverte de tombeaux; la koubba d'un santon la couronne. A notre gauche s'étendent les jardins que j'ai décrits. Bientôt nous nous engageons dans un sentier qui devient de plus en plus accidenté.

A cinq heures trente minutes, nous parvenons à un endroit que mon guide me désigne sous le nom de Kheloua-m'ta-el-Manoubia. « C'est là, me dit-il, que s'est reposée la sainte ainsi appelée, que les Tunisiens ont en grande vénération. » Un petit enclos de pierres brutes y marque la place où lella Manoubia aurait fait halte lorsque, d'après la tradition, elle accomplit un pèlerinage au Zaghouan. On y aperçoit, aux branches d'un vieux caroubier, des chiffons suspendus en son honneur en guise d'*ex voto*.

Plus loin, en continuant à gravir le même sentier, que bordent à droite et à gauche d'épaisses broussailles, nous rencontrons un second sanctuaire, analogue au précédent et ombragé également par un beau caroubier. Cet endroit porte le nom de Kheloua-m'ta-Sidi-Sallem-el-Garsi, parce que ce santon s'y serait reposé dans son ascension du Zaghouan.

A sept heures quarante minutes, nous faisons nous-mêmes halte près de la zaouïa Sidi-bou-Gabrin; elle est située dans la montagne, sur un plateau qui domine la plaine d'environ huit cents mètres, et qui, à son tour, est commandé par les deux plus hautes cimes du Zaghouan. Sur ce plateau légèrement incliné et assez vaste, croissent plusieurs bouquets d'oliviers, de figuiers et d'azeroliers. Au centre est un puits renfermé sous une coupole, et dont l'eau passe pour la meilleure de toute la Régence; nous la savourons avec délices. Près de là est un autre puits très-large et très-profond, commencé il y a trente-cinq ans, afin de servir de dépôt de neige pour le bey d'alors, et qui n'a jamais été terminé.

La zaouïa Sidi-bou-Gabrin se compose de quelques bâtiments attenants à un sanctuaire qui est le but d'un pèlerinage. L'oukil qui est chargé de l'entretien de cette chapelle vient nous offrir du lait comme don d'hospitalité.

A huit heures, nous commençons l'ascension de la cime appelée elle-même Sidi-bou-Gabrin. Sans être la plus haute du Zaghouan, elle peut avoir treize cents mètres d'altitude; la plus élevée en a treize cent soixante. Nous grimpons péniblement à travers des broussailles et des rochers, en suivant un étroit sentier à peine praticable pour des chèvres, et à chaque instant obstrué, soit par des blocs détachés du sommet de la montagne, soit par des arbustes épineux au milieu desquels il faut se frayer un passage. Cependant des nuages de plus en plus épais rampent et s'élèvent sur les flancs que nous gravissons, et lorsque après une heure dix minutes de laborieux efforts nous atteignons la cime Sidi-bou-Gabrin, nous ne distinguons absolument rien autour de nous, enveloppés que nous sommes par un brouillard impénétrable. Nous nous reposons alors sous un vieux caroubier qui a pris racine entre des masses énormes de rochers, en attendant que les nuages qui nous entourent se dissipent. Vers midi enfin, ils s'éclaircissent peu à peu, et l'obscur rideau qu'ils opposaient aux rayons du soleil et à nos regards se déchire insensiblement.

A midi trente minutes, ils se sont tous évanouis comme par enchantement, et sortant des ténèbres humides au sein desquelles nous étions en quelque sorte plongés, nous sommes inondés de nouveau par les feux et par l'éclat éblouissant de l'astre du jour. En même temps, un immense et magnifique panorama se déroule au loin sous nos yeux : au nord, la Goulette, Tunis et son lac, la colline de Sidi-bou-Saïd et l'emplacement de Carthage, le vaste golfe que délimitent d'un côté le Ras-Addar ou cap Bon, et de l'autre le Ras-Sidi-Aly-el-Mekki, l'ancien promontoire d'Apollon ; au nord-ouest, les montagnes qui dominent la fertile vallée de la Medjerdah ; à l'ouest, celles du Kef ; au sud, le mont Djougar et le massif beaucoup plus méridional des monts Ousselet ; au sud-est, les hauteurs de Djerad et de Takrouna, les villes d'Herglah et de Sousa ; à l'est, Hammamet et son beau golfe ; au nord-est, la presqu'île du cap Bon ; en un mot, la moitié à peu près de la Régence apparait successivement à nos regards, à mesure que nous interrogeons les divers points de l'horizon. Nous suivons, nous perdons et nous retrouvons tour à tour la ligne du fameux aqueduc de Carthage, qui, traversant collines et vallées, tantôt disparait sous terre, tantôt semble surgir du sol. Cette ligne, avec son embranchement de Djougar et les détours qu'elle décrit, a environ cent trente kilomètres de développement.

La cime où nous sommes est peut-être celle qu'avait gravie jadis le célèbre aventurier Agathocle, lorsque avec un faible détachement il quitta furtivement Hadrumète qu'il assiégeait, pour marcher au secours de Tunis, dont les Carthaginois allaient s'emparer. Diodore de Sicile[1] nous raconte en effet

---

[1] Diod. Sic., XX, 17.

que ce prince se rendit alors sur le haut d'une montagne d'où il pouvait être aperçu et par les habitants d'Hadrumète et par les Carthaginois qui assiégeaient Tunis. Là, ajoute cet historien, il imagina un stratagème qui répandit à la fois l'incertitude et la crainte chez tous ses ennemis. Pendant la nuit, il ordonna à ses soldats d'allumer de grands feux sur un vaste espace de terrain. A cette vue, les Carthaginois occupés au siége de Tunis, croyant qu'il s'avançait au secours de la place avec une nombreuse armée, s'enfuient précipitamment dans leurs murs, en abandonnant leurs machines de guerre; les habitants d'Hadrumète, de leur côté, persuadés que les assiégeants allaient recevoir un renfort considérable, furent frappés de terreur et se rendirent à discrétion.

Comme du sommet du Zaghouan on distingue à la fois Tunis et Sousa, l'antique Hadrumète, j'adopte volontiers l'opinion de Shaw, qui croit que Diodore désigne ici la montagne dont il est question en ce moment. Néanmoins, le sommet du Djebel-er-Ressas pourrait peut-être aussi satisfaire aux données de l'historien grec.

Le Zaghouan, ainsi que je l'ai déjà dit, est probablement le mons Zeugitanus de l'antiquité.

A l'époque chrétienne, il paraît désigné par Victor de Vite[1] sous le nom de mons Ziquensis, et les miracles qui s'y accomplirent, au rapport de cet historien, lors de la persécution des catholiques par le roi vandale Huneric, lui firent donner le surnom de *mons Domini*.

L'écrivain arabe El-Bekri[2], en parlant du Zaghouan, nous apprend que de son temps il se nommait également Kelb-ez-Zocac (le chien du détroit).

« On appelle ainsi cette montagne, dit-il, parce qu'elle se voit de très-loin et qu'elle sert à diriger les navigateurs vers

---

[1] Victor Vit., *Hist. persecut. Vandal.*, II, 6, et V, 15.
[2] El-Bekri, *Descript. de l'Afrique septentrionale*, p. 111.

les lieux de leur destination. Elle est visible à la distance de plusieurs journées, et se montre quelquefois avec sa cime au-dessus des nuages. Il arrive souvent que ses flancs sont inondés par des averses, pendant que le sommet est parfaitement sec. Les gens de l'Ifrikiya disent d'un homme qui leur est à charge : Il est plus lourd que le Zaghouan. »

Après avoir longtemps contemplé du haut de cette montagne l'incomparable horizon qui semblait s'étendre indéfiniment devant nous, après avoir reconnu une à une et refait rapidement par la pensée les longues routes que nous avions si péniblement parcourues; enfin après avoir embrassé dans son ensemble et dans sa configuration générale tout le nord et tout le centre de la Régence, dont nous connaissions déjà par nos explorations antérieures les linéaments divers, nous redescendîmes à regret du sublime observatoire où nous étions placés, et nous reprîmes la route de la ville de Zaghouan.

CHAPITRE SIXIÈME.

Départ de la ville de Zaghouan. — Henchir-ech-Cherif. — Henchir-el-Hammam. — Henchir Botria, jadis probablement Botrianense oppidum. — Arrivée à Djerad.

9 août.

A cinq heures quinze minutes du matin, nous disons adieu à la ville de Zaghouan et à ses verdoyants jardins, et nous nous dirigeons vers l'est, puis vers l'est-sud-est.

A six heures douze minutes, nous parvenons à l'henchir ech-Cherif. Sur un monticule hérissé de broussailles et couvert de gros blocs, soit debout, soit renversés, j'aperçois un pan de mur encore intact, reste d'une petite enceinte détruite. Les pierres de taille en grand appareil qui le composent sont bien équarries et agencées entre elles très-régulièrement; près de là gisent deux tronçons de colonnes.

Un monticule voisin m'offre les débris d'une puissante construction en blocage, et à côté, sur un bloc mutilé, je remarque une figure triangulaire semblable à un grand A et identique à celle que j'ai signalée sur la porte romaine de Zaghouan.

A huit heures, nous laissons à notre droite un henchir appelé Douamis (les souterrains), à cause de plusieurs citernes antiques qui s'y trouvent.

A huit heures trente minutes, nous faisons halte à l'henchir el-Hammam; il est situé dans une gorge âpre et sévère. Un oued dont l'eau est saumâtre y est bordé de roches taillées à pic, et là où les roches cessent existent encore les traces d'une forte maçonnerie destinée à l'endiguer. Les pentes des deux collines qui s'élèvent à droite et à gauche de l'oued sont couvertes des ruines de diverses constructions romaines, étagées les unes au-dessus des autres. Ces ruines abondent principalement sur la rive droite. Sur cette rive, en effet, on observe les vestiges d'un édifice orné jadis d'arcades et actuellement aux trois quarts démoli; plus loin, indépendamment d'autres débris, on rencontre ceux d'un vaste bâtiment voûté, divisé en dix compartiments parallèles; un peu plus loin encore, un bain moderne renferme sous une coupole un bassin antique construit en belles pierres de taille. Ce réservoir, de forme carrée, recueille les eaux d'une source chaude dont la température est de trente-huit degrés centigrades. Les Maures et les Arabes des environs viennent s'y baigner et y chercher la guérison de plusieurs maladies, notamment de celles qui affectent la peau. Cette source précieuse a déterminé autrefois la fondation et, depuis, le maintien dans cette localité d'un établissement thermal.

A dix heures trente-cinq minutes, nous franchissons l'oued el-Hammam, et, guidés par un Arabe d'un hameau voisin, nous prenons vers le nord-nord-est le chemin de

CHAPITRE SIXIÈME.

l'henchir Botria, qu'on m'avait indiqué comme important. Le sentier que nous suivons serpente à travers une khanga montueuse et hérissée soit de broussailles, soit de petits pins.

A onze heures trente minutes, nous passons l'oued Botria.

A midi dix minutes, nous parvenons au grand henchir du même nom, et je commence aussitôt l'examen des ruines qui y sollicitent mon attention.

Ces ruines couvrent un espace dont le pourtour peut être évalué à trois kilomètres. Çà et là s'élèvent quelques vieux caroubiers d'un développement gigantesque, et de hautes broussailles ont pris racine de toutes parts. Les divers monuments, soit sacrés, soit profanes, que possédait cette petite ville sont détruits presque tous jusque dans leurs fondements, et le sol est confusément jonché de matériaux de toutes sortes qui sont la plupart d'un grand appareil.

Au milieu du chaos de décombres qui se présente aux regards, on distingue néanmoins :

1° Une enceinte située sur un monticule d'où la vue embrasse toute l'étendue de l'henchir. Cette enceinte, longue de trente-deux pas sur vingt-cinq de large, a été construite, à l'époque byzantine probablement, avec de gros blocs enlevés à des monuments plus anciens.

2° Les débris d'une grande construction bâtie de même avec des pierres d'un puissant appareil, mêlées à d'autres plus petites, et qui semble également dater de l'époque byzantine. J'y ai remarqué, gravé sur un bloc, le monogramme du Christ ainsi figuré :

491.

Je ferai toutefois observer que le cercle ici représenté est en réalité une couronne élégamment sculptée.

3° Les vestiges d'un édifice considérable renversé de fond en comble. Au milieu de l'emplacement qu'il occupait, outre un certain nombre de tronçons de colonnes mutilées, je trouve les deux fragments d'inscriptions qui suivent :

492.

Sur un bloc long de deux mètres cinquante-deux centimètres et large de trente-neuf centimètres :

VIRATVS·C·AVRELI·GALOSI ET M·FAVONI MA

Hauteur des caractères, douze centimètres.

493.

Sur un bloc long de deux mètres dix-neuf centimètres et large de trente-neuf centimètres :

VICTORINVS VIR CLARISSIMVS CON

Hauteur des caractères, treize centimètres.

Un peu plus loin, je distingue sur une pierre le monogramme du Christ ainsi figuré, si ce n'est que le cercle ici représenté est, de même que pour le monogramme précédent, une couronne sculptée.

494.

A quelque distance de là, Malaspina déterre un gros bloc mutilé et à moitié enseveli dans le sol, sur lequel je lis :

495.

. . . . . VA PENE SECVLI VETVSTATE
RVSTICVS FL·P·P·EX F·C . R·R . MVS

4° Un mausolée de forme rectangulaire. Il mesure trois mètres soixante-dix centimètres de long sur trois mètres quinze de large. On y pénètre par une porte basse et étroite. Toute la partie supérieure de ce monument est détruite; il a été bâti avec de gros blocs, les uns taillés avec soin, les autres à peine équarris. Je n'y ai aperçu aucune trace d'inscription.

5° Un réservoir construit en pierres de taille où sont recueillies les eaux d'une source abondante; les Arabes des douars voisins viennent encore y puiser chaque jour.

6° Un second réservoir, plus vaste que le précédent, mais à moitié comblé.

Cet henchir, ainsi qu'un autre que j'ai déjà rencontré ailleurs et décrit dans ma première exploration, rappelle par son nom de Botria celui du siége épiscopal de l'un des principaux évêques donatistes (Donatus, episcopus Botrianensis), qui assistèrent à la célèbre conférence de Carthage de l'année 411 de notre ère [1].

A quatre heures quinze minutes de l'après-midi, nous nous remettons en marche pour Djerad. Notre direction devient alors celle du sud-sud-est. La contrée que nous avons à traverser est très-inégale, hérissée de broussailles et coupée par de nombreux ravins.

A quatre heures trente minutes, nous franchissons un petit ruisseau, appelé Remit-es-Secca, et à cinq heures quarante-cinq minutes, un second oued qu'on me désigne sous le nom de Seiah.

A six heures quinze minutes, nous passons l'oued Djerad, et bientôt après nous gravissons la colline rocheuse et escarpée sur le haut de laquelle est situé le village de ce nom. Le scheik nous y offre l'hospitalité.

---

[1] Morcelli, *Africa christiana*, t. I, p. 106.

CHAPITRE SEPTIÈME.

Village de Djerad. — Description des ruines de la ville antique qui l'avoisine.
Arrivée à la zaouïa Sidi-Khalifa.

10 août.

Djerad est un petit village d'une cinquantaine de maisons, perché comme un nid d'aigle sur le sommet d'une colline, dont les flancs, en pente rapide, sont couverts de cactus gigantesques qui croissent au milieu d'énormes quartiers de roche, la plupart ferrugineux. Dans ce hameau est une zaouïa consacrée à Sidi-Abd-el-Kader.

A cinq heures du matin, nous en redescendons pour aller examiner les ruines de la cité antique qui s'étendent à ses pieds, au delà de l'oued que j'ai déjà signalé et à la distance d'un kilomètre environ, vers l'ouest-nord-ouest.

Le pourtour de cette ville sur le plateau incliné qu'elle occupait et qui est maintenant envahi par des broussailles, peut être évalué à trois kilomètres. On ne trouve aucune trace d'une muraille d'enceinte.

La ruine la plus considérable est celle d'un temple prostyle qui a été érigé sur le point culminant du plateau. La cella est encore en partie debout; elle est longue de onze mètres soixante-trois centimètres sur neuf mètres soixante-treize centimètres de large. Le toit est écroulé. Cette cella était précédée d'un pronaos qu'ornaient huit colonnes corinthiennes, dont le fût était d'un seul bloc et qui étaient disposées sur deux rangs. Il avait quatre mètres soixante-sept centimètres de large, et sa longueur égalait la largeur de la cella. On montait à celle-ci par un escalier de cinq ou six degrés, ménagé dans l'intervalle des colonnes du centre. A droite et à gauche de la porte d'entrée, on lit encore sur les murs latéraux une liste de souscripteurs, avec l'indication des sommes que chacun d'eux avait fournies pour l'érection de ce monument.

496[1].

A droite en entrant.

CALPVRNIVS FELIX I̅C̅C̅ CORNELIVS GRATIANVS I̅I̅...
MATTIVS VENVSTVS I̅C̅.. TERENTIVS CAMPATIVS I̅...
LAELIVS LARGVS I̅C̅.. VAL · FELIX QVE........
AVREL · EROTIANVS I̅C̅C̅ AEMIL · TVRANNVS ....
AVREL: EROTIANVS · A · I̅..........

A gauche en entrant.

....
AVREL · RESTVTVS I̅I̅..................
IVLIVS TERTIVS I̅I̅CCCC........... I̅I̅ IMM
AVREL · SEVERIANVS I̅I̅........... AERE P X̅X̅M
AVREL · QVINTIANVS I̅I̅ CCC.. VSTVS SATVRNINVS I̅I̅ CCCC
NVMISIVS FELIX.....................
....
OTACIL · DONATVS I̅I̅C................
TVRPILIVS SECVNDVS I̅I̅C..............
IVLIVS CHARITO I̅I̅....................
L · IVLIVS TEPIDVS..................

(*Estampage.*)

Beaucoup d'autres noms de souscripteurs avaient encore été gravés, indépendamment de ceux que je donne ici, avec l'indication de leur souscription respective; mais il m'a été impossible de les déchiffrer, la surface des blocs qui en étaient revêtus étant actuellement très-dégradée.

[1] Shaw, t. I, p. 234. — Pellissier, p. 409.

Ce temple était lui-même compris dans une enceinte rectangulaire plus vaste, aujourd'hui à moitié renversée, espèce de péribole dont une partie paraît postérieure au monument sacré qu'il entourait.

Sur un autre point de la ville, une seconde cella est très-reconnaissable. Elle est, comme la précédente, bâtie en belles pierres de taille; mais ses dimensions sont plus petites, car elle mesure seulement huit mètres quatre-vingts centimètres de long sur sept mètres de large. Ce petit temple, aux trois quarts démoli, n'était point orné de colonnes.

Les autres ruines qui parsèment ce plateau sont trop confuses et trop indistinctes pour être décrites.

Le nom sous lequel les indigènes désignent cet henchir, est celui d'Henchir-Bir-el-Faouera, parce que l'on y voit un ancien puits, où les pâtres, qui mènent paître leurs troupeaux au milieu des hautes herbes qui croissent sur les débris solitaires de cette cité, vont encore puiser de l'eau. Quant à la dénomination antique que ce nom moderne a remplacée, elle est demeurée jusqu'à présent inconnue.

A deux heures quarante-cinq minutes de l'après-midi, nous abandonnons ces ruines pour gagner celle de la zaouïa Sidi-Khalifa. Notre direction est celle du nord-est. Un Arabe de Djerad nous sert de guide. Le sentier qu'il nous fait prendre traverse une khanga sauvage, hérissée de broussailles et déchirée par plusieurs ravins.

A trois heures trente minutes, nous laissons à notre gauche un henchir peu étendu, sur le penchant d'une colline qui domine un oued; notre guide en ignore le nom.

A quatre heures trente minutes, nous parvenons à la zaouïa Sidi-Khalifa. Un douar a dressé ses tentes près de la koubba de ce santon. Au moment où nous descendons de cheval et où je me dispose à aller examiner les ruines importantes qui avoisinent la zaouïa, un orage, qui depuis quelque temps était suspendu au-dessus de nos têtes, éclate soudain en averses torrentielles, et la tente où le scheik du douar nous offre un refuge est bientôt elle-même envahie par l'eau. La pluie dure jusqu'à la nuit.

CHAPITRE HUITIÈME.

Description des ruines de l'henchir Sidi-Khalifa, appelé auparavant Henchir-Phradise : c'est probablement l'Aphrodisium de Ptolémée et la Grassi de Procope. — Aïn-el-Halouf. — Henchir Gastlaïa. — Henchir Phrara. — Arrivée à Takrouna.

11 août.

Dès le lever de l'aurore, je parcours les ruines de Sidi-Khalifa. Ces ruines, il y a un siècle environ, s'appelaient encore Henchir-Phradise; mais depuis cette époque on a bâti en ce lieu un marabout en l'honneur de Sidi-Khalifa, et, à partir de ce moment, leur dénomination première a été peu à peu effacée par celle de ce santon.

La cité antique dont elles sont les débris occupait un espace dont le pourtour peut être estimé à quatre kilomètres. Elle s'élevait sur plusieurs collines et était divisée en deux parties presque égales par une vallée dans laquelle serpente un ruisseau.

Au centre de la vallée, et par conséquent de l'ancienne ville, on admire les restes d'une porte triomphale. La longueur totale de ce monument est de neuf mètres cinquante-quatre centimètres. L'arcade et les pieds-droits sur lesquels elle s'appuie étaient ornés d'une corniche qui a disparu; aucune trace d'inscription n'est visible. A la façade nord, deux niches, décorées dans leur partie supérieure de moulures à la fois simples et élégantes, ont été ménagées dans l'épaisseur des piliers pour renfermer des statues. Au-dessous de chacune de ces niches, deux blocs en saillie et parallèles ressemblent à des consoles. La façade sud n'a pas de niches analogues, mais on y remarque deux demi-colonnes corinthiennes engagées; l'une au milieu du pied-droit occidental, l'autre à l'un des angles du pied-droit oriental. Celle-ci, comme le prouve le haut du chapiteau, s'adaptait à quelque autre construction qui n'existe plus.

Cet édifice a été bâti avec de gros blocs parfaitement équarris et sur lesquels les siècles et le soleil d'Afrique ont répandu cette teinte rougeâtre et dorée qui relève tant la beauté des vieux monuments. De superbes caroubiers et des touffes de lentisques l'environnent aujourd'hui, et un ruisseau qui dérive d'une source voisine murmure sous son arcade, qu'il traverse.

A l'est de l'arc de triomphe que je viens de décrire, les débris de plusieurs autres édifices attirent successivement mes regards. Le plus digne d'attention couronne une colline assez élevée. C'est une enceinte rectangulaire construite avec de magnifiques blocs parfaitement appareillés; elle mesure trente mètres de long sur dix mètres cinquante-trois centimètres de large. Les assises inférieures reposent en retraite sur un soubassement. Une corniche, actuellement détruite en grande partie, décorait jadis la partie supérieure de cette enceinte, qui me paraît être la cella d'un temple. A l'entour du monument gisent, renversées et entassées pêle-mêle, d'énormes pierres de taille qui en proviennent; sur l'une d'entre elles je remarque un bas-relief représentant un lion entre deux vases, dont l'un est mutilé. Quant à l'intérieur de la cella, il est rempli de terre et de matériaux de toutes sortes qui l'ont comblé; un olivier et des broussailles ont pris racine au milieu des décombres.

La colline que couvre ce bel édifice, bien qu'elle domine l'emplacement de la ville entière, est elle-même commandée, à l'est-sud-est, par une autre colline plus haute encore, dont les flancs ont été exploités comme carrière. On y trouve sur le sommet une petite enceinte très-grossièrement élevée avec des blocs antiques et qui est d'origine musulmane; elle est consacrée au santon Sidi-Mahfoud.

Au bas de ces deux collines, vers le nord, une construction très-considérable semble postérieure aux Romains, mais néanmoins antérieure aux Arabes. Les matériaux avec lesquels elle a été bâtie sont de moyenne grandeur; ils sont encadrés à des intervalles réguliers par des blocs gigantesques, placés soit horizontalement, soit verticalement, qui leur servent comme de pièces de soutènement. Intérieurement, cet édifice renferme un assez grand nombre de compartiments.

Du même côté de la ville, c'est-à-dire du côté oriental, les substructions de trois autres monuments plus ou moins vastes sont très-reconnaissables, et en particulier celles d'une église chrétienne. Un magnifique bloc sur lequel est sculptée une croix grecque a probablement appartenu à cette église.

Dans la vallée qui sépare la partie orientale de la ville de sa partie occidentale, vallée où s'élève l'arc de triomphe dont j'ai parlé, je signalerai les restes de deux autres constructions principales qui remontent à l'époque romaine.

Sur le revers occidental de cette même vallée s'étendait la seconde moitié de la ville. On y heurte à chaque pas des amas énormes de gros blocs, les uns alignés encore et en place, les autres renversés pêle-mêle et provenant soit de maisons, soit d'édifices publics presque entièrement démolis. Les fondations très-visibles de l'un de ces édifices indiquent qu'il mesurait quarante-neuf pas sur chaque face.

Quel était le nom antique de cette cité? Aucune inscription ne l'a jusqu'à présent révélé; mais tout porte à croire que nous sommes sur les ruines de l'ancienne Aphrodisium, mentionnée par Ptolémée et que ce géographe place entre Siagul, au nord, et Hadrumète, au sud; ce qui est effectivement la position de l'henchir Sidi-Khalifa, dont la dénomination récente a succédé, comme je l'ai dit, à celle d'Henchir-

Phradise. Or, ce dernier nom rappelle de très-près celui d'Aphrodisium et en paraît dérivé.

La ville d'Aphrodisium devait sans doute renfermer un temple en l'honneur de Vénus Aphrodite, à laquelle, en vertu de son nom même, elle semblait comme dédiée. Si cette conjecture est fondée, je ne serais pas éloigné de penser que la cella que j'ai décrite était celle du temple de cette déesse. Ce temple, érigé sur une colline, était le monument à la fois le plus beau et le mieux situé de la ville. Il la dominait tout entière, et les navigateurs en rasant le rivage, qui n'est qu'à huit ou neuf kilomètres de distance, pouvaient l'apercevoir de la mer. A une époque postérieure à la domination romaine, ce temple a dû subir plusieurs transformations; car, par-dessus les décombres qui remplissent la cella, on distingue les traces de constructions plus récentes.

L'emplacement de l'henchir Sidi-Khalifa, ou, autrement dit, de l'henchir Phradise, répond également à la position assignée par Procope à l'endroit qu'il appelle Grassi et où Bélisaire fit halte un instant dans sa marche d'Hadrumète à Carthage.

Voici le passage de l'historien byzantin [1] :

« Οὕτω γοῦν διὰ τε Λέπτης πόλεως καὶ Ἀδραμήτου ἐς Γράσσαν τὸ χωρίον ἀφικόμεθα, πεντήκοντα καὶ τριακοσίους σταδίους Καρχηδόνος διέχον· ἔνθα δὴ βασίλεια τοῦ τῶν Βανδάλων ἡγουμένου καὶ παράδεισος κάλλιστος. »

La distance de trois cent cinquante stades de Grassi à Carthage est celle-là même qui sépare l'henchir dont il est question en ce moment des ruines de cette ancienne capitale. Le palais du roi des Vandales était probablement l'une des puissantes constructions que j'ai signalées. Quant aux magnifiques jardins où l'armée de Bélisaire aurait volontiers oublié ses fatigues, si ce général ne se fût hâté de l'arracher aux

---

[1] Procop., *Bell. Vandal.*, I, 17.

délices de cette nouvelle Capoue; ils sont, à la vérité, détruits depuis longtemps; mais on trouve toujours en ce lieu les sources dont parle Procope. Il est même possible que la dénomination d'Henchir-Phradise que cette localité a gardée jusqu'au milieu du siècle dernier dérive non du mot Aphrodisium, comme je l'ai dit, mais de Paradisos (παράδεισος), terme qu'emploie Procope pour décrire les beaux vergers de Grassi; c'était, en quelque sorte, le jardin par excellence, le véritable paradis de l'Afrique, où les rois vandales désapprenaient dans la mollesse les vertus guerrières de leur aïeul Genséric, et préparaient ainsi d'avance les victoires de Bélisaire.

A neuf heures, nous nous remettons en marche dans la direction du sud.

A neuf heures quinze minutes, nous rencontrons une source qui s'écoule par un conduit dans un bassin carré de construction antique, au milieu duquel s'élève une petite colonne que surmontait jadis un ornement, soit vase, soit statue, qui a disparu. Près de ce bassin, reste sans doute de ceux qui décoraient les jardins de Grassi, est un bouquet d'oliviers.

Un peu plus loin, une autre source m'est désignée sous le nom d'Aïn-el-Halouf (la source du sanglier). Elle est recueillie d'abord dans un petit bassin antique, puis, au moyen d'un canal, elle va se déverser dans un second bassin beaucoup plus considérable, de forme également carrée et construit en pierres de taille. Au centre de ce réservoir, on voit de même une petite colonne, dont le couronnement n'existe plus.

A côté de cette source, sur les pentes d'un monticule, un douar appartenant à la tribu des Mahedeba a dressé ses tentes. Cette tribu est l'une des plus hospitalières de la Régence, et le scheik ne veut pas nous laisser passer sans nous avoir préalablement forcés, en quelque sorte, d'accepter sous sa tente du lait, des galettes et des figues de cactus. On sait que dans tout le nord de l'Afrique les cactus ou figuiers d'Inde croissent sans culture en très-grande abondance, et que les Arabes sont extrêmement friands des fruits dont ces arbres se couvrent en été, et qui sont pour les pauvres une ressource précieuse.

A onze heures, nous poursuivons notre route vers le sud.

A onze heures quarante minutes, nous traversons un henchir peu étendu appelé Gastlaïa. Quelques maisons renversées avoisinent une petite enceinte, construite jadis avec de gros blocs et en partie démolie.

A onze heures quarante-cinq minutes, nous franchissons l'oued Gastlaïa.

A midi quarante-quatre minutes, j'aperçois près de la route les débris d'un petit mausolée. Il avait été bâti en blocage et était orné de quatre demi-colonnes engagées une à chacun des quatre angles.

A midi cinquante minutes, nous faisons halte pendant une heure à l'henchir Phrara. On y voit sur une colline les restes d'une forteresse byzantine. Longue de soixante-quatorze pas et large de quarante-cinq, elle était flanquée d'une tour à chacun des quatre angles. Les murs d'enceinte sont encore en partie debout. Construits intérieurement en blocage, ils sont à l'extérieur revêtus d'un appareil de grosses pierres de taille.

Sur les pentes et au bas de la colline gisent, au milieu de nombreuses touffes de rhamnus lotus, les débris confus d'un bourg antique bouleversé de fond en comble.

A trois heures, nous traversons l'oued El-Brek, près des ruines d'une construction antique en blocage d'une médiocre importance.

A trois heures trente minutes, nous arrivons au pied du Djebel-Takrouna.

CHAPITRE NEUVIÈME.

Mont et village de Takrouna ; c'est probablement l'ancienne station d'Aggerfel ou Aggersel. — Henchir-el-Menzel, peut-être jadis Ulisippira. — Herglah, autrefois Horrea-Caelia. — Arrivée à Sousa, l'antique Hadrumetum.

Le Djebel-Takrouna, haut d'environ deux cent trente mètres, aux flancs rocheux et escarpés, hérissés en outre çà et là de cactus, est couronné par un petit village d'une cinquantaine de maisons. Au bas du mont est un puits antique qu'avoisinent quelques ruines dans une vallée. Le village manque entièrement d'eau, et il faut que chaque jour les femmes de Takrouna descendent vers ce puits pour y remplir leurs outres ou leurs cruches, qu'elles rapportent ensuite très-péniblement en gravissant avec ce fardeau les pentes, déjà fort rudes par elles-mêmes, de la petite montagne dont elles habitent le sommet.

Takrouna me paraît répondre par sa position à la station d'Aggerfel ou Aggersel, qui nous est connue par la Table de Peutinger et que cette Table indique comme étant située à VI milles au sud de Mediocera, sur la route d'Onellana à Hadrumetum. Or, en plaçant, comme on le fait généralement et comme la ressemblance des noms semble le prouver, à l'henchir Aïn-el-Medaker la Mediocera de la Table de Peutinger, la Medikkara de Ptolémée, on arrive assez bien pour Aggerfel ou Aggersel à l'henchir Takrouna, situé près du puits antique, au pied de la montagne ainsi appelée. Néanmoins, je ferai observer que la distance qui sépare ces deux henchirs est en réalité de VII ou VIII milles.

Nous passons la nuit au village de Takrouna, après avoir admiré un splendide coucher de soleil du plateau élevé où nous sommes. De là, le regard embrasse un horizon aussi varié qu'étendu, horizon sur lequel les derniers feux de l'astre du jour mourant répandent un reflet empourpré qui en fait ressortir avec netteté toutes les lignes. Au nord-ouest, le Zaghouan avec ses puissants contre-forts et ses cimes altières; au nord-est et à l'est, Hammamet et son golfe; au sud-sud-ouest, Kaïroûan, la ville sainte de la Régence; au sud-est, Herglah, Sousa et Monastir, sans énumérer ici une foule d'autres localités plus proches ou même plus éloignées, tout cela apparaît alors à nos yeux, illuminé de belles et riches teintes dorées qui s'assombrissent et s'effacent quand le soleil a disparu.

12 août.

A quatre heures vingt minutes du matin, l'aurore s'est levée, et, avec elle, un brouillard épais semble monter du sein des vastes plaines qui se déroulent autour du Djebel-Takrouna. Ces vapeurs, qui se dissipent ensuite insensiblement, nous présagent une journée brûlante. Aucun souffle ne traverse l'air : l'atmosphère nous semble lourde au sommet du mont; elle devient écrasante une fois que nous sommes redescendus dans la plaine, et nos chevaux, qui ont comme le pressentiment des souffrances qu'ils vont avoir à endurer, ne peuvent être arrachés qu'avec peine au puits où nous les abreuvons, et qui est déjà assiégé par toutes les femmes du village.

Nous cheminons lentement dans la direction du sud-sud-ouest, à travers une plaine presque entièrement inculte, où nous ne rencontrons, de loin en loin, que trois ou quatre pauvres bergers qui font paître leurs troupeaux.

A huit heures quinze minutes, nous faisons halte à l'henchir El-Menzel. Il couvre un espace d'environ deux kilomètres de pourtour. On y remarque, outre plusieurs puits dont quelques-uns sont peut-être antiques, les vestiges d'un aqueduc qui alimentait également d'eau cette petite ville. Quant aux ruines de celle-ci, elles n'offrent absolument rien qui vaille la peine d'être signalé. C'est un chaos confus de décombres résultant d'un amas de maisons renversées les unes sur les autres et qui paraissent avoir été grossièrement bâties avec de menus matériaux.

Un peu au delà, sur une colline qui domine légèrement la plaine, s'étendent les débris d'une assez vaste construction qui date probablement des premiers temps de l'islamisme et qui ressemble à un caravansérail; les Arabes l'appellent El-Kasr (le château).

En résumé, les restes d'El-Menzel sont pour la plupart postérieurs non-seulement à l'époque romaine, mais encore à l'époque byzantine. Néanmoins, ce bourg, d'origine musulmane selon toute apparence, a pu succéder à une petite ville antique, et j'incline à y placer l'Ulizibbirra (Οὐλιζίββιρρα) de Ptolémée, l'Ulisippira de la Table de Peutinger, qui est marquée dans cette Table à VIII milles au sud d'Aggersel. Si l'on fixe Aggersel à l'henchir Takrouna, on arrive assez naturellement à l'henchir El-Menzel pour Ulisippira.

A onze heures quinze minutes, nous quittons ces ruines et nous nous dirigeons vers Herglah, à l'est-sud-est. Nous traversons d'abord un plateau pierreux, puis nous franchissons une vaste sebkha, qui en hiver se remplit d'eau et que les grandes chaleurs de l'été dessèchent d'ordinaire presque complétement. On l'appelle El-Djeriba.

A trois heures de l'après-midi, nous mettons pied à terre à Herglah. J'ai déjà parlé de cette petite ville, l'ancienne Horrea-Caelia. Nous nous y arrêtons pour la nuit.

13 août.

A quatre heures du matin, nous sommes en route pour Sousa, que nous atteignons au bout de quatre heures quarante-cinq minutes de marche, après avoir examiné de nouveau, chemin faisant, les quelques ruines, d'ailleurs fort peu importantes, que nous avions une première fois visitées, sept mois auparavant.

CHAPITRE DIXIÈME.

Nouveau séjour à Sousa. — Visite de la kasbah. — Fouilles pratiquées par M. le vice-consul de France Espina sur l'emplacement de l'antique nécropole d'Hadrumetum. — Départ pour Kaïrouan. — Itinéraire suivi jusqu'à cette ville.

Le lecteur connaît suffisamment la ville de Sousa par la description que j'en ai faite dans la première partie de cet ouvrage : je ne reviendrai donc pas ici sur les détails que j'ai donnés alors au sujet de cette cité, qui fut jadis la capitale de la Byzacène sous le nom d'Hadrumetum et qui est toujours demeurée l'une des villes les plus considérables de la Régence. Nous y passâmes quatre jours, que j'employai soit à étudier plus complétement cette localité, soit à mettre en ordre mes notes et mes inscriptions.

Lors de mon premier voyage à Sousa, le colonel commandant de place n'avait pas cru, en l'absence de son général, devoir m'accorder la permission de pénétrer dans la kasbah. Cette fois-ci, grâce à l'obligeance de M. Espina, qui m'accompagna lui-même chez le général Si-Réchid, j'obtins facilement cette faveur. Si-Réchid a voyagé en France et passe pour l'un des hommes les plus instruits et les plus distingués de la Tunisie. Aussi s'empressa-t-il avec une courtoisie parfaite, pour faire honneur à mon titre de Français et en même à la recommandation de M. Espina, son ami, d'accéder à mon désir, et il donna aussitôt l'ordre à l'un de ses officiers de nous conduire, M. le vice-consul de France et moi, dans l'intérieur de la citadelle.

Située dans la partie haute de la ville, à l'angle sud-ouest de son enceinte, elle est grande et passablement bien entretenue. Les épaisses murailles qui l'enferment sont récrépies à la chaux depuis peu. Au centre s'élève une tour appelée El-Nadour (l'observatoire), qui contient la poudrière. Du sommet de cette tour, dont l'élévation propre est fort exhaussée par la position qu'elle occupe, nous pûmes contempler à loisir, d'un côté, la mer qui étendait à l'infini devant nous son immense nappe bleue et se confondait, à l'horizon, avec l'azur du ciel, et de l'autre, au delà de la zone des jardins et des forêts d'oliviers qui entourent la ville, les vastes plaines, autrefois si fertiles, maintenant si mal cultivées et presque désertes de l'antique et riche Byzacène.

En redescendant du Nadour, M. Espina me montra dans l'une des cours de la kasbah une cinquantaine de vases de différentes formes et de différentes grandeurs, qui avaient été récemment découverts en fouillant un certain nombre de tombeaux de l'ancienne nécropole d'Hadrumetum.

Cette nécropole, dont on retrouve l'emplacement à l'ouest de la ville actuelle, a été très-souvent l'objet de fouilles intéressées. Une grande partie des sépultures, soit carthaginoises, soit romaines, qu'elle renfermait, ont été violées et dévastées, dans l'espérance de ravir aux morts les trésors que l'on croyait ensevelis avec eux. Le terrain qu'elle couvrait est aujourd'hui envahi aux trois quarts par des jardins et des plantations d'oliviers. C'est au milieu de l'un de ces vergers que M. Espina a fait naguère pratiquer quelques excavations dans un but scientifique, excavations dans lesquelles il a été secondé par le général Si-Réchid, qui a mis à sa disposition avec beaucoup de bienveillance les hommes dont il avait besoin. La découverte de trois ou quatre hypogées funéraires a été le résultat de ces fouilles. Au-fond de l'un de ces hypogées, vaste tombeau de famille creusé dans un tuf assez tendre, M. Espina a trouvé, entre autres choses dignes d'attention, une mosaïque représentant le labyrinthe de Crète. On y voit figuré le Minotaure ainsi que la birème qui emporte Thésée vainqueur. A l'entrée du dédale se lit l'inscription suivante :

HIC INCLVSVS VITAM PERDIT

17 août.

J'avais parcouru les principales villes de la Régence; néanmoins je n'avais pas encore visité celle de Kaïrouan, que les Tunisiens considèrent comme leur cité sainte, et qui, à ce titre, est interdite rigoureusement à tous ceux qui ne professent pas l'islamisme. Avant de quitter la Tunisie, je désirais voir cette ville mystérieuse, et Son Altesse le bey, à la demande de M. le consul général de France, m'avait remis un amar particulier, c'est-à-dire un ordre marqué de son sceau, pour les autorités qui la gouvernent. A la vérité, à cause des massacres qui venaient d'ensanglanter la Syrie, et dont la nouvelle s'était répandue aussitôt, avec une promptitude incroyable, dans toute l'étendue de l'empire ottoman, le fanatisme héréditaire et comme incurable des habitants de Kaïrouan devait avoir été ravivé encore, et l'on m'avait conseillé de ne pas me rendre dans cette ville au milieu de pareilles conjonctures. Mais abandonner la Régence sans en connaître l'une des places les plus importantes et celle qui avait conservé le plus fidèlement son type original et sa physionomie essentiellement et exclusivement musulmane, me paraissait dans mon voyage une lacune trop grande pour que je n'essayasse pas de la combler. Sans doute, plusieurs voyageurs européens avaient déjà pénétré auparavant dans l'intérieur de cette ville et en avaient décrit l'état actuel; mais les renseignements précieux qu'ils nous avaient donnés à ce sujet avaient besoin d'être complétés, et c'était là une tâche devant laquelle je ne crus pas devoir reculer. En outre, ce réveil même du fanatisme musulman, qui semblait endormi, et qui, toujours vivace, venait de se manifester par une explosion dont le contre-coup s'était fait sentir si loin, ne pouvait nulle part, à mon sens, être mieux étudié en Tunisie qu'à Kaïrouan.

Le 19 août donc, après avoir fait, la veille au soir, mes

CHAPITRE DIXIÈME.

derniers adieux à M. Espina et aux différentes personnes que j'avais connues à Sousa, je prends, sans plus différer, avec ma petite escorte habituelle, la route de Kaïrouan.

A cinq heures trente minutes du matin, nous sortons de Sousa par la porte occidentale (Bab-el-Gharbi). Notre direction est celle de l'ouest-sud-ouest.

A cinq heures quarante-cinq minutes, je remarque à notre gauche, dans un bois d'oliviers, une petite construction voûtée qui est probablement romaine; elle est à moitié détruite et me paraît être un ancien mausolée.

A sept heures trente minutes, quelques débris antiques, mais sans importance, attirent un instant mon attention.

A huit heures, nous abreuvons nos chevaux à un puits près duquel gisent sur une colline peu élevée les restes d'un ancien bourg, détruit de fond en comble. Le sol est partout jonché de débris concassés. Au milieu de ce chaos de blocs mutilés ou même réduits en poussière, les traces de deux enceintes de quelque étendue sont encore reconnaissables; on aperçoit aussi çà et là plusieurs pans de murs construits en blocage. Aucune inscription n'a jusqu'à présent révélé le nom primitif de cette localité; les Arabes la désignent actuellement sous celui de Ksir-el-Hacham.

A huit heures quarante-cinq minutes, un henchir moins important s'offre à nos yeux : il consiste en un amas confus de menus matériaux, faibles vestiges d'un village antique complétement renversé.

A neuf heures trente minutes, d'autres débris analogues ne me présentent également qu'un intérêt médiocre.

A dix heures, nous faisons halte près d'un fourré de cactus. Le chili ou vent du sud embrase l'atmosphère, et, pour apaiser la soif inextinguible qui nous dévore, nous sommes fort heureux de trouver sur ces figuiers sauvages quelques fruits rafraîchissants, échappés à la voracité des Bédouins nomades.

21.

A onze heures, nous poursuivons notre marche.

Vers midi, nous distinguons à l'horizon le haut minaret de la grande mosquée de Kaïrouan; et cette vue, qui semble abréger la distance et rapprocher la ville de nous, ranime notre courage que commençait à abattre dans la plaine immense et dénudée que nous traversions l'ardeur d'un soleil tropical et l'haleine desséchante du vent du désert.

A trois heures trente minutes enfin, nous franchissons un marais fangeux, et nous faisons ensuite bientôt halte à une faible distance des murs de la cité d'Okbah, près de la zaouïa Sidi-Schanoun. Je dépêche alors l'hamba Mohammed avec l'amar du bey au khalife de Kaïrouan, et nous attendons son retour. L'amar de Son Altesse, en effet, qui partout ailleurs est un ordre absolu et qui suffit à lui seul pour ouvrir au chrétien qui en est porteur l'entrée de toutes les autres villes de la Tunisie, n'est ici qu'une simple prière, qu'une pure lettre de recommandation.

Les autorités de Kaïrouan peuvent refuser l'admission dans leurs murs du chrétien qui se présente avec cet amar, sans que le bey ait le droit formel de les en punir.

A cinq heures, Mohammed revient avec trois scheiks et trois chaouchs, et c'est au milieu de cette escorte qu'à cinq heures dix minutes je pénétrai dans la ville. Les abords de la porte par laquelle nous entrâmes étaient encombrés d'une foule compacte de curieux plus ou moins bien intentionnés. Car, si la venue d'un chrétien est toujours un événement pour les habitants de Kaïrouan, comme à l'époque où je visitai leur ville, la nouvelle des massacres de Syrie les avait fort agités; mon arrivée dans de semblables circonstances avait vivement excité leur curiosité, et beaucoup s'imaginaient que, sous prétexte de chercher des inscriptions, j'avais la mission secrète d'examiner parmi eux l'état des esprits.

Un quart d'heure après, j'étais installé à Dar-el-Bey, où le khalife, suivi de la plupart des autorités de la ville, m'offrit une bienveillante hospitalité; mais, en même temps, il me recommanda, à plusieurs reprises, de ne jamais sortir seul. Les trois jours que je demeurai dans la ville, il voulut lui-même, malgré son grand âge, m'accompagner partout avec plusieurs scheiks. « Qui sait, me disait-il, ce qui autrement pourrait survenir? » Effectivement, la présence même du gouverneur ne me mit pas toujours à l'abri de toute insulte, et dans une caserne, où un grossier soldat avait outragé dans ma personne mon titre de chrétien, je dus me plaindre énergiquement pour obtenir la réparation qui m'était due.

CHAPITRE ONZIÈME.

Description de la ville de Kaïrouan. — Sa mosquée principale. — Ses bazars. — Ses réservoirs. — Fanatisme de ses habitants. — Excursion à Sabra, regardée comme l'ancien vicus Augusti.

18, 19 et 20 août.

Ayant consacré trois jours à parcourir la ville de Kaïrouan et ses environs les plus proches, je vais résumer dans ce chapitre mes différentes observations et tâcher d'esquisser en peu de mots, le plus fidèlement qu'il me sera possible, la physionomie générale qu'elle présente.

Si Tunis est devenue depuis de longs siècles la capitale politique de la Régence à laquelle elle a donné son nom, si elle est le siége du gouvernement et le centre du commerce, on peut dire néanmoins que Kaïrouan est toujours demeurée dans l'esprit des masses la capitale religieuse de la contrée. Fondée par le conquérant Okbah, à l'époque de l'invasion des Arabes dans le nord-ouest de l'Afrique, elle a gardé, à cause de cette fondation même, aux yeux des fidèles musulmans, un prestige sacré qu'aucune autre ville ne peut lui disputer dans toute l'étendue de la Régence. C'est la cité sainte par excellence, c'est la véritable métropole du culte, métropole où le croissant domine sans partage. Là, jamais le muedzin, en annonçant la prière du haut des minarets, n'a rencontré de son regard indigné aucun autre symbole religieux arboré sur un sanctuaire rival où le nom de Mahomet ne fût point invoqué; là, depuis douze siècles, l'iman, interprète et apôtre du Coran, n'a jamais vu paraître en sa présence un ministre de l'Évangile. Kaïrouan, en effet, a toujours été fermée aux chrétiens, et ce n'est que par exception qu'un petit nombre d'entre eux ont pu y pénétrer.

Située au centre d'une grande plaine en partie marécageuse, à cinquante-deux kilomètres à l'ouest-sud-ouest de Sousa et à cent trente environ au sud de Tunis, elle s'élève solitaire dans un véritable désert presque entièrement dépourvu d'arbres et même d'arbustes. Dans les années pluvieuses, ce désert néanmoins s'anime, tant est féconde alors cette terre d'Afrique sous les rayons de son soleil vivifiant, et de beaux pâturages y attirent de nombreux troupeaux conduits par des tribus nomades d'Arabes, qui continuent à vivre maintenant comme vivaient les Numides de l'antiquité. Mais, l'hiver précédent, les pluies ayant presque complétement manqué dans la Régence, si ce n'est dans les régions les plus septentrionales, cette plaine, à l'époque où je la traversai, présentait l'aspect de la stérilité la plus complète. Seulement, à quelques kilomètres de la ville, dans la direction du nord et du nord-ouest, deux maisons de campagne rompaient par la verdure de leurs jardins l'uniformité de cette solitude attristante; enfin, plus près des remparts, trois ou quatre maigres vergers se mouraient de sécheresse, non moins que la ceinture de cactus qui les entourait.

Cette contrée, si dénudée actuellement, était autrefois très-boisée, quand Okbah, l'an 55 de l'hégire ou 675 de notre ère, entreprit d'y jeter les fondements de Kaïrouan; car voici ce que raconte, à ce sujet, l'historien arabe Novaïri [1].

---

[1] Manuscrits de la Bibliothèque impériale, n° 702, fol. 4. Traduction de M. Noël des Vergers.

CHAPITRE ONZIÈME.

« Okbah-ben-Nâfi, ayant pris la résolution de fonder la ville de Kaïrouan, conduisit ses soldats vers l'endroit qu'il avait choisi; c'était un fourré épais dans lequel aucun chemin n'était tracé. Aussi lui dirent-ils, quand il les engagea à se mettre à l'œuvre : « Eh quoi! tu voudrais nous faire con-
» struire une ville sur l'emplacement d'une forêt inextricable?
» Comment ne redouterions-nous pas les bêtes sauvages de
» toute espèce et les serpents dont nous aurions à braver les
» attaques? » Okbah, dont l'intercession était toute-puissante auprès de la Divinité, s'adressant alors à Dieu très-haut, tandis que ses guerriers répondaient *amen* à ses invocations, s'écria : « O vous, serpents et bêtes sauvages, sachez que
» nous sommes les compagnons du prophète d'Allah! Réti-
» rez-vous du lieu que nous avons choisi pour nous établir;
» ceux de vous que nous rencontrerions plus tard seraient
» mis à mort. » Quand il eut achevé ces mots, les musulmans virent avec étonnement pendant toute la journée les bêtes venimeuses et les animaux féroces se retirant au loin et emmenant avec eux leurs petits, miracle qui convertit un grand nombre de Berbers à l'islamisme. »

Avant d'entrer dans la ville, on remarque plusieurs zaouïas ou chapelles consacrées à des santons différents; quelques-unes d'entre elles sont environnées de tombes, les musulmans ayant l'habitude de placer leurs dernières demeures près de celles des scheiks dont ils vénèrent la mémoire. Sept faubourgs, qui forment autant de quartiers distincts, précèdent en outre la cité sainte. Celle-ci est enfermée dans une enceinte crénelée et flanquée, de distance en distance, de tours, soit rondes, soit carrées, à demi engagées dans la muraille. Comme les pierres sont très-rares dans la vaste plaine de Kaïrouan et qu'il faut les aller chercher très-loin, cette enceinte est aux trois quarts construite en briques. Il en est de même de la plupart des maisons de la ville. Quatre portes principales donnent entrée dans la place.

Les rues sont plus larges, moins irrégulières et généralement mieux tenues que dans la plupart des autres villes de la Tunisie. Les maisons n'ont d'ordinaire qu'un seul étage; une des plus belles est celle qui est connue sous le nom de Dar-el-Bey.

Les édifices religieux sont assez nombreux. On compte une cinquantaine de zaouïas et une vingtaine de mosquées. La plus grande et la plus célèbre de toutes est celle d'Okbah ou Djama-el-Kebir. Il m'a été impossible, bien entendu, d'y entrer, les mosquées en Tunisie, et surtout à Kaïrouan, étant tout à fait inaccessibles aux chrétiens. J'ai pu seulement faire le tour extérieur du quadrilatère qu'elle forme, et encore les scheiks et les chaouchs qui m'escortaient me pressaient-ils de hâter le pas et de ne point jeter un coup d'œil trop attentif sur ce monument religieux, l'un des plus vénérés de l'islamisme, dans la crainte d'éveiller les murmures et de m'attirer les outrages des habitants. Un haut mur d'enceinte, percé de plusieurs portes, environne ce quadrilatère; quelques-unes de ces portes sont ornées de colonnes antiques dont les chapiteaux élégants ont perdu malheureusement en partie la grâce de leur forme première, à cause de l'épaisse couche de chaux dont on les a recouverts. Rien ne domine à l'extérieur de cette immense mosquée qu'une grande tour carrée, très-large à sa base et couronnée de trois étages en retraite les uns sur les autres. Cette tour s'aperçoit de très-loin, et c'est elle qui, à la distance de dix-huit kilomètres environ, signale aux caravanes l'approche de Kaïrouan. L'intérieur de cet édifice et des diverses galeries et nefs qu'il comprend est, dit-on, peuplé de magnifiques colonnes en marbre, en granit et en porphyre, enlevées à des monuments plus anciens.

« Au moment où Okbah se disposait à jeter les fondements de cette mosquée, il y eut, rapporte le même historien arabe que j'ai cité tout à l'heure, un grand dissentiment dans la population au sujet de la kibla. On disait qu'à l'avenir les habitants de l'Afrique adopteraient la kibla de cette mosquée, et on engageait Okbah à en déterminer l'emplacement avec le plus grand soin. Okbah eut alors pendant son sommeil une révélation; et une voix d'en haut lui adressa ces paroles : « O toi qui es aimé du Maître des mondes, lorsque » le matin sera venu, prends l'étendard, mets-le sur ton » épaule ; tu entendras devant toi réciter le tekbir, sans » qu'aucun autre que toi puisse l'entendre ; le lieu où se ter- » minera la prière, c'est celui-là qu'il faut choisir comme » kibla, c'est là où il faut placer dans la mosquée le siége » de l'iman. Dieu très-haut protégera cette ville et cette mos- » quée; sa religion y sera établie sur des bases solides, et » jusqu'à la consommation des temps, les infidèles y seront » humiliés. » A ces paroles, Okbah sortit de son sommeil, tout éperdu d'une telle révélation ; il fit ses ablutions et se rendit à l'emplacement que devait occuper la mosquée pour y réciter la prière.... Bientôt la voix mystérieuse frappa ses oreilles, il la suivit, et fixa à l'endroit où elle s'arrêta le siége de l'iman. »

Un autre écrivain arabe, El-Bekri [1], nous apprend que cette mosquée fut rasée et rebâtie, l'an 69 de l'hégire (689 de notre ère), par Hassan-ben-Noman, qui fut nommé gouverneur de l'Afrique en remplacement de Soheir, successeur d'Okbah. Hassan néanmoins conserva le mihrab; il l'embellit même en y transportant deux superbes colonnes rouges, tachetées de jaune, enlevées à une église chrétienne, et pour lesquelles, ajoute cet historien géographe, l'empereur de Constantinople avait vainement offert leur poids en or. Sous le khalifat de Hicham-ibn-Abd-el-Melik, dixième khalife de la dynastie des Ommiades, vers l'an 105 de l'hégire (724 de J.-C.), cette mosquée fut reconstruite sur un plan plus vaste. Quarante-huit ans plus tard, Yezid-ibn-Hatem, étant gou-

---

[1] El-Bekri, *Description de l'Afrique septentrionale*, p. 57.

verneur de l'Ifrikiya, la fit démolir de nouveau, à l'exception du mihrab, et la rebâtit ensuite. L'an 205 de l'hégire (820 de l'ère chrétienne), Ziada-t-Allah, fils d'Ibrahim-ibn-el-Aghlab, le fondateur de la dynastie des Aghlabites, la rasa pour la troisième fois. Comme il se disposait à détruire aussi le mihrab, on lui objecta que tous ses prédécesseurs avaient abandonné ce projet, attendu que cette partie de l'édifice avait été élevée par Okbah-ben-Nâfi; il le conserva donc, tout en le masquant par un mur. Quant au reste du monument, il le rebâtit en entier. Quelques réparations et adjonctions eurent lieu encore plus tard. Actuellement, cette mosquée aurait besoin d'une restauration presque complète. Le nombre des colonnes qu'elle renferme, d'après les renseignements qu'on m'a donnés, se monte à cinq cents environ, chiffre probablement exagéré, car Bekri nous dit que de son temps, c'est-à-dire l'an 460 de l'hégire, on en comptait quatre cent quatorze, formant dix-sept nefs, et il n'est point à croire que, depuis cette époque, ce nombre, qui semble déjà si considérable, ait été encore augmenté, l'importance de la ville, et partant la splendeur de la mosquée, ayant diminué de plus en plus.

Telle est, en peu de mots, l'histoire, telle est aussi, autant que je puis la donner, la description de ce monument célèbre, qui, malgré l'ampleur de ses proportions, ne m'a pas paru répondre, extérieurement du moins, à la renommée extraordinaire dont il jouit dans toute la Régence de Tunis.

Après la Djama-Sidi-Okbah, la Djama-Zitoun (mosquée de l'olivier) tient le premier rang.

Dans les faubourgs, les sanctuaires principaux sont : la zaouïa Sidi-Abd-el-Kader-el-Kilani, la zaouïa Sidi-Sahab, où reposent les restes de l'un des barbiers du Prophète, et la zaouïa Sidi-Amer-Abada. Cette dernière est décorée de plusieurs coupoles et elle est de construction toute récente, car le saint en l'honneur duquel elle a été bâtie est mort, il y a peu d'années seulement, à Tunis.

Parmi les monuments funéraires qui sont presque vénérés à l'égal des sanctuaires religieux, je citerai quelques tombeaux, fort délabrés du reste, des Aghlabites, et celui de Sidi-Schanoun, savant théologien musulman, qui mourut l'an 240 de l'hégire (854 de J.-C.), après avoir rempli les fonctions de kadi à Kaïrouan.

La ville a des marchés assez bien fournis. Bien qu'autour d'elle règne au loin un désert inculte, elle voit chaque jour entrer dans ses murs des caravanes qui l'alimentent incessamment. Ses bazars sont, comme tous ceux des autres villes musulmanes, divisés en plusieurs quartiers distincts, chaque genre d'industrie y occupant un emplacement séparé et étant sous la juridiction d'un amin particulier, ce qui rappelle nos corps de métiers du moyen âge. Le commerce consiste principalement en pelleteries; un grand nombre d'ouvriers fabriquent des brides, des selles, et surtout des babouches à la mode du pays. Ces babouches, en maroquin jaune, obtiennent par l'art de la préparation une couleur de safran d'une nuance très-remarquable, et pour laquelle les artisans de cette cité n'ont point de rivaux dans toute la Régence.

Kaïrouan n'a aucune fontaine dans son enceinte. Chaque mosquée, chaque établissement public ou privé, chaque maison a sa citerne. Comme en 1860 il n'a presque pas plu dans cette partie de la Tunisie, la plupart de ces citernes étaient à sec à l'époque de mon voyage, et celles qui n'étaient point encore vides renfermaient une eau vaseuse d'un goût détestable.

Pour obvier à cette pénurie d'eau dans les années de sécheresse, de grands réservoirs, appelés par les Arabes feskias, ou, suivant une prononciation plus usitée en Tunisie, fesguias, avaient été jadis creusés et construits près de la ville; j'en ai remarqué quatre principaux.

L'un, celui qui est le plus en dehors des murs, vers l'ouest, se compose d'abord d'un bassin polygonal, formé de seize côtés, dans lequel l'eau se répandait en provenant de l'un des bras de l'oued Merg-el-Lil. Ce bassin a cent quarante-cinq pas de tour. De là, l'eau, après s'être purifiée en laissant une partie de son limon et des autres substances qu'elle tenait en dissolution, passait dans un second bassin beaucoup plus considérable et de forme à peu près circulaire; il compte environ quatre cent quatre-vingts pas de circonférence. Le mur d'enceinte en est soutenu par de nombreux contre-forts. Au centre s'élève une sorte de petit pavillon qui tombe en ruine et qui est aux trois quarts enseveli dans la vase durcie et desséchée qui s'est accumulée alentour. Enfin, de ce second bassin l'eau purifiée de nouveau et plus complétement arrivait limpide dans de profondes citernes où on la puisait. Il est question de ce vaste système de réservoirs dans El-Bekri.

« En dehors des murs de Kaïrouan, dit cet écrivain [1], se trouvent quinze réservoirs bâtis par l'ordre de Hicham et d'autres princes, afin d'assurer aux habitants une provision d'eau suffisante. Le plus grand et le plus utile de ces bassins est situé auprès de la porte de Tunis et doit sa construction à Abou-Ibrahim-Ahmed, fils de Mohammed l'Aghlabite. Il est de forme circulaire et d'une grandeur énorme. Au milieu s'élève une tour octogone, couronnée par un pavillon à quatre portes. Une longue série d'arcades cintrées, dont les unes sont posées sur les autres, vient aboutir au côté méridional de ce bassin. A l'occident, il y avait un château bâti par Ziada-t-Allah. Immédiatement au nord du même bassin s'en trouve un autre, de petite dimension, nommé el-Feskia (le réservoir), qui reçoit les eaux de la rivière et en amortit la rapidité. Quand ces eaux le remplissent jusqu'à la hauteur

---

[1] El-Bekri, *Description de l'Afrique septentrionale*, p. 65.

de deux toises, elles s'écoulent dans le grand bassin par une ouverture appelée es-Sarh (la décharge). La feskia est un ouvrage magnifique et d'une construction admirable. Obeïd-Allah (le premier des khalifes Fatimités) disait quelquefois : « J'ai remarqué en Ifrikiya deux choses auxquelles je n'ai rien vu de comparable en Orient : l'une, c'est l'excavation (il voulait dire le réservoir) qui est auprès de la porte de Tunis, et l'autre, c'est le Kasr-el-Bahr (le château du lac) qui se trouve dans la ville de Raccada. »

On voit clairement par ce passage que l'auteur arabe parle ici de la même citerne que je viens de décrire, citerne consistant en trois bassins distincts, dus à deux princes différents. Malheureusement cette fesguia, d'une utilité si grande pour les habitants de Kaïrouan dans les années de sécheresse, a été négligée par eux, et elle est maintenant en partie comblée.

Il en est de même d'une seconde qui se compose d'un bassin oblong dans lequel l'eau subissait une première épuration, puis elle passait dans un très-vaste bassin carré, et de là dans des citernes voûtées où on la recueillait. Ces citernes sont aujourd'hui à sec et ces bassins à moitié remplis de terre.

Une troisième fesguia, construite et disposée de la même manière que la précédente, peut encore servir actuellement, mais elle est fort mal entretenue.

Une quatrième enfin est complétement dégradée, et le mur d'enceinte qui renfermait le bassin principal est aux trois quarts détruit.

La meilleure eau de Kaïrouan se trouve dans un faubourg connu sous le nom de Rebat-Bir-el-Bey, à cause d'un puits qui y a été creusé et qui s'appelle le puits du bey.

Si une armée ennemie mettait un jour le siége devant Kaïrouan, elle pourrait, en s'emparant de ce puits et de la seule fesguia qui soit encore de service, réduire la ville à la plus grande extrémité.

Cette cité, du reste, est beaucoup moins peuplée et moins importante que quelques personnes pourraient se le figurer; en effet, elle n'a guère plus de quatre kilomètres de tour, en y comprenant ses faubourgs, et elle renferme au plus douze mille habitants. Ses murs, quoique en assez bon état en apparence, ne pourraient pas résister à la moindre attaque sérieuse. A l'époque des princes Aghlabites, Fatimites et Zéirites, quand elle était la capitale, à la fois politique et religieuse, de la province d'Ifrikiya, son étendue était bien plus grande et sa population plus considérable.

Plusieurs villas royales, décorées avec une rare magnificence, et qui devinrent comme le centre de villes véritables, s'élevèrent tour à tour près de cette capitale : telles furent Kasr-Kedim ou Abbacia, Rakkadah et Sabra, autrement dite Mansouriah; elles sont toutes détruites de fond en comble, ainsi que les nombreuses habitations qui les entouraient.

Bien que déchue singulièrement de son ancienne splendeur, Kaïrouan n'en est pas moins, après Tunis, l'une des villes les plus peuplées de la Régence; mais ce qui la distingue surtout, c'est le caractère sacré dont elle est revêtue, caractère qu'elle doit à son origine, à la sainteté de sa mosquée principale, au grand nombre de ses zaouïas et à l'inviolabilité de son propre territoire. Située à peu près au cœur de la Tunisie, elle n'a jamais été attaquée par des troupes chrétiennes, ainsi que l'ont été quelquefois les villes de la côte. Aucun chrétien même n'a jamais eu le droit, je ne dis pas de s'y fixer, mais d'y pénétrer, à moins d'une faveur toute particulière. Les juifs, qui partout ont su se rendre nécessaires aux musulmans, lesquels les méprisent, mais ne peuvent s'en passer, n'ont jamais pu non plus franchir ses portes; elle est donc restée vierge du contact de toute religion opposée à celle de son fondateur Okbah. De là l'espèce de sainte et mystérieuse auréole dont la foi musulmane l'entoure; les caravanes qui s'y rendent constamment de tous les points de la Tunisie viennent s'y retremper en quelque sorte dans l'islamisme; sa grande mosquée, dont toutes les pierres, suivant une tradition populaire que les imans ont soin de perpétuer dans les masses, seraient venues miraculeusement se poser d'elles-mêmes à la place qu'elles occupent, est sans cesse visitée avec un profond respect par les adeptes du Coran; les sanctuaires de ses santons sont également le but de pèlerinages fréquents : tout cela entretient dans l'esprit des masses un fanatisme que rien jusqu'ici n'a pu affaiblir.

Avant de quitter Kaïrouan, j'allai visiter les ruines de Sabra, situées à vingt-cinq minutes au sud de la ville. Sabra, en effet, passe, dans la tradition, pour avoir fourni la plupart des matériaux avec lesquels Okbah aurait bâti la capitale qu'il fondait. Les vestiges de cette ancienne cité sont aujourd'hui presque effacés du sol. Seulement on remarque de tous côtés, dans un espace assez étendu, un grand nombre d'excavations pratiquées dans le but d'extraire des fondations des édifices renversés des pierres toutes taillées, qui ont été depuis transportées à Kaïrouan. Le khalife qui m'accompagnait dans cette excursion m'affirmait que presque toutes les colonnes qui ornent l'intérieur de la grande mosquée d'Okbah provenaient des ruines de Sabra. Deux seuls tronçons de colonnes y gisent encore. On les désigne sous le nom d'Arsat-ed-Dem (les colonnes du sang ou les colonnes sanglantes). Ce sont deux fûts monolithes, longs d'un peu plus de trois mètres et ayant un diamètre de près d'un mètre. On voit qu'on a essayé de les scier et qu'on a ensuite renoncé à cette opération. Comme ils sont d'un granit rougeâtre mêlé de diverses autres nuances, telles que violet, lilas, rose et noir, une tradition répandue parmi les indigènes veut que du sang ait coulé sous la scie des ouvriers au moment où ils s'efforçaient de les couper par moitié, afin de pouvoir les transporter ensuite plus facilement, et qu'à cette vue ils se soient arrêtés épouvantés. « Remarquez-vous, me disait le khalife, en me montrant les veines rougeâtres de ces deux monolithes, remarquez-vous les gouttes de sang encore empreintes sur ces deux colonnes? » On reconnaît là l'imagination arabe, toujours amie du merveilleux.

Sabra passe généralement pour être l'ancien vicus Augusti dont il est question dans l'Itinéraire d'Antonin et qui est marqué dans cet Itinéraire comme étant situé à XXV milles d'Hadrumetum et à XXXI de Thysdrus. Je ferai observer, toutefois, que la distance de Sabra à Sousa, l'antique Hadrumetum, est en réalité de XXXIII milles, et que l'intervalle qui sépare cette même localité d'El-Djem, jadis Thysdrus, est d'environ XLV milles. Si donc les chiffres donnés par l'Itinéraire d'Antonin sont exacts sur ces deux points, il faut chercher ailleurs qu'à Sabra le vicus Augusti.

Quel qu'ait été le nom antique de Sabra, toujours est-il qu'Ismaïl-el-Mansour, le troisième khalife de la dynastie des Fatimites, établit son séjour en ce lieu et y fonda l'an 337 de l'hégire (948-949 de l'ère chrétienne) une ville à laquelle il donna le nom d'El-Mansouriah (la Victorieuse). Cette ville, comme nous l'apprend El-Bekri[1], continua jusqu'à l'époque de sa ruine à servir de résidence aux souverains du pays. Moad, fils d'Ismaïl, y transféra tous les bazars et toutes les fabriques de Kaïrouan. Elle avait cinq portes, savoir : Bab-el-Kebli (la porte du sud), Bab-ech-Cherki (la porte de l'est), Bab-Zouïla (la porte de Zouïla), Bab-Ketama (la porte de Ketama), et Bab-el-Fotouh (la porte des conquêtes). Quand le souverain se mettait en campagne, il sortait par cette dernière porte, suivi de ses troupes. On rapporte qu'on percevait chaque jour, à une seule de ces portes, la somme de vingt-six mille dirhems pour droits d'entrée (entre dix et quinze mille francs).

Actuellement Sabra, rebâtie par Ismaïl sur des ruines

---

[1] El-Bekri, *Descript. de l'Afrique septentrionale*, p. 64.

antiques, n'a plus gardé que son nom et ses souvenirs : tous ses monuments ont été de nouveau comme arrachés du sol, et Kaïrouan s'est enrichi encore une fois de ses dépouilles.

Cette dernière ville a-t-elle elle-même succédé à une cité antique? Il est probable que non; car nous savons par le passage que j'ai cité de l'historien arabe Novaïri, qu'à l'époque où Okbah entreprit d'en jeter les fondements, il ne trouva dans l'endroit qu'il avait choisi qu'un fourré impénétrable, refuge des animaux féroces, et cet historien ne fait nullement mention de ruines comme existant au milieu de cette forêt. Les blocs, les colonnes et les fragments antiques de toute nature que l'on rencontre presque à chaque pas dans les constructions modernes de Kaïrouan proviennent donc d'ailleurs, soit de Sabra, soit d'autres localités plus éloignées. La seule inscription latine que j'aie aperçue se réduit aux caractères suivants, gravés sur un bloc mutilé encastré dans le mur extérieur d'une maison.

497.

ALVI

M. Pellissier avait copié deux autres fragments épigraphiques plus importants, sur deux pierres de la grande mosquée. Je ne les ai pas retrouvés; il est vrai qu'il m'a été impossible d'étudier avec soin l'extérieur de ce monument, et qu'on m'a seulement permis d'y jeter de loin un coup d'œil très-rapide. M. Pellissier a pu, comme consul de France et dans des circonstances plus favorables, se livrer à un examen plus attentif de cette mosquée célèbre, dont on voulait même m'interdire complétement l'approche.

CHAPITRE DOUZIÈME.

De Kaïrouan à Djeloula. — Halte à Bathen-Garn, chez le général Baba-Mohammed-Chaouch. — Henchir Tel-Mout. — Henchir Aïn-Djeloula; description des ruines de cette ancienne ville, peut-être l'oppidum Usalitanum de l'antiquité.

Le 20 août, à six heures du soir, abandonnant la ville de Kaïrouan, nous nous mettons en marche dans la direction de l'ouest.

A sept heures quarante-cinq minutes, nous arrivons à Bathen-Garn. Là habite dans une villa entourée de vergers, le général Baba-Mohammed-Chaouch, que j'avais vu, la veille, à Kaïrouan, et qui m'avait invité à souper chez lui. Pendant le repas et la longue causerie qui le suit, ce général me fournit sur plusieurs districts de la Régence, et notamment sur celui que je parcours en ce moment, des renseignements utiles.

21 août.

A cinq heures trente minutes du matin, nous poursuivons notre route à l'ouest, vers Djeloula. La plaine que nous continuons à traverser est déserte, nue et monotone. Comme végétation, j'y remarque seulement, çà et là, des touffes de tamariscs et de rhamnus lotus, et l'uniformité de sa surface n'est rompue, sur certains points, que par un petit nombre de mamelons peu élevés. De distance en distance, nous rencontrons quelques rares troupeaux conduits par des bergers appartenant à la tribu des Oulad-Zelass.

A neuf heures, nous franchissons une ligne rocheuse qui fait saillie horizontalement au-dessus de la plaine et dont la crête est dentelée. Au delà de cette ligne, nous rencontrons quelques ruines antiques peu importantes. A ces ruines se mêlent les débris de constructions plus modernes, et, entre autres, ceux de la koubba d'un marabout, autour de laquelle est un petit cimetière musulman.

A neuf heures trente minutes, nous passons l'Oued-el-Fedj : des lauriers-roses en bordent les contours sinueux.

A neuf heures trente-cinq minutes, nous traversons un autre oued, ou plutôt une branche du dernier cours d'eau : le lit de ces torrents est entièrement à sec.

A neuf heures quarante-huit minutes, nous laissons à notre gauche, sur une colline, un amas de gros blocs antiques. Cet henchir m'est désigné sous le nom de Tel-Mout.

A dix heures douze minutes, nous parvenons à l'henchir Aïn-Djeloula, et nous faisons halte près d'une source abondante qui sourd de terre en plusieurs endroits et qu'environne un fourré épais de lauriers-roses entremêlés de vieux figuiers.

Il est plusieurs fois fait mention de Djeloula dans les auteurs arabes qui ont écrit sur cette partie de l'Afrique.

« De Kaïrouan à Djeloula, dit El-Bekri[1], on compte vingt-quatre milles. Cette dernière ville renferme des restes de monuments antiques, des tours encore debout, des puits d'eau douce et des ruines. Un berger y trouva un diadème d'or, garni de pierreries, mais ce bijou lui fut enlevé par Ibn-el-Andaloci.... Djeloula, ajoute-t-il, est une place défendue par un château fort. Construite en blocs de pierre, elle est d'une haute antiquité. Au centre de la ville jaillit une source d'eau vive, et aux alentours s'étendent des plantations d'arbres dont une partie donnent des fruits. Parmi les arbustes à fleurs parfumées dont le sol est couvert, le jasmin surtout est fort abondant et fournit aux abeilles qui vont y butiner, un miel dont l'excellence est passée en proverbe. Les habitants de Kaïrouan font macérer le jasmin dans de

---

[1] El-Bekri, *Descript. de l'Afrique septentrionale*, p. 78.

l'huile de sésame, afin d'en extraire le parfum; ils traitent de la même manière la rose et la violette. La canne à sucre y croit en abondance. Naguère on envoyait chaque jour, de Djeloula à Kaïrouan, des charges de fruits et de légumes en quantité énorme. Les jardins de Djeloula sont aux environs de la ville.

» La conquête de Djeloula, poursuit El-Bekri, fut achevée par Abd-el-Melek-ibn-Merouan. Cet officier qui faisait partie de l'armée commandée par Moaouïa-ibn-Hodeidj, reçut de son chef l'ordre de marcher avec un corps de mille hommes contre la ville de Djeloula. Pendant plusieurs jours, il tint cette place étroitement bloquée; puis, ayant reconnu l'inutilité de ses efforts, il prit le parti de la retraite. A peine se fut-il mis en marche, qu'il remarqua, du côté de l'arrière-garde, un gros nuage de poussière. Croyant que l'ennemi était sorti à sa poursuite, il ordonna à une partie de sa troupe de faire volte-face, pendant que le reste de la colonne garderait son ordre de marche. On découvrit alors qu'un pan de la muraille qui entourait la ville s'était écroulé, et profitant de cet accident, on se hâta de pénétrer dans la place et de s'emparer de tout ce qu'elle renfermait. »

Aujourd'hui, Djeloula est un henchir complétement désert; les beaux et riches jardins décrits par El-Bekri n'existent plus; les jasmins et les cannes à sucre ont disparu, et de tous les arbres fruitiers qui croissaient en ce lieu, les vieux figuiers que j'ai signalés près de la source ont seuls survécu.

Quant aux ruines de la ville, elles consistent principalement en une grande enceinte, presque entièrement renversée et flanquée jadis de tours carrées; elle avait été construite avec de gros blocs, les uns complétement équarris, les autres encore bruts. C'était là l'acropole de la cité, acropole qui, dans un moment de danger, devait servir de refuge à tous les habitants. Le pourtour peut en être estimé à un kilomètre.

Au centre de cette enceinte en est une seconde plus petite. Également détruite aux trois quarts, elle était flanquée de tours aux quatre angles, et elle mesure environ soixante-quinze mètres de long sur trente-deux de large; elle avait été bâtie de même avec des blocs d'un grand appareil. Ces deux enceintes datent très-probablement de l'époque byzantine.

En dehors et au bas du plateau qu'occupait cette acropole, on aperçoit le long d'un oued de gros blocs, soit dispersés, soit amoncelés, et appartenant à des constructions antiques aujourd'hui complétement démolies.

A l'extrémité orientale de la ville, un édifice rectangulaire est encore en partie debout : long de vingt-deux mètres et large de quatorze, il parait avoir été bâti avec des matériaux antiques replacés après coup.

L'henchir Djeloula étant situé dans un enfoncement, au pied du Djebel-Ousselet, dont le nom semble indiquer que c'est l'ancien Usaletum (Οὐσάλετον ὄρος) mentionné par Ptolémée, il est peut-être permis d'y reconnaitre, ainsi que S. Grenville Temple l'a pensé, l'oppidum Usalitanum, dont parle Pline[1] et qui était habité par des Latins.

A trois heures de l'après-midi, surpris par un violent orage, nous allons chercher un refuge dans un douar voisin, appartenant à une fraction de la tribu des Oulad-Zelass; cette fraction est désignée sous le nom d'Oulad-Khalifa.

---

[1] Plin., V, 4.

CHAPITRE TREIZIÈME.

De Djeloula au mont Djougar. — Kasr-el-Ahmar. — Oued Serdiana. — Henchir Touïcha. — Oued et henchir Nebhana. — Henchir Djebibina. — Arrivée à Bent-Saïdan sur le mont Djougar.

22 août.

A cinq heures du matin, nous quittons le douar où nous avions passé la nuit. La direction que nous prenons est celle de l'est-nord-est.

A six heures, nous franchissons l'oued Djeloula.

A sept heures quarante minutes, nous faisons halte un instant, à l'henchir Kasr-el-Ahmar (le château rouge). La ruine principale consiste en un bâtiment rectangulaire long de quinze pas sur quatorze de large et qui paraît avoir été un ancien poste militaire. Les murs en sont épais d'un mètre; ils sont bâtis avec des blocs à peine dégrossis et de couleur rougeâtre; de là le nom donné à cet henchir. Autour de ce fortin sont épars les débris d'un petit bourg antique.

A huit heures quarante-cinq minutes, nous traversons l'oued Serdiana; il est sans eau; ses rives sont bordées de lauriers-roses.

Nous longeons ensuite pendant quelques minutes les restes d'un ancien aqueduc.

A dix heures, nous rencontrons un douar considérable appartenant à la tribu nomade des Hamema, dont le quartier général se trouve beaucoup plus vers le sud, et que l'extrême sécheresse des contrées méridionales de la Régence a forcé d'émigrer plus au nord. Nous y faisons halte jusqu'à deux heures de l'après-midi, sous la tente du scheik, pour y laisser tomber un peu la chaleur du jour, laquelle est étouffante dans la plaine aride que nous parcourons.

A deux heures quarante-cinq minutes, nous laissons à notre gauche l'henchir Touïcha. C'est un amas de gros blocs sur un monticule qu'environnent les vestiges très-confus d'un village renversé.

A trois heures, le marabout Sidi-Farhat attire à notre droite nos regards.

A quatre heures dix minutes, nous traversons l'oued Nebhana : nos chevaux ont de l'eau jusqu'au poitrail. Pendant l'hiver, à l'époque des grandes pluies, il est quelquefois très-dangereux à franchir. Jadis on le passait sur un pont de six arches, dont trois sont actuellement écroulées.

En deçà, et principalement au delà de cet oued, s'étendent sur ses deux rives les débris d'un bourg complétement détruit et appelé Henchir-Nebhana. Parmi les décombres qui couvrent l'emplacement qu'il occupait, on foule aux pieds, presque à chaque pas, de nombreux fragments de poterie antique, aussi remarquables par leur finesse et leur légèreté que par la beauté de leur vernis.

A cinq heures quarante-cinq minutes, nous demandons l'hospitalité pour la nuit à un douar des Oulad-Khalifa.

23 août.

A cinq heures quarante minutes du matin, départ. Notre direction est celle du nord.

A six heures vingt minutes, nous atteignons les ruines de Djebibina. Elles sont très-indistinctes, et le bourg antique auquel elles appartiennent a été comme effacé du sol. On y observe seulement une ancienne citerne, et une fesguia moderne construite, dit-on, par l'ordre d'Hamouda-Pacha pour les besoins de la petite armée qui, chaque année, parcourt la Régence lors de la perception de l'impôt, et qui, dans sa marche vers le Djerid, dresse ses tentes en cet endroit. Mais cette fesguia, qui date à peine d'une cinquantaine d'années, est déjà hors d'usage et à moitié comblée.

A une faible distance de là, on aperçoit sur un monticule une petite pyramide conique haute d'environ cinq mètres cinquante centimètres; elle repose sur un cube carré, qui lui-même est assis sur un soubassement. Ce cube a un mètre trente centimètres de hauteur, et chacune de ses faces mesure un mètre soixante-dix centimètres; il est bâti en menus matériaux et est revêtu extérieurement d'un ciment qui ne paraît pas romain. Il en est de même de l'espèce de pyramide qui le surmonte. Ce monument, qui date probablement des derniers temps de l'époque byzantine, est désigné par les Arabes sous le nom d'El-Nadour; c'est peut-être un ancien tombeau.

A l'entour, sept tombes plus basses sont ensevelies sous des broussailles.

A sept heures vingt minutes, nous nous remettons en marche.

A huit heures, nous entrons dans une région très-accidentée appelée Khanga-Krerib.

A neuf heures, nous rencontrons au milieu de cette khanga, entrecoupée de ravins, les débris d'un petit établissement antique qu'on nomme Foum-el-Kharrouba.

A notre droite se dresse le massif du mont Djougar; nous en contournons les flancs vers l'est, puis vers le nord. Le sentier que nous suivons serpente à travers une contrée sauvage et pittoresque, hérissée de broussailles et naturellement très-fertile, à cause des sources qui y abondent.

A midi, nous faisons halte au village de Bent-Saïdan.

CHAPITRE QUATORZIÈME.

Bent-Saïdan, l'ancienne Zucchara civitas. — Henchir Aïn-Djougar. — Henchir Merhatta. — Henchir-es-Souar, ruines d'un ancien municipe. — Retour à Bent-Saïdan.

Bent-Saïdan est un petit village situé sur la pente occidentale de la montagne du même nom. Il se borne à un assem-

CHAPITRE QUATORZIÈME.

blage de trente-cinq maisons, groupées près d'une zaouïa consacrée à une sainte, qui s'appelle Fatma-Bent-Saïdan. Là s'élevait jadis l'ancienne Zucchara civitas, ainsi que le prouve une inscription copiée par Shaw, et que je reproduirai tout à l'heure.

Une source abondante y est recueillie dans un réservoir antique, aujourd'hui en fort mauvais état, et elle forme ensuite un ruisseau bordé de roseaux et de magnifiques touffes de lauriers-roses.

Les jardins de Bent-Saïdan seraient très-fertiles, s'ils étaient mieux cultivés. De beaux oliviers y croissent mêlés à de vieux figuiers. Ces vergers sont traversés par l'un des tronçons de l'aqueduc de Carthage, celui qui a son point de départ à l'Aïn-Djougar.

Je ne découvre dans le village pour toute inscription que le fragment suivant :

498.

Sur un long bloc encastré dans l'un des jambages de la porte d'une maison :

VVM MVLTIPLICATA A SE PECVNIA

(*Estampage.*)

Hauteur des caractères, onze centimètres.

Le même jour, je me rends à l'henchir Aïn-Djougar. Il est à vingt minutes de marche au sud du village. Le sentier qui y conduit court le long des pentes orientales d'abord du Djebel-Bent-Saïdan, puis du Djebel-Djougar.

La fameuse source du Djougar est enfermée dans une enceinte rectangulaire dont les assises inférieures sont construites avec de gros blocs, et qui mesure vingt-quatre mètres dix centimètres de long sur dix-neuf mètres soixante centimètres de large.

« Cette enceinte était jadis flanquée, à chacun des quatre angles, d'une tour dont le sommet est détruit, et qui parait avoir eu deux étages. Deux des façades sont environnées extérieurement de broussailles inextricables; la troisième est presque tout entière cachée par un caroubier gigantesque; la quatrième est ouverte. En pénétrant par cette ouverture dans l'intérieur de l'enceinte, on trouve qu'elle contient deux bassins, l'un carré et mesurant neuf mètres trente centimètres de chaque côté, l'autre de moindres dimensions et recevant par trois conduits l'eau de la source. Au-dessus de chacun de ces conduits, on avait pratiqué une niche. Ces trois niches étaient elles-mêmes ménagées dans une sorte d'abside surmontée d'une petite coupole; et elles devaient chacune renfermer une statue, soit de nymphe, soit de divinité.

L'eau de la source se répand de ce dernier bassin dans le premier que j'ai signalé, et de là elle se perd maintenant dans des plantations d'oliviers. Jadis, elle coulait dans le canal que l'on est en train actuellement de réparer, et qui, après avoir traversé le territoire de Bent-Saïdan, va rejoindre, en décrivant divers détours, le canal principal, dont la source est au Zaghouan.

Lors du voyage de Shaw, cet édifice, d'origine romaine, mais qui semble avoir subi des remaniements à une époque postérieure, était encore orné d'un portail qui n'existe plus et sur la frise duquel ce voyageur avait lu [1] :

..... RORISII TOTIVSQVE DIVINAE DOMVS
EIVS CIVITAS ZVCCHARA FECIT ET DEDICAVIT

La ville de Zucchara occupait, comme je l'ai dit, l'emplacement du village actuel de Bent-Saïdan. Il est inutile de faire remarquer l'analogie qui existe entre la dénomination qu'elle portait et celle de Djougar que continue à garder la

---

[1] Shaw, t. I, p. 194.

montagne dont le massif comprend comme une sorte d'annexe le Djebel-Bent-Saïdan. Cette ville doit être la même que Ptolémée appelle Zougar (Ζούγαρ); désignation qui se rapproche encore davantage du nom moderne Djougar, ou plutôt qui se confond presque avec lui.

Pour en revenir à l'inscription vue par Shaw, elle a disparu avec la frise sur laquelle elle était gravée. J'ai seulement copié près de cette enceinte sacrée, sur un bloc qui peut-être faisait partie de la frise, les mots que voici :

499.

POT·PP DIVI M·ANTON

A cent cinquante pas de là, dans un bois d'oliviers, j'ai aperçu un autre bloc qui provient également du sanctuaire d'Aïn-Djougar et sur lequel j'ai lu :

500.

I R E G I N A E
R O S A L V T E
CI·F·DIVI·NERVAE
N T I F ⌀ M A X I M
O SVIS IMPENSIS ⌀

(*Estampage.*)

A sept heures du soir, je suis de retour au village de Bent-Saïdan, où je passe la nuit.

24 août.

A cinq heures du matin, nous nous mettons en marche, sous la conduite d'un habitant du village, pour aller visiter deux henchirs assez rapprochés qui m'ont été signalés par le scheik comme étant situés l'un au nord-est et l'autre à l'est.

Après avoir gravi par un sentier escarpé et pénible le Djebel-Bent-Saïdan pendant près d'une heure, nous arrivons au premier de ces henchirs; il s'appelle Merhatta. Les ruines qui y sont éparses au milieu d'un fourré de hautes et épaisses broussailles, occupent un emplacement dont le pourtour est d'environ un kilomètre. Plusieurs constructions bâties avec de gros blocs sont les unes complétement renversées, les autres encore en partie debout, du moins dans leurs assises inférieures. Je n'y découvre aucune inscription. Ce bourg détruit et abandonné n'est plus habité maintenant que par de nombreuses compagnies de perdrix, que nous troublons dans leur solitude et qui s'enfuient à notre approche.

À six heures quarante-cinq minutes, nous poursuivons notre marche; notre direction est celle de l'est, puis du sud-est.

À sept heures cinquante minutes, nous parvenons au second henchir, qui était le but principal de mon excursion. Cet henchir, en effet, est beaucoup plus considérable que le précédent. Mon guide me le désigne sous le nom d'Es-Souar (les remparts). Nous y faisons halte jusqu'à quatre heures du soir, et j'étudie avec soin toutes les ruines qui s'offrent à mon attention.

La plus remarquable est celle d'un petit temple dont la cella est encore en partie debout; elle repose sur un soubassement et mesure treize pas de long sur dix de large. La porte en était très-ornée. Cette cella était précédée d'un portique aujourd'hui renversé, et que soutenaient jadis quatre colonnes corinthiennes. J'y trouve sur un bloc brisé le fragment épigraphique que voici :

501.

MAX . . . .
ICIPIVM AELIV

Ce fragment, tout incomplet qu'il est, nous apprend que la ville à laquelle appartenait ce monument était jadis un municipe, portant le nom de famille de l'empereur Adrien. Malheureusement, le nom même de ce municipe manque; il était gravé sur un autre bloc que j'ai cherché vainement.

A quelque distance de là, les restes d'un second édifice qui me semble avoir été également un temple attirent mes regards; il est beaucoup plus ruiné que le précédent.

J'examine ensuite tour à tour les débris de quatre autres monuments. L'un des plus remarquables est un mausolée construit avec de magnifiques pierres de taille et dont les assises inférieures sont seules en place. De forme rectangulaire, il mesurait dix pas de long sur huit de large. L'inscription qui y avait été gravée, sans doute, a disparu avec les blocs qui formaient la partie supérieure de la façade principale.

Enfin une piscine, dans laquelle on descend par dix degrés, atteste par l'agencement régulier des blocs avec lesquels elle a été bâtie un travail antique et digne d'une cité de quelque importance.

Cette cité, en effet, avait près de quatre kilomètres de pourtour. Déserte depuis de longs siècles, elle est envahie par de hautes herbes et par des broussailles; çà et là aussi s'élèvent de vieux caroubiers qui ont jeté de profondes racines au milieu des décombres et des amas de pierres qui jonchent le sol. Parmi ces pierres, outre celle dont il a été question plus haut, trois autres m'ont offert des fragments d'inscriptions très-mutilées et dont la plupart des caractères sont effacés.

502.

SALVTE . . . .
TIO PAPIR . . . .
. . . .
. . . .
. . . .
. . . .
. . SVS AV . . . .
EREXIT DE REP DAT . . . . .
S DE SVO XVCCC FECIT . . . .

503.

. . . . . DOS ETIARCAD . . . .
. . MO VC LEGATO AS . . . KARTH . . .
. . EXS . . . O VC DSV . T . . . ELLIS . . . .
. . . . . DESIDERAT . . . .
. . C . . RANT . . . .
. . . .

504.

. . . .
R . . . .
. . . .
NEPOS . . .
A . . . .
REM . . . .
TIS . . . . . .

Je n'oublierai pas non plus de signaler deux cippes en forme d'autel; le premier est orné sur ses quatre faces d'une figure en bas-relief représentant chacune un personnage différent : sur la face principale on lit :

505.

D · M · S
DOMITIA T·FIL·
CONCESSA PIA
VIX·AN·XLIII
H · S · E ·

Sur le second cippe, j'ai pu seulement déchiffrer ce qui suit :

506.

D · M · S ·
P · DOMI
TIVS . . .
. . . . . .
. . . . . .

En somme, cet henchir, qui doit son nom d'Es-Souar non à une enceinte fortifiée embrassant tout son périmètre, mais à quelques grands pans de murs encore debout, restes de divers édifices publics, porte dans ses ruines la marque de deux époques, l'époque romaine et l'époque byzantine. La ville dont il n'est plus que l'ombre, ville dont l'histoire et même le nom sont demeurés jusqu'à présent ensevelis dans l'oubli, paraît avoir été détruite et abandonnée à dater de l'invasion arabe; car aucune ruine de cette dernière époque ne se mêle à celles qui parsèment l'emplacement qu'elle occupait.

A six heures du soir, nous sommes de retour à Bent-Saïdan, où nous passons de nouveau la nuit.

CHAPITRE QUINZIÈME.

Henchir-el-Haouria. — Henchir Oum-el-Abouab; découverte d'une inscription importante qui me révèle le nom jusqu'alors inconnu de cette ancienne ville; c'est le municipium Seressitanum. — Description des principales ruines de ce municipe. — Halte pour la nuit dans un douar près de la vallée de l'Oued-el-Kebir.

25 août.

A cinq heures trente minutes, départ de Bent-Saïdan : notre direction est celle du sud-ouest. Nous commençons par traverser de riches plantations d'oliviers, puis nous nous frayons un passage au milieu de hautes broussailles qui à chaque instant entravent notre marche.

A cinq heures quarante-cinq minutes, nous franchissons l'Oued-el-Ased; les berges en sont escarpées et hérissées d'arbustes épineux.

A six heures quarante-quatre minutes, nous rencontrons un petit henchir appelé Séida; il se réduit à un amas de gros blocs cachés par des broussailles.

A sept heures quinze minutes, un henchir analogue m'est désigné sous le nom d'Henchir-Khanguet-Oum-el-Chlaligue; c'est peut-être un ancien poste militaire, peut-être aussi une simple ferme antique.

Le sentier que nous suivons décrit de nombreuses sinuosités à travers la région montagneuse que nous parcourons, et le guide que j'avais pris à Bent-Saïdan pour me conduire aux grandes ruines jusqu'à présent inexplorées de l'henchir Oum-el-Abouab, a lui-même beaucoup de peine à se recon-

CHAPITRE QUINZIÈME.

naître et à ne pas nous égarer avec lui dans le dédale de cette âpre solitude, déchirée par de nombreux ravins et couverte de petits pins, de genévriers et de lentisques.

A huit heures quarante minutes, nous franchissons l'oued Mabrouk, qui serpente en replis tortueux; nous marchons alors vers l'ouest-sud-ouest.

A huit heures quarante-cinq minutes, nous faisons halte à l'Henchir-el-Haouria. Là sont les restes d'un bourg, épars au sein d'un fourré d'arbustes et de broussailles. Les débris de trois monuments attirent surtout mon attention. Les plus remarquables sont ceux d'un petit temple, dont la cella mesure huit pas de long sur six de large. Construite avec de beaux blocs parfaitement appareillés entre eux, elle est encore en partie debout; elle était précédée jadis d'un portique soutenu par quatre colonnes; celles-ci gisent à terre brisées en plusieurs tronçons.

J'examine ensuite une enceinte longue de vingt pas et large de dix-huit; les assises inférieures sont seules en place; elles consistent en gros blocs, plus ou moins bien équarris. Cette enceinte parait avoir été un ancien poste militaire.

A quelque distance de là, on voit une grande porte bâtie en belles pierres de taille et qui est à moitié détruite; elle avait cinq mètres de large, y compris les pieds-droits.

Les autres ruines sont plus confuses et moins dignes d'intérêt.

A neuf heures quinze minutes, nous nous remettons en marche.

A dix heures, notre guide nous avoue qu'il s'est trompé de sentier au milieu de la forêt que nous traversons. Heureusement pour nous, nous apercevons bientôt un jeune berger qui fait paître un troupeau de chèvres dans le fond d'une vallée. Cet enfant, effrayé par notre apparition inattendue dans cette solitude sauvage, s'enfuit d'abord à notre approche; l'hamba Mohammed s'élance à sa poursuite au galop de son cheval, et, quand il l'a rejoint, il tire de lui divers renseignements qui nous aident à retrouver notre route.

A onze heures trente minutes enfin, nous atteignons les ruines importantes de la cité déserte connue sous le nom d'Henchir-Oum-el-Abouab (henchir de la mère des portes).

Le premier édifice qui se présente à nos regards est une porte monumentale ou arc de triomphe, dont la largeur totale est de dix mètres dix-huit centimètres. L'ouverture de l'arcade est de cinq mètres onze centimètres. Les pieds-droits sur les deux façades du monument sont ornés de deux pilastres cannelés dont les chapiteaux ont disparu, mais qui étaient très-probablement corinthiens. La partie supérieure de cet arc triomphal, tout entier bâti en belles pierres de taille, était jadis couronnée d'un quadrige, comme le prouve l'inscription suivante qui est gravée sous l'arcade sur la face intérieure de l'un des pieds-droits.

507.

```
. . . . . . . . . . T E S T A M E N T O
C · M . . . . . . F E L I C I S · A R M E N I A N I
E Q V O · P V B L I C O · A D L E C T I · O P T I M A E
 . . . . . . . . . . . . I A E · C I V I S · A R C V S
 . . . . . . . . . . . A D · C V I V S · O R N A M E N T A
ARMENIA · AVGE · MATER · ET · BEBENIA · PAVLLIANA
SOROR · LIBERALITATE SVA HS XXV MIL N
EROGAVERVNT · ET · DIE · DEDIC · SPORTVLAS · DECV
RIONIB · ET · EPVLVM · ET · GYMNASIVM · MVNICIPIB ·
          DEDERVNT
ITEM · MVNICIPIVM · SERESSITANVM · AD · AMPLIANDA
ORNAMENTA · QVADRIGAM · PVBLICA PEC · FEC ·
```

Cette inscription précieuse nous apprend, en outre, le nom du fondateur de ce monument, ceux de sa mère et de sa sœur, qui, par leurs largesses, contribuèrent à l'embellissement de cet arc triomphal; enfin, ce qu'il nous est encore plus important de connaître, le nom du municipe qui, aux frais publics, surmonta l'édifice du quadrige dont j'ai déjà parlé. Ce municipe s'appelait *Seressita*. Il est tout à fait inconnu, bien qu'il ait laissé des ruines considérables qu'aucun voyageur n'a encore signalées.

Ces ruines, pour ne mentionner ici que les principales, sont, indépendamment de l'arc de triomphe que je viens de décrire :

1° Une seconde porte triomphale, vis-à-vis la précédente. Située à l'autre extrémité de la ville, c'est-à-dire à l'extrémité méridionale, elle mesure dans son développement total dix mètres trois centimètres; l'ouverture de l'arcade est de cinq mètres cinq centimètres; les pieds-droits sont ornés chacun de deux pilastres non cannelés, dont les chapiteaux n'existent plus, à l'exception d'un seul qui est encore en place; ce dernier est corinthien. Le couronnement de l'édifice est détruit. Une niche a été pratiquée dans l'un des pieds-droits.

2° Une troisième porte triomphale à l'ouest de la ville. Moins monumentale que les deux premières, elle est presque entièrement renversée; les soubassements seuls sont encore debout.

3° Une quatrième porte triomphale du côté de l'est. Elle avait à peu près les mêmes dimensions que la dernière, c'est-à-dire un développement total de huit mètres quinze centimètres. L'ouverture de l'arcade était de trois mètres quatre-vingt-dix centimètres. Sauf les soubassements, elle est également détruite. Ce sont ces quatre portes qui ont fait donner à cet henchir le nom d'Oum-el-Abouab (la mère des portes, ou, en d'autres termes, la ville aux portes).

4° Une enceinte qui paraît avoir été la cella d'un temple. Construite avec des pierres de taille bien appareillées, elle mesure quinze mètres de long sur onze de large; les assises inférieures sont seules en place.

5° Un amphithéâtre. La forme en est encore reconnaissable; mais le monument en lui-même est presque entièrement détruit; l'arène mesurait trente-huit pas de long sur trente et un de large.

6° Un théâtre. Le diamètre de l'hémicycle qu'il décrivait ne dépassait guère vingt-huit pas; trois rangs de gradins susbistent en partie, les autres ont disparu.

7° Une citadelle. Assise sur une colline qui commande la ville, elle se composait de deux enceintes rectangulaires, construites avec des blocs d'un puissant appareil; l'une mesurant cinquante-deux pas de long sur trente de large, l'autre plus petite et renfermée dans la première sur le point culminant de la colline.

8° Une construction rectangulaire longue de trente pas et large de quatorze; elle me paraît avoir eu également une destination militaire, et avoisine les bords d'un oued qui partageait la ville en deux parties à peu près égales.

Cet oued, qu'alimentaient deux sources et dont le lit est actuellement rempli de touffes de lauriers-roses mêlées à des roseaux gigantesques, était autrefois bordé de quais et de plusieurs édifices aujourd'hui démolis.

9° Un mausolée mesurant quatre mètres vingt et un centimètres de long sur trois mètres quatre-vingt-cinq centimètres de large. Bâti en belles pierres de taille appareillées avec soin, il est à moitié renversé. On pénètre dans la chambre sépulcrale par une porte haute de un mètre treize centimètres et large de soixante-huit centimètres.

Ces divers monuments et d'autres encore que je ne décris point, parce qu'ils n'offrent plus que des ruines trop indistinctes, prouvent l'importance de cet ancien municipe. J'évalue le pourtour de la ville à quatre kilomètres au moins. Quoiqu'elle eût quatre grandes portes, tournées chacune vers l'un des quatre points cardinaux, avait-elle aussi un mur d'enceinte? Je l'ignore; dans tous les cas, il n'en subsiste aucune trace. Il en est de même de son histoire, qui reste ensevelie dans la nuit du passé. Son nom seul a survécu sur l'un de ses édifices; nom qui n'est cité nulle part et que la Notice même des siéges épiscopaux de l'Afrique ne donne pas.

A cinq heures du soir, nous remontons à cheval pour gagner à l'ouest la vallée de l'Oued-el-Kebir.

A cinq heures quatre minutes, nous apercevons à droite de la route que nous suivons les débris d'un monument construit en belles pierres de taille et qui me parait avoir été un ancien mausolée. Il était recouvert d'une voûte en blocage, qui s'est écroulée.

A cinq heures quinze minutes, nous laissons à notre gauche un second mausolée. Il est aux trois quarts détruit, et les blocs dont il était composé sont entassés pêle-mêle au milieu d'épaisses broussailles.

Nous continuons à cheminer jusqu'à six heures quinze minutes sur les flancs d'une montagne couverte de jeunes pins, de genévriers et de lentisques.

A six heures trente minutes, nous rencontrons dans un vallon qui avoisine la grande vallée de l'Oued-el-Kebir un douar d'une trentaine de tentes, où nous faisons halte pour la nuit.

CHAPITRE SEIZIÈME.

Henchir Sidi-Naouï. — Henchir Bir-Magra, sa vaste étendue; découverte de deux inscriptions qui me révèlent le nom antique de cet henchir, jadis civitas Thibica.

26 août.

A cinq heures quinze minutes du matin, nous saluons le scheik qui nous avait offert l'hospitalité, et nous atteignons bientôt la vallée de l'Oued-el-Kebir. Nous longeons quelque temps cet oued sur sa rive droite dans la direction du nord. La vallée qu'il arrose est très-fertile; mais dans cette saison de l'année, les moissons étant faites depuis trois mois, la terre est nue et toute crevassée par la chaleur. Au printemps, lors de ma première exploration, elle m'avait présenté au contraire le spectacle d'une fécondité merveilleuse; et le sol disparaissait partout sous les blés, les orges ou de hautes herbes.

A cinq heures vingt-cinq minutes, nous franchissons l'oued; l'eau en est presque entièrement tarie. Notre direction est alors celle de l'ouest-nord-ouest.

A six heures, nous faisons halte à l'henchir Sidi-Naouï, près duquel j'avais déjà passé quelques mois auparavant, mais sans le savoir, et, partant, sans m'y arrêter.

Cet henchir occupe un plateau peu élevé qui a dix-huit cents mètres environ de pourtour; il tire son nom d'une zaouïa consacrée en ce lieu à Sidi-Naouï. La petite ville qu'il remplace est renversée de fond en comble. Quelques enceintes rectangulaires, attestant une époque bien postérieure aux Romains, sont seules encore debout, du moins dans leurs assises inférieures, lesquelles consistent en gros blocs agencés confusément ensemble et enlevés à des édifices plus anciens.

Près de l'une de ces enceintes, qui mesure vingt-cinq pas de long sur quinze de large, et dont l'intérieur renferme cinq ou six tronçons de colonnes mutilées, j'ai déchiffré sur quatre blocs différents plus ou moins brisés les caractères que voici :

508.

Sur un premier bloc :

PRO SALVTE

509.

Sur un second :

QVA

510.

Sur un troisième :

SV

511.

Sur un quatrième :

ESSA

Cet quatre fragments paraissent appartenir à une même inscription monumentale, car les caractères en sont identiques pour la forme, et mesurent seize centimètres de hauteur.

Vers le milieu de l'henchir, ayant remarqué un magnifique bloc presque entièrement enfoui dans le sol, je le fais déterrer. Une fois mis à jour, il m'offre l'inscription suivante :

512.

1. . . . . . . SACRVM
2. ODI·FRATRIS·DIVI·ANTONINI·PII·. . . . .
3. I·SEVERI·PII·PERTINACIS·AVG·ARABICI
4. CAES·FILI·EIVS·TOTIVSQVE·DIVINAE·DOMVS
5. FLAM·SVI·EX HS VII MIL·DISTRIBVENDVM·
PROMISERAT
6. VNIA·SIMVLACRO·AVR. . . . . .TO SOLO PVBLICO
7. PVLVM·ET·GYMNASIVM·VNIVERSIS·CIVIBVS·
DEDIT
8. ED

(*Estampage.*)

La première partie de cette inscription devait se trouver sur un bloc analogue qui a disparu, ou du moins que j'ai cherché vainement en parcourant avec soin tout l'emplacement occupé par les ruines.

A onze heures, j'abandonne cet henchir, sans avoir pu découvrir par aucune inscription le nom antique de la petite ville dont il n'a conservé que de faibles vestiges.

Un henchir beaucoup plus considérable m'ayant été signalé par l'oukil de la zaouïa dans la direction du nord-ouest, à la distance de deux heures de marche environ, nous tournons nos pas de ce côté.

Après avoir franchi une montagne couverte de pins, nous descendons dans une plaine semée çà et là de quelques collines, et vers une heure nous atteignons les ruines qu'on m'avait indiquées. Elles s'étendent en amphithéâtre sur une pente légèrement inclinée, à droite et à gauche d'un oued, près des berges duquel est un puits antique très-bien construit, appelé Bir-Magra. Ce puits a communiqué son nom à l'oued, ainsi qu'aux débris de la grande cité qu'il alimentait jadis. Celle-ci avait cinq kilomètres de circonférence. Ses monuments étaient assez nombreux, à en juger par la quantité de pierres de taille qui sont éparses sur le sol. Les fondations de plusieurs édifices sont encore reconnaissables, mais un seul est demeuré en partie debout; c'était soit un petit temple, soit un mausolée. Bâti avec de beaux blocs très-régulièrement agencés et reposant en retraite sur un soubassement, il présente la forme d'un rectangle long de neuf mètres trente centimètres et large de cinq mètres vingt-cinq centimètres. Toute sa partie supérieure est détruite. Rempli aujourd'hui de terre et de décombres, il était autrefois divisé intérieurement en deux compartiments, dont l'un était comme le vestibule de l'autre. Il avoisine le puits dont j'ai parlé.

Plus près de ce même puits, à côté des vestiges d'un monument très-considérable qui a été rasé presque complétement, je lis sur un piédestal gisant à terre l'inscription que voici :

513.

L · PLANCIVS LELIVS GLORIANVS . .
Q · VOTVSSI . . . .
. . . .
LEG · FELICI . OB HONOREM · PATRIAE
SVAE MVLTIPLICATIS SVMMIS HONO
RARIS AEDILITATIS SVAE SVA LIBERALI
TATE FECERVNT ET DIE DEDICATIONIS
SPORTVLAS DECVRIONIBVS ET EPVLVM
ET GYMNASSIVM CIVIBVS DEDERVNT L · D · D · D

(*Estampage*.)

A quelques pas de là, un second piédestal mutilé est revêtu des caractères qui suivent :

514.

. . . . . . G
PERPETV .
HEDVLVS
L · EREVILVS
FL · PITANVS
CVR · REIPVBLICAE
CVM ORDIN . . . .
NVMIN . . . . . .
. . VS . . . . .

(*Estampage*.)

Un troisième piédestal attire mon attention au même endroit. L'inscription qui couvre la face principale est très-effacée. Néanmoins, à force de temps et de patience, je parviens à déchiffrer les mots suivants :

515.

```
I M P · C A E S ·
S . . . . . . . . . . TRIB·PO
TEST·VI·PONT·M . . PI
. . . . . . . . . . . . . . . . .
. . . . . . . . . . . . . . . . .
. . . . . . . . . . . . . . . . .
C I V I T A S  T H I B I C A ·
. . . . . . . . . . . . . . . .
       D     D · P · P
```

(*Estampage.*)

Cette inscription, comme on le voit, est d'une grande importance, car le nom antique de la ville à laquelle a succédé l'henchir Bir-Magra y est marqué à la septième ligne, où sont gravés les mots *civitas Thibica*, nom demeuré jusque-là inconnu, et dont la découverte me console d'avoir consacré de longues heures à l'étude de ce seul piédestal.

Le soleil étant alors sur le point de se coucher, je remets au lendemain l'exploration des autres ruines de cet henchir, et nous cherchons un asile pour la nuit dans un douar dont nous apercevons les tentes et les feux au milieu d'un vallon peu éloigné.

27 août.

A cinq heures du matin, je suis de retour à Bir-Magra.

En parcourant en tous sens l'emplacement occupé par les ruines, je rencontre successivement plusieurs cippes revêtus d'épitaphes latines :

CHAPITRE SEIZIÈME. 363

516.

D · M · S
C·TVRRANI
VS·C·FIL·H
ONORATVS
PIVS VIXIT
ANNIS . . .
H · S · E

517.

D · M · S
S · E P T I
M I A H O
N O R A T A
V · ANNIS
XXXV·H·S·
Q · SERVG
A V
XORI·PIISSI
MAE FEC·

518.

M·CORNELIVS FELICIS
. VIXIT ANNIS XXX
SEX·CORNELIVS FELIX·S
. . . . CORNELIA
· TER . . . SVRI·FIL· . . .

(Estampage.)

Le cippe sur lequel est gravée cette inscription ressemble à un piédestal, et était jadis surmonté d'une statue. Au-dessous de l'épitaphe sont sculptés deux génies ailés, aujourd'hui très-mutilés.

Un quatrième cippe avoisine celui-ci; sa forme est celle d'un autel. Sur trois de ses faces, divers personnages de femmes sont représentés en bas-relief; les têtes sont brisées. La face principale porte l'inscription mutilée que voici :

519.

AEDINIACA
RVFA STERCI...
FELICVLA....
FELICIS N.....

La fin manque.

En continuant à examiner les blocs qui jonchent le sol, j'en remarque un, entre autres, dans la partie septentrionale de l'henchir, qui est presque entièrement enfoui, mais dont le haut encore visible laissait apercevoir trois ou quatre lettres. L'ayant fait déterrer, j'y reconnais un autel antique dédié à Esculape, comme le prouve l'inscription dont l'une de ses faces est revêtue.

520.

1. AESCVLAPIO AVG · SACR ·
2. PRO SALVTE IMP · CAES · T · AELI · HADRIANI
   ANTONINI · AVG · PII · LIBERORVMQVE EIVS
3. CIVITAS THIBICAENSIS P P FECIT
4. INSTANTE OPERI FELICE VICTORIA ......
   FILIO SVFETE

(*Estampage.*)

A la troisième ligne de cette inscription, la désignation sous forme ethnique de la même civitas Thibica confirme ma découverte de la veille.

Chose singulière, malgré l'étendue du terrain qu'elle couvrait, et quoiqu'elle dût être un centre de population assez considérable, Thibica n'est citée par aucun écrivain ancien; aucun itinéraire ne la signale, et on cherche vainement cette ville dans la liste, si longue néanmoins, des nombreux siéges épiscopaux de cette partie de l'Afrique.

CHAPITRE DIX-SEPTIÈME.

Description de l'Henchir-el-Kasbah, l'ancienne Thuburbo-Majus.

Partis à midi de l'henchir Bir-Magra, nous nous dirigeons, au nord-nord-est, vers l'Henchir-el-Kasbah. Nous traversons une plaine nue et desséchée, où aucun arbre, aucun arbuste même ne se présente à notre vue. Elle est, du reste, naturellement très-fertile, et quand on la cultive elle se couvre de riches moissons.

A une heure quarante-cinq minutes, nous franchissons à gué l'oued Melian.

A deux heures, nous passons au pied d'une colline sur le haut de laquelle s'élève la koubba de Sidi-bou-Hamida.

A deux heures dix minutes, nous franchissons de nouveau, mais sur un pont récemment construit, le même oued Melian qui serpente dans la plaine.

Cet oued, l'un des plus considérables de la Régence, est le même qui s'appelle tantôt Oued-el-Kebir, tantôt Oued-el-Melah, tantôt enfin Oued-Melian; c'est, ainsi que je l'ai déjà dit, le Catada de Ptolémée.

Le pont que je viens de mentionner a cent pas de long sur douze de large. Construit avec des matériaux antiques enlevés à l'Henchir-el-Kasbah, il date à peine de sept ans. Il n'a qu'une seule arche. Un ancien pont, actuellement écroulé, dont les débris gisent dans le lit de la rivière, avait été bâti par les Romains à deux cents pas de là en amont. Les berges, dans cette partie du parcours de l'oued, sont hautes et escarpées; sur certains points même, elles sont presque verticales.

Immédiatement au delà du pont moderne est un fondouk où nous faisons halte, et bientôt après je commence l'exploration des ruines importantes qui composent l'Henchir-el-Kasbah. Le coucher du soleil me ramène au fondouk, où nous passons la nuit.

28 août.

J'avais jeté, la veille, un premier coup d'œil sur les restes de la cité antique que j'étais venu visiter; aujourd'hui je les étudie avec plus de soin et j'y recueille plusieurs inscriptions. Cette ville s'étendait sur un plateau que contourne à l'est l'oued Melian. J'en estime le périmètre à une grande heure de marche.

Les principales ruines qui y méritent l'attention sont les suivantes :

1° Une porte triomphale à l'est de la ville. Construite intérieurement en blocage, elle était revêtue d'un appareil de belles pierres de taille dont on l'a à moitié dépouillée : elle est, en outre, décoronnée de toute sa partie supérieure. Sa largeur totale est de dix mètres vingt-sept centimètres; l'ouverture de l'arcade est de quatre mètres soixante-quinze centimètres.

2° Une seconde porte du même style que la précédente. Elle donnait accès dans la ville du côté du nord. Sa largeur est de huit mètres quatre-vingt-trois centimètres et l'ouverture de l'arcade de trois mètres quatre-vingt-treize centimètres. Les pieds-droits seuls sont encore debout, du moins jusqu'à une certaine hauteur; bâtis intérieurement avec de menus matériaux, ils sont revêtus de blocs magnifiques. Deux niches y avaient été pratiquées pour recevoir des statues. Quant à la voûte de l'arcade et au couronnement de l'édifice, il n'en subsiste plus rien actuellement.

3° Une troisième porte au sud. Elle mesure neuf mètres soixante-huit centimètres de développement; l'ouverture de l'arcade est de quatre mètres quarante centimètres. Les pieds-droits ont conservé leur revêtement de pierres de taille; mais la voûte a été détruite avec l'entablement qu'elle soutenait. J'ai trouvé près de cette porte un bloc long de un mètre soixante-treize centimètres et large de quarante centimètres, sur lequel est gravé le fragment épigraphique que voici :

521.

HADRIANI PRO . . . D
EIVS MAIORE OPERE EX

Hauteur des caractères, onze centimètres.

4° Une quatrième porte vers le sud-ouest. Un peu plus petite que les trois autres, elle est démolie en grande partie; car les assises inférieures de ses pieds-droits sont seules en place. L'ouverture de l'arcade était de trois mètres dix centimètres.

La ville avait ainsi quatre portes principales. Avait-elle aussi une enceinte murée dans l'intérieur de laquelle ces portes auraient donné entrée? C'est ce qui, au premier abord, peut paraître vraisemblable, et néanmoins c'est ce qui me semble douteux; toujours est-il qu'il ne reste aucune trace de ces remparts.

5° Sur une colline les substructions d'un vaste édifice qui a été renversé de fond en comble. En la gravissant, je remarque une plaque de marbre brisée sur laquelle sont gravés les mots qui suivent :

522.

P R O V I D E N T I A E
A V G · S A C R ·
. . . . T A M E N T O .
. . . . . . V S . . .

(*Estampage.*)

Hauteur des caractères à la première ligne, onze centimètres; à la seconde, dix centimètres; à la troisième et à la quatrième, sept centimètres.

6° Dans la partie la plus septentrionale de l'henchir, les vestiges d'une enceinte rectangulaire qui atteste, à la vérité, une époque postérieure aux Romains, mais dont les blocs énormes ont été évidemment enlevés à des monuments plus anciens.

Sur l'un de ces blocs je lis :

523.

A PECVNIA FECIT

Hauteur des caractères, seize centimètres.

Sur un second :

524.

M·COS·AVG·PART·ARABIC·
TEC OBITVM OMNI CVLTV

Hauteur des caractères, six centimètres.

Sur un troisième :

525.

NT·MAX·IM
NTIA IVC . .

Hauteur des caractères, six centimètres.

A quelque distance de là, je fais déterrer un autel votif en marbre blanc, à moitié enfoui dans le sol. Il avait été consacré à Pluton, comme cela résulte de l'inscription qui suit :

526.

PLVTONI AVG·
FRVGIFERO DEO
SACRVM
SACATORABBAI PEREGRINI F·
VOTO SVSCEPTO ARAM MARMO
REAM PROMISSAM DE SVO
DONAVIT IDEMQVE
DEDICAVIT.

(*Estampage.*)

Non loin de cet autel, un piédestal gisant à terre m'offre l'inscription que voici :

527.

C·FALONIO L·F
ARN·FVSCO
CVI CVM ORDO
STATVAM DECRE
VISSET . . ATTO
. . EIVS PARENS
PAPIRITIVIO CON
IVX EIVS PIISSI
MO FILIO S·F·P

(*Estampage.*)

7° Au centre à peu près de la ville la cella d'un temple; du moins, tel est le nom que l'on peut, je crois, assigner à ce monument, qui mesure trente-deux mètres quarante centimètres de long sur quinze mètres vingt centimètres de large. Les assises inférieures sont seules en place; elles consistent en magnifiques pierres de taille parfaitement équarries et agencées entre elles. Sur l'emplacement qu'occupait le vestibule, sont étendus, au milieu d'autres débris, plusieurs tronçons de colonnes cannelées; elles étaient probablement corinthiennes; ce que je ne puis toutefois affirmer, n'ayant retrouvé ni base ni chapiteau.

Près de cet édifice je lis sur deux blocs gisants à terre :

528.

RAIANI
ONES FEC

Hauteur des caractères, quinze centimètres.

529.

CI MAX
M·COLVMNI
EM·AVRELI

Hauteur des caractères, quinze centimètres.

8° Dans une autre partie de la ville, les fondations d'un second temple ou peut-être d'un monument profane, entièrement renversé, sauf quelques blocs gigantesques encore en place. Parmi les restes confus de cet édifice, on distingue plusieurs fragments de frises et de corniches élégamment sculptés.

9° Les débris d'un amphithéâtre. Ce monument, dont la forme seule est reconnaissable, car il est presque entièrement détruit, mesurait deux cent six pas de circonférence; l'arène avait quarante pas de long sur vingt-cinq de large.

Tous les gradins ont disparu, ainsi que les voûtes qui les soutenaient.

10° Une vaste piscine longue de soixante pas sur vingt-neuf de large; sa profondeur était d'environ six mètres. A ciel ouvert, elle était environnée d'une galerie voûtée, dont un quart existe encore.

11° Je dois signaler enfin çà et là quelques citernes à moitié comblées, et une, entre autres, assez profonde, qui inspire aux Arabes des environs une sorte de terreur superstitieuse : ils l'appellent Damous-er-Rouah (le souterrain des âmes), et, pour expliquer cette dénomination, ils prétendent qu'on y a jeté les cadavres de plusieurs hommes assassinés, et que les âmes de ces malheureux voltigent sans cesse autour de l'orifice de la citerne, pour réclamer vengeance.

Après avoir consacré la journée entière à errer au milieu de cet henchir, je reviens vers le soir au fondouk. Malaspina m'apprend que dans la chambre voisine de celle que nous occupons nous-mêmes est un petit cippe en forme d'autel. La face principale contient dans une sorte de couronne élégamment sculptée l'inscription que voici :

530.

D · M · S
O R C I V I A
CASTA P · V ·
AN · XX · H · S · E

Les trois autres faces sont ornées, l'une d'un oiseau, la seconde de deux cornes d'où s'échappent des fleurs, la troisième d'une corbeille. Ces divers emblèmes, exécutés avec soin, sont, comme on le voit, très-heureusement appropriés au personnage dont ce cippe gracieux décorait la tombe. La défunte, en effet, était une jeune fille morte à vingt ans, et dont les passe-temps sont représentés ici par un oiseau, par des fleurs et par une corbeille à ouvrage.

L'Henchir-el-Kasbah renfermait, il y a quelques années à peine, un plus grand nombre d'inscriptions; mais quand on a construit sur l'oued Melian le pont dont j'ai parlé, on a employé pour le bâtir les plus beaux blocs qui couvraient l'emplacement de cet henchir, et, au dire du propriétaire du fondouk, plusieurs de ces blocs étaient revêtus d'inscriptions. Ainsi j'ai cherché partout inutilement celle qui avait révélé à M. Tissot le nom primitif de cette cité; je la reproduis ici, à cause de son importance, telle qu'elle a été publiée dans la *Revue africaine*[1] :

```
       IMP · CAESARI
     M · ANTONIO · GOR
    DIANO · DIVI · M · ANTO
   NI · GORDIANI · NEP · DI
   ANTONI · GORDIANI · SO
   RORIS · PII · PIO · FEL · AVG · POT
    TISSIMO · FELICISSIMO
     PONT · MAX · TRI · PO...
         P · P · PROCOS
     COL · IVLIA · AVRE
      LIA · COMMODA
       THVBVRBO
      MAIVS · D · D · P · P ·
```

Il résulte de cette inscription qu'il faut identifier l'Henchir-el-Kasbah avec Thuburbo-Majus. Cette ville était une colonie romaine et s'appelait aussi colonia Julia Commoda, dénomination qui tendrait à prouver, comme le remarque

---

[1] M. Tissot, *Revue africaine*, t. I, p. 418.

M. Tissot, qu'elle aurait été soit rebâtie, soit seulement agrandie sous l'empereur Commode, par l'envoi de nouveaux colons.

Il est question dans Pline [1] de la colonia Tuburbis, qu'il cite à côté de celle d'Uthina, dont elle n'était effectivement pas très-éloignée.

Ptolémée fait mention d'une ville appelée Thuburbo (Θουδουρβώ) qui, par suite de son rapprochement avec Mediccara, paraît être Thuburbo-Majus.

Dans l'Itinéraire d'Antonin, une route est indiquée comme se rendant de Tuburbo à Tacape, en passant par Vallis. Mais il s'agit ici évidemment de Thuburbo-Minus, et non de Thuburbo-Majus, attendu que la distance qui, d'après cet Itinéraire, séparait Thuburbo de Vallis, était de XVIII milles. Or, cette distance est très-exacte, si l'on part de Tebourba (l'ancienne Thuburbo-Minus) pour se diriger vers Sidi-Médien (jadis colonia Vallis); mais elle est trop faible de quatre ou cinq milles, si le point de départ, au lieu d'être Tebourba, devient l'Henchir-el-Kasbah (ou Thuburbo-Majus).

Quant à la Table de Peutinger, elle signale très-nettement les deux villes de Tuburbo-Majus et de Thuburbi-Minus.

Au nombre des évêques de la province Proconsulaire [2], nous connaissons à la fois un *episcopus Tuburbitanorum-Majorum* et un *episcopus Tuburbitanorum-Minorum*.

Victor de Vite [3], dans son *Histoire de la persécution des Vandales*, célèbre le courage d'un glorieux martyr nommé Servus (*Tuburbitanae civitatis Majoris generosus et nobilis vir*) qui, après avoir été déjà soumis à de cruelles tortures sous le règne de Genseric, en subit de plus affreuses encore dans la ville qui nous occupe en ce moment, sous celui de Huneric.

---

[1] Plin., V, 4.
[2] Morcelli, t. I, p. 332 et 333.
[3] Victor Vit., *Hist. persecut. Vandal.*, l. V, c. II.

En terminant ce chapitre, je ferai observer que la véritable orthographe du nom des deux Thuburbo, distinguées seulement l'une de l'autre par les épithètes de Majus et de Minus, est celle-là même que je donne, comme le prouve l'inscription découverte par M. Tissot.

CHAPITRE DIX-HUITIÈME.

Description de l'henchir Mecherka, jadis municipium Giuf. — Henchir Mankoub. — Halte à la Mohammédia. — Retour à Tunis; fin de ma quatrième et dernière exploration.

29 août.

A quatre heures trente minutes du matin, nous quittons le fondouk de l'Henchir-el-Kasbah pour gagner l'henchir Mecherka. Notre direction est celle du nord.

A sept heures trente minutes, nous atteignons les ruines de cet ancien municipe. Elles environnent un puits antique dont l'eau est très-abondante, ce qui a pu déterminer en ce lieu la fondation d'une petite ville. Celle-ci couvrait un emplacement, aujourd'hui désert et hérissé de broussailles, qui a deux kilomètres et demi de pourtour. Renversée de fond en comble, elle n'offre plus aux regards que des amas de menus matériaux ou de gros blocs confusément épars sur le sol.

Sur le point culminant du site où elle s'élevait, on distingue néanmoins les vestiges d'une enceinte longue de trente-huit pas et large de vingt-sept. Cette enceinte, construite à la hâte avec des blocs mal équarris, paraît avoir été un poste militaire datant de la fin de l'époque byzantine.

Plusieurs inscriptions disséminées çà et là attirent mon attention. La suivante, déjà copiée par Peyssonnel et par Shaw, est gravée sur la face antérieure d'un beau piédestal

CHAPITRE DIX-HUITIÈME.

en marbre rougeâtre qui a subi de nombreuses mutilations depuis que ces deux voyageurs l'ont vu :

531[1].

1. AGENTI
2. APOLLINI·AVG·SA..
3. D·FVNDANIVS PAP·PRIMIAN.........
4. FELICIS·AEDILICI·FIL·FVNDANI·PRIMI..........
5. AEDILIS·OB HONOREM·AEDILITATIS·QVEM......
6. SVVS·SVFFRAGIO·DECREVIT·HANC·STATVAM.....
7. TVS·PATRIS·EXEMPLVM EX IS $\overline{\text{VIII}}$ MILIBVS $\overline{\text{N}}$ SVA..
8. BERALITATE·NVMERATA·PRIVS·A·SE· REIPVBLICAE
9. SVMMA·HONORARIA·POSVIT EANDEMQVE DEDIC.
10. VIT·ET·OB·DEDICATIONEM·SIMVL·CVM·ANNIO· MEMM.
11. ANO·COLLEGA·SVO·LVDOS·SCAENICOS·ET· GYMNASI
12. VM·POPVLO·ET AEPVLAS·DECVRIONIBVS·DEDIT· L·D·D·D

(*Estampage.*)

Sur un second piédestal, dont tout le haut est brisé et la surface très-dégradée, je déchiffre à grand'peine les mots que voici :

---

[1] Peyssonnel, p. 93. — Shaw, t. I, p. 231. — Maffei, *Mus. Ver.*, 456, 5.

532.

RITATE . . . .
O N . . . .
DEDICAVERVNT . . . ET OB DEDICATIONEM
DECVRIONIBVS . . . EPVLVM . . . .
ET LVDOS SCAENICOS ET . . . .
L · D · D · D

Un troisième piédestal, également mutilé, porte l'inscription incomplète que je reproduis ici :

533.

BONCIO MA	brisure.
Q·R·CVR·REIP	—
MVNICIPI·ALEX·G	—
DECVRIONI·DVM	—
SPLENDIDISS . COL	—
CVR·MVLTAR·CIVIT	—
. . IVSTITIAM . SINGVL	—
. . IAM G·DARII·PII·C	—
. . M·ORDO DE SVO PO	—

(*Estampage.*)

La fin manque.

A la troisième ligne, les mots MVNICIPI·ALEX·G (municipi Alexandriani Giuf ou Giufitani) contiennent le nom de cet ancien municipe, nom que du reste nous avaient révélé depuis longtemps deux inscriptions recueillies par Peyssonnel et par Shaw, et que je n'ai plus retrouvées après ces voyageurs.

A côté du piédestal précédent, j'en remarque un quatrième; il a de même subi des mutilations considérables qui ont détruit la moitié au moins de l'inscription dont il était revêtu. Voici ce qui subsiste de celle-ci :

534.

```
DIAE LIBER        brisure.
PTILIVS CELSII     —
ETOSI VERIVS       —
VERVS AEDIL        —
TE FECERVNT        —
LVDOS SCAENI       —
DERVNT GYMN        —
EPVLVM DECV        —
    L·D·           —
```

Les premières lignes manquent.

Outre ces piédestaux, deux cippes qui en affectent la forme gisent à terre, revêtus d'épitaphes bien conservées, l'une païenne et l'autre chrétienne :

535 [1].

```
    D · M · S ·
PAELOLIVS FELIX PIVS
VIXIT AN·XLI·D·IIII
  AMORE DVCTVS
  PELAGI MERCIB·
   INSISTEBAM
  SVCIDIS·AETER
  NOQVE SILENTIO
  MAVRIS SVM
```

(*Estampage.*)

[1] Shaw, t. I, p. 233.

536[1].

```
PESCENNIA QVOD VVLT DEVS
HM·F·BONIS NATALIBVS
NATA·MATRONALITER
NVPTA·VXOR CASTA
MATER PIA GENVIT FILI
OS III·ET FILIAS II·VIXIT
ANNIS XXX·F·VICTORI
NA VIXIT ANNIS VII·F·
6VNNIVS·VIXIT ANNIS
III·F·MARCVS VIXIT
ANNIS·II·F·MARCEL
LVS VIXIT ANNV·I·F·FO
RTVNATA·VIXIT·ANNIS
XIII·M·VIII·F·MARCEL
LVS ... CONIVGI DIGNAE
SED ET FILIS·FILIABVS
QVE NOSTRIS ME VI
VO·MEMORIAM FECI
OMNIBVS·ESSE·PERENNEM
```

(*Estampage.*)

Le municipe Giuf n'est mentionné dans aucun écrivain ancien; l'Itinéraire d'Antonin et la Table de Peutinger le passent sous silence; il n'est pas non plus cité parmi les villes épiscopales de cette partie de l'Afrique.

A trois heures trente minutes, nous nous remettons en marche dans la direction de Tunis.

---

[1] Peyssonnel, p. 94. — Shaw, t. I, p. 232. — Maffei, *Mus. Ver.*, 464, 6.

A cinq heures, nous rencontrons quelques débris antiques sans importance.

A cinq heures cinquante minutes, un henchir plus considérable m'est signalé sous le nom d'Henchir-Mankoub et m'arrête pendant vingt minutes. Ce sont les vestiges d'un petit bourg antique qui a été rasé et bouleversé de fond en comble.

A sept heures trente minutes, nous parvenons à la Mohammédia, où nous passons la nuit.

30 août.

Vers huit heures du matin, nous rentrons enfin dans les murs de Tunis, ma quatrième et dernière exploration dans la Régence étant achevée.

S'il m'a été impossible de parcourir cette contrée tout entière et en tous sens, au moins en ai-je fait le tour à peu près complet. Sur mon passage, j'ai découvert un certain nombre de bourgs et même de villes antiques considérables qui avaient échappé aux recherches des voyageurs précédents. Là où j'avais été devancé par des investigations antérieures aux miennes, et où je marchais sur un terrain connu et exploré, j'ai tâché, en l'étudiant avec plus de soin, d'ajouter des documents nouveaux et plus précis à ceux que l'on possédait déjà. Chemin faisant, j'ai recueilli jour par jour, heure par heure, et le plus souvent minute par minute, comme le prouve la suite continue de mon journal, toutes les notes, tous les renseignements, toutes les inscriptions qui pouvaient jeter une lumière plus grande sur la géographie et en même temps sur l'histoire des localités que je visitais tour à tour. Est-ce à dire pour cela que je croie avoir épuisé cette matière? Loin de moi une pareille prétention. Ce n'est pas, en effet, en aussi peu de temps que je pouvais seul accomplir une tâche qui demanderait de longues années, des ressources considérables, des fouilles entreprises sur beaucoup de points et le concours de plusieurs collaborateurs, pour être menée à bonne fin. Réduit à moi-même, j'ai essayé simplement de faire, dans la limite de mes forces et des moyens qui avaient été mis à ma disposition, tout ce qu'il m'a été possible d'entreprendre et d'exécuter en huit mois.

Le 5 septembre, j'accomplis un dernier pèlerinage aux ruines de l'antique cité de Didon et à la chapelle de Saint-Louis, et six jours après je m'embarquais à la Goulette, disant adieu à quelques amis et à ces rivages célèbres, que je quittais probablement sans retour.

FIN DU TOME SECOND.

INDEX
DES NOMS GÉOGRAPHIQUES
MENTIONNÉS DANS CET OUVRAGE.

1° NOMS ANTIQUES.

A

Acholla ou Achilla, I, 148.
Ad Casas, I, 392.
Adis, II, 195.
Ad Oleastrum, I, 181.
Ad Palmam, I, 187.
Aegimurus (île), I, 3.
Agbia, II, 144-146.
Aggarsel-Nepte, I, 267, 268.
Aggerfel ou Aggersel, II, 317.
Ammaedara, I, 365, 366.
Aphrodisium, II, 314.
Apollon (promontoire d'), I, 3.
Aquae Tacapitanae, I, 235.
Aquilaria, II, 223, 224.
Assuras, II, 90-96.

B

Bagrada (fleuve), II, 4, 5.
Bararus municipium, I, 165.
Bisica-Lucana, II, 163-166.
Bon (cap), I, 3.
Botrianense oppidum, II, 307.
Byrsa (acropole de Carthage), I, 45-59.

C

Candidum promontorium, II, 26.
Capsa, I, 284.
Caput-Vada (promontorium), I, 149.
Carpi, II, 211, 212.
Catada (fleuve), I, 77.
Carthage, I, 34-69.
Castra-Cornelia, II, 12.
Cellae Picentinae, I, 185.
Cercinna (île), I, 174.
Cercinnitis (île), I, 174.
Chisiduo, II, 186.
Cilibbia, II, 167-171.
Civitas Avittensis-Bibba, I, 429.
Cluacaria, II, 187.
Clypea ou Aspis, II, 232, 233.
Corsura (île), I, 3.
Cotuza, II, 18.
Curubis, II, 243, 244.

F

Feraditana, I, 303.
Fulgurita villa sive Agina, I, 200.
Furnitanum oppidum, I, 421.

G

Gemellas, I, 294, 295.
Gergis, I, 218.
Gerra, I, 231.
Gigthis, I, 226-229.
Giuf municipium, II, 376-378.
Grassi, II, 314, 315.

H

Hadrumetum, I, 105-112.
Haribus, I, 231.

Hermaeum, II, 225.
Hippo-Diarrhytus, II, 23-25.
Hipponis lacus, II, 33.
Hisita, II, 27-29.
Horrea Caelia, I, 85.

J

Justinianopolis, I, 150.

L

Lacenac ou Lacene, I, 188.
Lares ou Laribus, II, 73-80.
Latomiae, II, 226.
Leptis Parva ou Minor, I, 125-127.
Liha municipium, I, 221.

M

Macomades Minores, I, 180, 183.
Mactaritanum oppidum, I, 418.
Maxula, I, 79; II, 196.
Mediocera, II, 317.
Megalopolis, II, 198-200.
Membressa, II, 175, 176.
Membrone, II, 12, 13.
Menegesem, I, 333.
Meneggere, I, 333.
Meninx sive Lotophagitis insula, I, 230.
Mercure (promontoire de), I, 3.
Miditanum oppidum, I, 402.
Missua, II, 220, 221.
Mizigita, II, 208.
Musti, II, 104, 105.
Mutia, I, 344.

N

Neapolis, II, 252.

O

Obba ou Abba, II, 86, 87.

P

Phla (île), I, 249.
Ponte-Zita municipium, I, 221.

Praesidium Silvani, I, 183.
Pulchrum promontorium, II, 26.
Putput, II, 262.

R

Ruscinona, II, 16.
Ruspae, I, 150.
Ruspina, I, 120.

S

Salera, II, 12.
Saltus Massipianus, I, 345.
Sarsura, I, 146.
Scillium, I, 324, 325.
Seressitanum municipium, II, 354, 355.
Siagis ou civitas Siagitana, II, 260, 261.
Sicca-Veneria, Cirtha-Sicca ou Cirta-Nova, II, 56-72.
Simingitanum oppidum, II, 290.
Sisara lacus, II, 32.
Sufetula, I, 387, 388.
Sufibus ou Sufetana colonia, I, 372, 373.
Syllectum, I, 147.

T

Tacape, I, 196, 197.
Taenia ou Ligula, I, 9.
Taphrura, I, 159.
Tarichiae (îles), I, 128.
Templum Veneris, I, 202.
Thacia, II, 97.
Thala, I, 336-341.
Thapsus, I, 129-131.
Thelepte, I, 302.
Thenae, I, 177-179.
Theudalis, II, 32.
Thibaritanum municipium, II, 82.
Thibica, II, 362-365.
Thibursicum-Bure, II, 112-119.
Thiges, I, 252.
Thignica, II, 153-158.

INDEX DES NOMS GÉOGRAPHIQUES. 383

Thimida, II, 32.
Thoar, I, 231.
Thuburbo-Majus, II, 372-374.
Thuburbo-Minus, II, 188, 189.
Thugga, II, 123-142.
Thusuros, I, 262, 263.
Thysdrus, I, 90-100.
Tipasa, I, 231.
Triton (fleuve), I, 249.
Triton (lac), I, 248, 249.
Tuburnicense oppidum, II, 204.
Tucca, II, 140, 141.
Tucca Terebenthina, I, 396, 397.
Turris Hannibalis, I, 137.
Turris Tamalleni, I, 244.
Turuza, I, 433.

U

Uchium, I, 231.

Ucris, II, 191, 192.
Ulizibbirra ou Ulisippira, II, 319.
Usaletus mons, II, 341.
Usalitanum oppidum, II, 341.
Usilla, I, 154.
Uthina, II, 284.
Utique, II, 6-11.

V

Vacca ou Vaga, II, 47, 48.
Vallis colonia, II, 178-182.
Vepillium, I, 241.
Vicus Augusti, II, 336.
Vina municipium, II, 264-266.

Z

Zella, I, 137.
Zeugitanus mons, II, 302.
Zucchara civitas, II, 345, 346.

2° NOMS MODERNES.

A

Aïn-el-Halouf, II, 315.
Aïn-Rhars-Allah, II, 106.
Aïounet, I, 187.
Ariana, I, 44.
Azèque, I, 151.

B

Bahirt-Dakla, II, 50.
Bahirt-el-Foussanah, I, 327.
Bahirt-el-Ghorfa, II, 96.
Bahirt-el-Guersa, II, 98.
Bahirt-es-Sers, II, 95.
Bahirt-Meiah, I, 238.
Bahirt-Simindja, II, 287-290.
Baïchoun, II, 243.
Bardo (palais où réside le bey), I, 69.
Bathen-Garn, II, 338.
Bazma, I, 240.
Becheri, I, 246.
Beja, II, 38-49.
Belad-Belli, II, 267.
Belad-Djedeïda, II, 268.
Belad-el-Djerid, I, 250.
Belad-Nefzaoua, I, 240.
Belad-Tourki, I, 80.
Beni-Kriar, II, 244, 245.
Bent-Saïdan, II, 344-347.
Bir-Cheba, I, 167.
Bir-el-Arbaïn, I, 81.
Bir-el-Bouita, I, 81.
Bir-Koum-Maken, I, 164.
Bizerte, II, 19-25.
Bordj-Arif, I, 139, 140.
Bordj-Biban, I, 222.
Bordj-Bou-Taleb, II, 35.

INDEX DES NOMS GÉOGRAPHIQUES.

Bordj-Chouban, I, 433.
Bordj-Demenchara, II, 32.
Bordj-el-Arbi, I, 341.
Bordj-el-Foguera, II, 205.
Bordj-el-Mansourah, I, 243.
Bordj-el-Mersa, I, 203.
Bordj-el-Messaoudi, II, 97.
Bordj-Khadidja, I, 149.
Bordj-Rhir, I, 217.
Bordj-Sidi-Mansour, I, 159.
Bou-Abd-Allah, I, 246.
Bou-Chemma, I, 189.
Bou-Redjidj, I, 145.
Bridja, II, 207.

C

Cédéda, I, 248.
Cheba, I, 149.
Chekli (îlot), I, 13.
Chenneni, I, 192.

D

Dakhelat-el-Maouin, II, 195.
Darbet-m'ta-Sidna-Aly, I, 78.
Debabcha, I, 247.
Degache, I, 257.
Djara, I, 192.
Djamour-es-Shrir, Simboletto ou Zembretta, II, 223.
Djebeliana, I, 152.
Djebel-Akarit, I, 186.
Djebel-Ansarin, II, 188.
Djebel-As-Salah, I, 286.
Djebel-Atigue, I, 287.
Djebel-Barkou, I, 421.
Djebel-Beni-Younès, I, 288.
Djebel-Bou-Kourneïn, I, 79.
Djebel-Chaambi, I, 307.
Djebel-Echkheul, II, 33.
Djebel-el-Hanach, I, 366.
Djebel-Goft-Roumia, I, 375.
Djebel-Korbès, II, 209.
Djebel-Merihla, I, 375.
Djebel-Nadour, I, 294.

Djebel-Ousselet, II, 341.
Djebel-Ras-el-Aïn-Breian, I, 253.
Djebel-Ressas, I, 80.
Djebel-Reukaba, I, 368.
Djebel-Rouhia, I, 368.
Djebel-Semmena, I, 309.
Djebel-Sidi-Aïch, I, 290.
Djebel-Sounia, I, 288.
Djebel-Takrouna, II, 317.
Djebel-Tebagna, I, 239.
Djebel-Toual, I, 238.
Djebel-Zaghouan, II, 299-303.
Djédéïda, II, 190.
Djerad, II, 308.
Djerba (île), I, 203-217.
Douar-ech-Chot, I, 40, 41.
Douela, II, 207.
Dougga, II, 119-142.

E

Ebba, II, 86, 87.
El-Alia, I, 148; II, 18.
El-Aoudja, II, 12.
El-Bahyrah ou lac de Tunis, I, 10-13.
El-Djem, I, 90-100.
El-Djeriba (sebkha), I, 86.
El-Hamma, I, 235, 269, 270.
El-Haouria, II, 225.
El-Kheriba, I, 151.
El-Kis, I, 302.
El-Menzel, I, 90.

F

Fedj-er-Rih, II, 150.
Feriana, I, 297.

G

Gabès, I, 190-197.
Gafsa, I, 273-286.
Garaat-ech-Cherof, II, 228.
Garaat-Echkheul, ou lac de Mater, II, 32.
Goulette (la), I, 5-12.

INDEX DES NOMS GÉOGRAPHIQUES. 385

Gourchine, II, 239, 240.
Groumbélia, I, 80.
Guelah, I, 245.

H

Hammam-Djebli, II, 234.
Hammam-el-Lif, I, 78, 79.
Hammam-el-Lif, ou Hammam-el-Enf, II, 196.
Hammam-Korbès, II, 209-214.
Hammamet, II, 254, 255.
Henchir-Aïn-Djalou, II, 38.
Henchir-Aïn-Djeloula, II, 339-341.
Henchir-Aïn-Djougar, II, 345, 346.
Henchir-Aïn-el-Medaker, II, 317.
Henchir-Aïn-Fournu, I, 421-423.
Henchir-Aïn-Guernad, II, 37.
Henchir-Aïn-Hedjah, II, 143-149.
Henchir-Aïn-Kedim, I, 342-344.
Henchir-Aïn-m'ta-Aleb, I, 335.
Henchir-Aïn-Oulad-en-Noisseur, I, 304.
Henchir-Aïn-Oum-el-Hanach, I, 239.
Henchir-Aïn-Safra, II, 51.
Henchir-Aïn-Sidi-el-Moadjel, II, 37.
Henchir-Aïn-Tarf-ech-Chena, I, 425.
Henchir-Aïn-Tebournok, II, 204.
Henchir-Aïn-Tunga, II, 150-158.
Henchir-Bab-Khaled, II, 286.
Henchir-Badria ou Botria, I, 162.
Henchir-Bagueul, I, 237.
Henchir-Bahia, II, 35, 36.
Henchir-Belliana, I, 161.
Henchir-Beni-Amer, II, 31.
Henchir-Ben-Keneis, II, 237.
Henchir-Ben-Sadoun, I, 367.
Henchir-Bir-Chenchou, I, 235.
Henchir-Bir-Djedi, II, 217.
Henchir-Bir-el-Faouera, II, 308-310.
Henchir-Bir-el-Meroua, II, 206.
Henchir-Bir-Magra, II, 360-365.
Henchir-Bit-el-Hadjar, I, 403.
Henchir-Bordj-el-Kantara, I, 217.
Henchir-Borgo, I, 214.
Henchir-Botria, II, 305-307.
Henchir-Bou-Arada, I, 426.
Henchir-Boucha, I, 431-433.
Henchir-Bou-Chater, II, 5-11.
Henchir-Bou-Djadi, II, 191, 192.
Henchir-Bou-Edina, I, 306.
Henchir-Bou-Farès, II, 12.
Henchir-Bou-Ftis, I, 427-430.
Henchir-Bou-Kournein, I, 431.
Henchir-Bou-Safa, I, 306.
Henchir-Bou-Taba, I, 329.
Henchir-Cheboud-el-Batal, II, 172.
Henchir-Dammarni, I, 369.
Henchir-Denaba, I, 421.
Henchir-Dimas, I, 129, 130.
Henchir-Djafer, II, 32.
Henchir-Djebibina, II, 343.
Henchir-Douamis, II, 304.
Henchir-Dougga, I, 394-397.
Henchir-Dzira, II, 267.
Henchir-ech-Cherif, II, 303.
Henchir-Efguérid, II, 52.
Henchir-el-Begar, I, 391-393.
Henchir-el-Bey, II, 215.
Henchir-el-Bouezdia, II, 80.
Henchir-el-Efquéria, I, 242.
Henchir-el-Guétaf, I, 327.
Henchir-el-Goussah, I, 305.
Henchir-el-Haïrech, II, 216.
Henchir-el-Hameïma, I, 331, 332.
Henchir-el-Hamira, II, 187.
Henchir-el-Hammam, I, 344-347; II, 304.
Henchir-el-Haouïnet, I, 185.
Henchir-el-Haouria, II, 353.
Henchir-el-Harmeul, I, 288.

T. II.   25

Henchir-el-Harouri, II, 236.
Henchir-el-Hasnam, I, 238.
Henchir-el-Karrouba, II, 240.
Henchir-el-Kasbah, II, 366-374.
Henchir-el-Khanga, II, 264.
Henchir-el-Lefah, II, 239.
Henchir-el-Lif, I, 78, 79.
Henchir-el-Medeïna, I, 201.
Henchir-el-Meden, II, 264-267.
Henchir-el-Meguitla, I, 375.
Henchir-el-Menchia, I, 347.
Henchir-el-Menzel, II, 318, 319.
Henchir-el-Mesallah, I, 161.
Henchir-el-Mornakia, II, 215.
Henchir-el-Munchar, II, 37.
Henchir-el-Oust, I, 376.
Henchir-Emsaël, I, 390.
Henchir-er-Rouijel, I, 305.
Henchir-es-Satah, I, 305.
Henchir-es-Sedid, I, 295.
Henchir-es-Selloum, I, 84.
Henchir-es-Siouda, I, 328.
Henchir-es-Souar, II, 348-352.
Henchir-Fartout, I, 374.
Henchir-Foum-el-Kharrouba, II, 344.
Henchir-Frina, I, 124.
Henchir-Gastlaïa, II, 316.
Henchir-Gennara, II, 50.
Henchir-Girgir, I, 389.
Henchir-Grado, I, 236.
Henchir-Guedah-el-Oudat, I, 238.
Henchir-Guermad, I, 237.
Henchir-Haïdra, I, 348-366.
Henchir-Hammada, I, 335.
Henchir-Haouch-el-Khima, I, 305.
Henchir-Inchilla, I, 153.
Henchir-Kasr-el-Maltais, II, 201.
Henchir-Kasrin, I, 310-327.
Henchir-Kelbia, II, 203.
Henchir-Kerbet-Birin, I, 149.
Henchir-Kern-el-Kebch, II, 143.
Henchir-Khanguet-Oum-el-Chla-ligue, II, 352.
Henchir-Khërba, II, 234.
Henchir-Kraïb, II, 215.
Henchir-Krigba, I, 124.
Henchir-Ksour-ed-Dahab, I, 307.
Henchir-Ksouria, I, 419, 420.
Henchir-Lemta, I, 125-127.
Henchir-Lemtou, I, 192.
Henchir-Liche, I, 181.
Henchir-Lorbès, II, 72-80.
Henchir-Makdoudech, I, 306.
Henchir-Makter, I, 407, 418.
Henchir-Mankoub, II, 379.
Henchir-Maserek-ech-Chems, I, 389.
Henchir-Mecherka, II, 374-378.
Henchir-Meded, I, 398-402.
Henchir-Médeïna, II, 80-86.
Henchir-Medinet-Ziau, I, 220, 221.
Henchir-Meraïssa, II, 214, 215.
Henchir-Merhatta, II, 348.
Henchir-Mest, II, 98-105.
Henchir-Nebhana, II, 343.
Henchir-Oudena, II, 282-284.
Henchir-Oued-ech-Cherik, I, 304.
Henchir-Oued-el-Hadj-Mahmed, I, 238.
Henchir-Ouezdrah, II, 234.
Henchir-Oulad-Arif, I, 394.
Henchir-Oulad-el-Djenna, I, 305.
Henchir-Oulad-Rhaoui, I, 394.
Henchir-Oum-el-Abouab, II, 354-356.
Henchir-Oum-el-Atba, II, 264.
Henchir-Oum-el-Hanach, I, 335.
Henchir-Oum-el-Haoua, II, 142, 143.
Henchir-Oum-el-Haout, I, 329.
Henchir-Oum-er-Rhir, I, 295.
Henchir-Oungha, I, 182, 183.
Henchir-Phrara, II, 316.
Henchir-Rabbaïa, II, 37.
Henchir-Rechah, I, 334.
Henchir-Rouga, I, 164, 165.
Henchir-Sebbalet-el-Bey, II, 269.

INDEX DES NOMS GÉOGRAPHIQUES. 387

Henchir-Sbeïtla, I, 376-387.
Henchir-Sbiba, I, 369-374.
Henchir-Seïda, II, 352.
Henchir-Selekta, I, 146, 147.
Henchir-Semat-el-Hamra, I, 288.
Henchir-Senmacher, II, 202.
Henchir-Sidi-Ahmed, II, 188.
Henchir-Sidi-Aïch, I, 290-294.
Henchir-Sidi-Aly-el-Meregni, II, 216.
Henchir-Sidi-Amara, I, 424.
Henchir-Sidi-Bou-Hadjeba, II, 285.
Henchir-Sidi-Bou-Rhanem-Kedim, I, 330.
Henchir-Sidi-Khalifa, ou Henchir-Phradise, II, 311-315.
Henchir-Sidi-Mayar, II, 224.
Henchir-Sidi-Median, II, 176-182.
Henchir-Sidi-Naouï, II, 358, 359.
Henchir-Smidia, II, 187.
Henchir-Simindja, II, 289, 290.
Henchir-Tabbah, II, 31.
Henchir-Taguious, I, 252.
Henchir-Tahort-m'ta-Bir-el-Meroua, II, 206.
Henchir-Talfert, II, 224.
Henchir-Tarfa, II, 235.
Henchir-Tarf-el-Ma, I, 186, 187.
Henchir-Tel-el-Mout, II, 339.
Henchir-Terba, I, 367.
Henchir-Thiné, I, 177-179.
Henchir-Tindja, II, 32.
Henchir-Toual, I, 239.
Henchir-Touïcha, II, 342.
Henchir-Tungar, II, 188.
Henchir-Zanfour, II, 88-96.
Herglah, I, 85.
Houmt-Ajim, I, 207.
Houmt-Cédouikhes, I, 215.
Houmt-Cédrien, I, 212.
Houmt-Gallala, I, 224.
Houmt-Kachaïn, I, 212.
Houmt-Souk, I, 208.

K

Kaïrouan, II, 324-337.
Kalat-el-Oued, II, 12.
Kasr-Aïchoun, I, 199.
Kasr-Bab-Henian, I, 151.
Kasr-Ben-Amara, I, 189.
Kasr-Benia, I, 237.
Kasr-Bou-Fatha, I, 404-407.
Kasr-el-Ahmar, II, 31, 342.
Kasr-el-Foul, I, 296.
Kasr-el-Guitla, I, 236.
Kasr-el-Medeni, I, 152.
Kasr-el-Menara, I, 82.
Kasr-el-Mezouar, II, 38.
Kasr-es-Sâd, II, 239.
Kasr-ez-Zit, II, 259-261.
Kasr-Fninech, I, 151.
Kasr-Fodali, I, 151.
Kasr-Gigel, I, 151.
Kasr-Hadid, I, 421.
Kasr-Khrouf, II, 26.
Kasr-Lebna, II, 239.
Kasr-el-Louz, II, 205.
Kasr-Mouença, I, 222.
Kasr-Mouro, I, 367.
Kasr-Sidi-Bou-Hadid, II, 31.
Kasr-Teniour, I, 170.
Kasr-Tlili, I, 393.
Kebilli, I, 241.
Kef, II, 53-72.
Kelibia, II, 229-236.
Kerkennah (îles), I, 170-175.
Kettana, I, 199.
Khenis, I, 125.
Khanguet-el-Hadjadj, II, 203.
Khanguet-es-Selouki, I, 330.
Khanga-Krerib, II, 344.
Kouach, I, 145.
Kourba, II, 241-244.
Kouriateïn (îles), I, 128.
Krich-el-Oued, II, 183-186.
Kriz, I, 251.
Ksiba-el-Mediouni, I, 125.
Ksir-el-Hacham, II, 323.

INDEX DES NOMS GÉOGRAPHIQUES.

Ksour-es-Sef, I, 146.
Ksour-Siad, I, 161.

L

Louza, I, 161.

M

Maamoura, II, 245.
Mahédia, I, 131-144.
Mahrès, I, 180.
Malga, I, 37, 41.
Mater, II, 33, 34.
Medinet-el-Kedima, I, 300.
Medjez-el-Bab, II, 172-176.
Menara, I, 198.
Menchia, I, 245.
Menzel, I, 191.
Menzel-Djemil, II, 19.
Menzel-Horra, II, 238.
Menzel-Jahia, II, 238.
Menzel-Temine, II, 238.
Meloulèche, I, 151.
Metouïa, I, 187.
Mohammédia, II, 274, 278.
Monastir, I, 119, 124.

N

Nabel, II, 246-253.
Nabel-Kedim, II, 247-253.
Nebeur, II, 51.
Nefta, I, 265-267.
Négueta, I, 180.

O

Ouderef, I, 188.
Oudiane, I, 257.
Oued-Aïelou, I, 287.
Oued-Aïn-el-Faouera, II, 259.
Oued-Beliess, II, 240.
Oued-Bersaf, I, 236.
Oued-Bezirkh, II, 206.
Oued-Bou-Driass, I, 328.
Oued-Bou-Haya, I, 297.
Oued-Bou-Saboun, I, 407.
Oued-Ceder, I, 199.

Oued-Céiche, I, 295.
Oued-Contra, I, 374.
Oued-Defla, II, 203.
Oued-Djeloula, II, 342.
Oued-Djoumin, II, 33.
Oued-ech-Chefar, I, 180.
Oued-ech-Cherif, I, 348.
Oued-ed-Derb, I, 322.
Oued-el-Achana, I, 198.
Oued-el-Akarit, I, 186.
Oued-el-Akareb, I, 176.
Oued-el-Ased, II, 352.
Oued-el-Batal, II, 261.
Oued-el-Brek, II, 316.
Oued-el-Fedj, II, 339.
Oued-el-Ferd, I, 199.
Oued-el-Hadjar, II, 259.
Oued-el-Hall, II, 258.
Oued-el-Hamma, I, 236.
Oued-el-Hammam, II, 304.
Oued-el-Harouri, II, 236.
Oued-el-Hasi, II, 234.
Oued-el-Hatab, I, 308.
Oued-el-Kessab, II, 50.
Oued-el-Kol, I, 349.
Oued-el-Maïder, II, 96.
Oued-el-Melah, I, 187.
Oued-Emsaël, I, 390.
Oued-er-Remeul, II, 109.
Oued-Esmoul ou Sbeïtla, I, 376.
Oued-es-Sers, II, 96.
Oued-ez-Zass, I, 201.
Oued-ez-Zègue, II, 143.
Oued-Faron, II, 51.
Oued-Fekka-er-Riahi, I, 329.
Oued-Gabès, I, 192-193, 195.
Oued-Gilgel, I, 375.
Oued-Guenniche, II, 19.
Oued-Haïdra, I, 348.
Oued-Hamdoun, I, 119.
Oued-Khallad, II, 150.
Oued-Lakmas, I, 366.
Oued-Lebna, II, 239.
Oued-Meded, I, 398.
Oued-Medeïna, II, 80.

Oued-Medjerdah, II, 4, 5.
Oued-Melian, I, 77.
Oued-Miran, I, 404.
Oued-Nabel, II, 246.
Oued-Nebeur, II, 51.
Oued-Nebhana, II, 343.
Oued-Oum-el-Gramm, I, 186.
Oued-Oum-el-Melah, II, 96.
Oued-Oum-Sasar, I, 201.
Oued-Rann, I, 184.
Oued-Reçof, I, 295.
Oued-Safioun, I, 287.
Oued-Serdiana, II, 342.
Oued-Serrak, I, 198.
Oued-Shrir, II, 5.
Oued-Sidi-Othman, II, 239.
Oued-Siliana, I, 421.
Oued-Sohir, II, 253.
Oued-Tarfaoui, I, 271.
Oued-Tarf-el-Ma, I, 186.
Oued-Tassa, II, 51.
Oued-Tsemmache, II, 49.
Oued-Zanfour, II, 88.
Oued-Zarzour, II, 216.
Oued-Zerkin, I, 199.
Oued-Zerrou, II, 37.
Oulad-Madjed, I, 256.
Oum-es-Semah, I, 246.

P

Plane ou Kamela (île), I, 3.

R

Radès, II, 195.
Ramleh, I, 171.
Rapta, I, 245.
Ras-Addar, I, 3.
Ras-Capoudiah, I, 149.
Ras-el-Abyâd, II, 26.
Ras-el-Asoud, II, 235.
Ras-Lanachir, II, 234.
Ras-Sidi-Ali-el-Mekki, I, 3.
Ras-Sidi-Bou-Choucha ou Ras-Zebib, II, 26.
Rhaba-Taorit, I, 215.

Rhar-el-Kebir, II, 225, 226.
Rhar-el-Melah ou Porto-Farina, II, 13-17.
Rhennouge, I, 189.
Rhirau-el-Kessab, II, 245.

S

Sabra, II, 335, 336.
Saïada, I, 128.
Sebkha-el-Koursia, I, 429.
Sebkha-es-Sedjoumi, II, 274.
Sebkha-Faraoun, I, 247, 248.
Sebkha-Sidi-Bou-Saïd, I, 185.
Sebkha-Sidi-el-Hani, I, 90.
Sfax, I, 155-160.
Sidi-Bou-'l-Baba, I, 197.
Sidi-Fetalla, II, 195.
Slouguïa, II, 166-171.
Soliman, II, 197-201.
Souk-el-Abyâd, II, 261, 262.
Sousa, I, 87, 88, 101-118.
Sraa-Ouartan, I, 394.

T

Takrouna, II, 317.
Tarf-el-Djorf, I, 202.
Teboulba, I, 128.
Tebourba, II, 188-190.
Teboursouk, II, 109-119.
Tehent, II, 37.
Telmine, I, 243, 244.
Testour, II, 159-166.
Teumbar, I, 245.
Teumbib, I, 245.
Thala, I, 335-341.
Tinja-Bizerte, II, 19.
Tonnara (îlot), II, 222.
Torrége, I, 198.
Tozer, I, 258-264.
Tunis, I, 14-34.

Z

Zaghouan, II, 291-299.
Zaouïa-Sidi-Abd-el-Ouad, II, 30.
Zaouïa-Sidi-Bou-Atilah, II, 109.

Zaouïa-Sidi-Daoud-en-Noubi, II, 217-221.
Zaouïa-Sidi-Mansour-ed-Daouadi, II, 27, 30.
Zaouïet-el-Arab, I, 256.
Zaouïet-Jemniin, I, 246.
Zarziss, I, 218.
Zembra ou Djamour-el-Kebir (île), I, 3.
Zerat, I, 199.
Zerigue-el-Barrania, I, 198.
Zeurgan, I, 256.
Zouarin, II, 87, 88.
Zouïla, I, 135-137.

FIN DE L'INDEX DES NOMS GÉOGRAPHIQUES.

TABLE DES CHAPITRES.

DEUXIÈME PARTIE.

CHAPITRES	PAGES

I. Départ de Tunis pour les ruines de Bou-Chater. — Oued-Medjerdah, l'ancien Bagradas. — Arrivée à Bou-Chater, jadis Utique; description des restes de cette ville célèbre. **3**

II. Henchir Bou-Farès. — Bourg d'El-Aoudja, jadis probablement Membrone. — Porto-Farina ou Rhar-el-Melah. — Description de cette ville et de son lac; c'est sans doute le port Ruscinona de Tite-Live. — Promontoire Sidi-Aly-el-Mekki, autrefois promontorium Apollinis. **11**

III. De Rhar-el-Melah à Bizerte. — El-Alia, jadis Cotuza. — Henchir-el-Khima. — Lac de Bizerte. — Menzel-Djemil. — Arrivée à Bizerte. — Description de cette ville, l'ancienne Hippo-Zarytus ou Hippo-Diarrhytus. **18**

IV. Zaouïa Sidi-Mansour-ed-Daouadi, ou henchir Bou-Chater. — Découverte de deux inscriptions importantes qui me révèlent le nom antique de cette localité; elle s'appelait jadis Ilisita, ou peut-être Thisita. **26**

V. Zaouïa Sidi-Abd-el-Ouad. — Kasr-el-Ahmar. — Description de plusieurs autres henchirs. — Zaouïa Sidi-Hassan, ou Henchir-Tindja; ruines d'un bourg antique. — Oued-Tindja, faisant communiquer la Garaat-Echkheul, ou lac de Mater, avec celui de Bizerte. — Oued-Djoumin. — Arrivée à Mater; un mot sur cette ville, l'oppidum Materense des anciens. . . **30**

VI. Bordj-Bou-Taleb. — Henchir-Bahïa, ruines d'une ville antique, vastes carrières, tombeaux phéniciens. — Henchir Aïn-Sidi-el-Moedjel. — Henchir Aïn-Guernad. — Tehent. — Oued-Zerrou. — Henchir Aïn-Djalou. — Oued-Béja. — Arrivée à Béja. **35**

VII. Description de Béja, l'ancienne Vacca ou Vaga. **38**

VIII. De Béja au Kef. — Oued-Kessab. — Grande plaine nommée Dakla. — Oued-Medjerdah. — Oued-Tassa. — Henchir Aïn-Safra, ruines d'un bourg antique. — Bourg de Nebeur, près des ruines d'une petite ville antique. — Arrivée au Kef. . . **49**

IX. Description de la ville du Kef, l'ancienne Sicca Veneria. . . . **53**

X. Du Kef à l'henchir Lorbès. — Description de cet henchir, l'ancienne colonia Lares. **72**

XI. De l'henchir Lorbès à l'henchir Medeïna. — Description de ce dernier henchir, jadis Thibaritanum municipium. **80**

TABLE DES CHAPITRES.

CHAPITRES	PAGES

XII. De l'henchir Medeïna à l'henchir Zanfour. — Ebba, jadis Obba. — Zouarin. — Description des ruines de Zanfour, l'antique Assuras. 86

XIII. De l'henchir Zanfour à l'henchir Mest, autrement dit Sidi-Abd-er-Reubbou. — Bordj-el-Messaoudi; vestiges d'une petite ville antique, peut-être l'ancienne Thacia. — Henchir Mest; description des ruines qui s'y trouvent; ce sont celles de Musti. 96

XIV. De l'henchir Mest à Teboursouk. — Aïn-Rhars-Allah. — Bou-Atilah. — Aïn-Hedja. — Arrivée à Teboursouk; description de cette ville, l'ancienne Thibursicum-Bure. 105

XV. Description des belles ruines de Dougga, jadis Thugga. 119

XVI. De Dougga à Hedjah. — Henchir Kern-el-Kebch. — Arrivée à Hedjah; description de cet henchir, l'ancien municipium Aghiense. — Retour à Teboursouk. 142

XVII. De Teboursouk aux ruines d'Aïn-Tunga. — Description de cet henchir, le municipium Thignica de l'antiquité. 150

XVIII. Description de Testour, l'ancienne Bisica Lucana. 158

XIX. Départ de Testour. — Halte au village de Slouguia, regardé à tort comme l'ancienne Chidibbela; découverte d'une inscription qui prouve qu'il s'appelait jadis civitas Cilibbiensis ou Cilibbia. 166

XX. De Slouguia à Medjez-el-Bab. — Henchir Chchoud-el-Batal. — Arrivée à Medjez-el-Bab; un mot sur cette ville; c'est peut-être l'ancienne Membressa. 171

XXI. Henchir Sidi-Median, jadis colonia Vallis. 176

XXII. Krich-el-Oued, jadis peut-être Chisiduo. 183

XXIII. De Krich-el-Oued à Tunis. — Henchir Smidia. — Henchir-el-Hamira. — Henchir Sidi-Ahmed. — Henchir Tungar. — Arrivée à Tebourba; description de cette ville, l'ancienne Thuburbo Minus. — Henchir Bou-Djadi, jadis Ucris. — Retour à Tunis; fin de ma deuxième exploration. 187

TROISIÈME PARTIE.

I. Troisième départ de Tunis. — Radès, autrefois probablement Adis. — Hammam-el-Lif, jadis Maxula. — Halte à Soliman, peut-être l'ancienne Megalopolis. 195

II. De Soliman à l'henchir Aïn-Tebournok. — Henchir Kasr-el-Maltais. — Henchir Semmacher. — Henchir Khanguet-el-Hadjadj. — Henchir Kelbia. — Arrivée à l'henchir Aïn-Tebournok, jadis oppidum Tuburnicense. — Bordj-el-Foguera. — Henchir Kasr-el-Louz. — Retour à Soliman. 201

TABLE DES CHAPITRES.

CHAPITRES	PAGES

III. De Soliman à Hammam-Korbès. — Henchir Bir-el-Meroua. — Henchir Tahort-m'ta-Bir-el-Meroua. — Bridja. — Douela ; découverte dans une maison de ce village d'une inscription qui m'apprend que c'était jadis le municipium Gitanum, ou plutôt Mizigitanum. — Ascension du Djebel-Korbès. — Arrivée à Hammam-Korbès. **206**

IV. Description de Hammam-Korbès ; ses eaux thermales ; c'était jadis le bourg de Carpi, autrement dit Ad Aquas. — Éclipse de soleil ; vive impression d'effroi qu'elle produit sur les habitants de ce village. **209**

V. Départ de Hammam-Korbès. — Ruines de Meraïssa. — Henchir-el-Bey. — Henchir Kraïb. — Henchir-el-Mornakia. — Oued Zarzour. — Henchir Sidi-Aly-el-Meregni. — Henchir-el-Haïrech. — Henchir Bir-Djedi. — Arrivée à Sidi-Daoud-en-Noubi. **214**

VI. Description de l'henchir Sidi-Daoud-en-Noubi. — Zaouïa consacrée à ce santon ; légende qui s'y rattache. — Découverte d'une inscription confirmant la supposition des voyageurs qui avaient placé en ce lieu la ville de Missua. **217**

VII. Départ de Sidi-Daoud-en-Noubi. — Baie et îlot de la Tonnara ; cette baie est peut-être celle d'Aquilaria. **221**

VIII. Zaouïa Sidi-Abd-el-Kader, henchir Talfert. — Henchir Sidi-Mayar. — Vastes carrières. — Village d'El-Haouria, peut-être jadis la ville d'Hermaeum. — Autres carrières, plus remarquables encore que les précédentes, sur le bord de la mer. — Ras-Addar, l'ancien cap Bon, autrement dit cap Mercure. **224**

IX. D'El-Haouria à Kelibia. — Garaat-ech-Cherof. — Zaouïa Sidi-Mohammed-ech-Cherif. — Arrivée à Kelibia ; description de cette ville, l'ancienne Aspis des Grecs, la Clypea des Latins. **227**

X. Henchir Kherba. — Ras Lanachir. — Henchir Tarfa. — Retour à Kelibia. — Fantazia à l'occasion d'une noce arabe ; elle se termine par la mort du fiancé. **234**

XI. Henchir Aïn-el-Harouri. — Bourg de Menzel-Temine. — Oued et kasr Lebna. — Kasr-es-Sâd. — Village de Gourchine. — Oued-Beliess. — Henchir-el-Karrouba. — Arrivée à Kourba. **236**

XII. Description de Kourba, l'ancienne colonia Julia Curubis, où fut exilé saint Cyprien. **241**

XIII. De Kourba à Nabel. — Bourg de Beni-Kriar. — Henchir Maamoura. — Retour à Beni-Kriar. — Arrivée à Nabel. . . **244**

XIV. Description de Nabel. — Ses fabriques de poterie. — Sa verdoyante ceinture de jardins. — Ruines de Nabel-Kedim, l'antique colonia Julia Neapolis. **246**

XV. De Nabel à Hammamet. — Description de cette petite ville ; malgré les inscriptions latines qu'on y trouve, elle ne paraît pas avoir succédé à une cité antique. **253**

CHAPITRES	PAGES

XVI. Ruines de Kasr-ez-Zit, jadis civitas Siagitana. — Ruines de Souk-el-Abyâd, probablement l'ancienne Putput. — Retour à Hammamet. 258

XVII. Henchir-el-Khanga. — Henchir-el-Meden, jadis municipium Aurelia Vina, comme me le révèle la découverte de deux inscriptions. 263

XVIII. De l'Henchir-el-Meden à Tunis. — Henchir-Dzira. — Belad-Belli. — Belad-Djedeida. — Belad-Tourki. — Groumbelia. — Henchir Sebbalet-el-Bey. — Retour à Tunis; fin de ma troisième exploration. 267

QUATRIÈME PARTIE.

I. Quatrième départ de Tunis. — Palais de la Mohammédia. — Pont de l'oued Melian. — Magnifique tronçon de l'aqueduc de Carthage; quelques détails sur cet aqueduc et sur la restauration qu'on en fait maintenant. 273

II. Excursion à Oudena. — Description des ruines de ce grand henchir, l'ancienne Uthina. — Retour au camp de l'oued Melian. 282

III. Du pont de l'oued Melian à la ville de Zaghouan. — Magnifique tronçon de l'aqueduc de Carthage. — Henchir Sidi-bou-Hadjeba. — Camp de M. Marcellin. — Henchir Bab-Khaled. — Camp de M. Gavoty. — Henchir Simindja, jadis Simingitanum oppidum. — Arrivée à la petite ville de Zaghouan. 285

IV. Description de la ville de Zaghouan. — Ses magnifiques jardins. — Belles ruines d'un ancien temple au-dessus de l'une des sources de l'aqueduc de Carthage. 291

V. Ascension du Djebel-Zaghouan, probablement le mons Zeugitanus des anciens. — Vue admirable dont on jouit de son sommet. 299

VI. Départ de la ville de Zaghouan. — Henchir-ech-Cherif. — Henchir-el-Hammam. — Henchir Botria, jadis probablement Botrianense oppidum. — Arrivée à Djerad. 303

VII. Village de Djerad. — Description des ruines de la ville antique qui l'avoisine. — Arrivée à la zaouïa Sidi-Khalifa. 308

VIII. Description des ruines de l'henchir Sidi-Khalifa, appelé auparavant Henchir Phradise : c'est probablement l'Aphrodisium de Ptolémée et la Grassi de Procope. — Aïn-el-Halouf. — Henchir Gastlaïa. — Henchir Phrara. — Arrivée à Takrouna. 311

TABLE DES CHAPITRES.

CHAPITRES	PAGES

IX. Mont et village de Takrouna; c'est probablement l'ancienne station d'Aggersel ou Aggersel. — Henchir-el-Menzel, peut-être jadis Ulisippira. — Herglah, autrefois Horrea-Caelia. — Arrivée à Sousa, l'antique Hadrumetum.................. 317

X. Nouveau séjour à Sousa. — Visite de la Kasbah. — Fouilles pratiquées par M. le vice-consul de France Espina sur l'emplacement de l'antique nécropole d'Hadrumetum. — Départ pour Kaïrouan. — Itinéraire suivi jusqu'à cette ville...... 320

XI. Description de la ville de Kaïrouan. — Sa mosquée principale. — Ses bazars. — Ses réservoirs. — Fanatisme de ses habitants. — Excursion à Sabra, regardée comme l'ancien Vicus Augusti.................. 325

XII. De Kaïrouan à Djeloula. — Halte à Bathen-Garn, chez le général Baba-Mohammed-Chaouch. — Henchir Tel-Mout. — Henchir Aïn-Djeloula; description des ruines de cette ancienne ville, peut-être l'oppidum Usalitanum de l'antiquité. 338

XIII. De Djeloula au mont Djougar. — Kasr-el-Ahmar. — Oued-Serdiana. — Henchir Touïcha. — Oued et henchir Nebhana. — Henchir Djebibina. — Arrivée à Bent-Saïdan sur le mont Djougar.................. 342

XIV. Bent-Saïdan, l'ancienne Zucchara civitas. — Henchir Aïn-Djougar. — Henchir Merhatta. — Henchir-es-Souar, ruines d'un ancien municipe. — Retour à Bent-Saïdan....... 344

XV. Henchir-el-Haouria. — Henchir Oum-el-Abouab; découverte d'une inscription importante qui me révèle le nom jusqu'alors inconnu de cette ancienne ville; c'est le municipium Seressitanum. — Description des principales ruines de ce municipe. — Halte pour la nuit dans un douar près de la vallée de l'Oued-el-Kebir.................. 352

XVI. Henchir Sidi-Naouï. — Henchir Bir-Magra, sa vaste étendue; découverte de deux inscriptions qui me révèlent le nom antique de cet henchir, jadis civitas Thibica......... 357

XVII. Description de l'Henchir-el-Kasbah, l'ancienne Thuburbo-Majus. 365

XVIII. Description de l'henchir Mecherka, jadis municipium Giuf. — Henchir Mankoub. — Halte à la Mohammédia. — Retour à Tunis; fin de ma quatrième et dernière exploration..... 374

Index des noms géographiques mentionnés dans cet ouvrage..... 381

FIN DE LA TABLE.

www.ingramcontent.com/pod-product-compliance
Lightning Source LLC
Chambersburg PA
CBHW050424170426
43201CB00008B/531